btb

Warum sind im Café die Tische am Rand schneller besetzt als in der Mitte? Weshalb werden Krankenhauspatienten schneller gesund, wenn sie ins Grüne blicken? Wieso schüchtern uns Kirchen ein?

Colin Ellard nimmt uns mit auf eine spannende Entdeckungsreise in die Welt der Psychogeografie und erläutert, wie die Umgebung unser Verhalten tagtäglich beeinflusst. Als einer der führenden Experten auf dem Gebiet der Experimentalpsychologie gibt er Einblick in die Mechanismen, die dabei wirksam sind, und zeigt auf, was wir im Alltag daraus lernen können.

Colin Ellard ist Neurowissenschaftler und Experimentalpsychologe und gilt als »einer der besten Wissenschaftsautoren« (Los Angeles Times). Er forscht an der angesehenen kanadischen University of Waterloo und leitet dort das Urban Realities Laboratory – eine interdisziplinäre Einrichtung, die kognitive Neurowissenschaften und Stadtplanung miteinander verbindet. Ellard lebt in Kitchener, Ontario.

Colin Ellard

PSYCHOGEOGRAFIE

Wie die Umgebung unser Verhalten
und unsere Entscheidungen beeinflusst

Aus dem Amerikanischen
von Sigrid Ruschmeier

btb

Die amerikanische Originalausgabe erschien 2015 unter dem Titel »Places of the Heart: The Psychogeography of Everyday Life« bei Bellevue Literary Press, New York.

Dieses Buch ist auch als E-Book erhältlich.

MIX
Papier aus verantwortungsvollen Quellen
FSC® C014496
FSC www.fsc.org

Verlagsgruppe Random House FSC® N001967

2. Auflage
Genehmigte Taschenbuchausgabe Dezember 2018
btb Verlag in der Verlagsgruppe Random House GmbH,
Neumarkter Str. 28, 81673 München

Covergestaltung: semper smile, München
nach einem Entwurf und unter Verwendung eines
Covermotivs von © plainpicture/fStop/Sven Hagolani
Druck und Einband: GGP Media GmbH, Pößneck
Klü · Herstellung: sc
Printed in Germany
ISBN 978-3-442-71768-2

www.btb-verlag.de
www.facebook.com/btbverlag

Für Kristine

Inhalt

Vorwort

Vor etwa fünfzig Jahren – ich war noch keine sechs und hatte noch keinen Gedanken daran verschwendet, was ich mit meinem Leben einmal anfangen wollte – besuchte ich mit meinem Vater Stonehenge. Das war, lange bevor es dort Verhaltensregeln oder Kontrollen gab, geschweige denn einen Zaun. An einem Frühlingsmorgen wanderten wir zwischen den riesigen Steinblöcken auf der leeren Hochebene von Salisbury umher, strichen mit den Händen über die glatten Steine und sprachen eher wenig. Es bedurfte keiner Worte. Es reichte, dort zu sein. Ich war so klein, dass ich natürlich nicht begriff, was für ein gewaltiger Zeitabstand zwischen uns und den Schöpfern dieser Anlage lag. Mein Kopf war auch noch nicht vollgestopft mit all dem Wissen aus Schule und Studium und den komplexen Gedanken und Überlegungen, die es mir nun als Erwachsenem schwer machen, vor einem solchen Monument einfach nur die Gefühle zuzulassen, die es hervorruft.

Klar war mir, dass ich vor etwas Uraltem und Wichtigem stand und dass, ganz einerlei, wer diese gigantischen Steine in Form geschlagen und aufgestellt hatte – es ernst gemeint hatte. Allein die unglaubliche Arbeit, die das Ganze gekostet haben musste, sprach Bände. Aber welche Geheimnisse

Stonehenge barg, ahnte ich nicht, und obwohl meine Neugierde bei diesem ersten Besuch geweckt wurde, fragte ich mich nicht nach seinem Sinn und Zweck. Ich war mit meinen Empfindungen beschäftigt. Ich fühlte mich nämlich noch kleiner als ein sechsjähriger Knirps ohnehin, der sich an der Hand seines Vaters an einem solch befremdlichen Ort befindet. Ich atmete schneller und verspürte eine gewisse Beklemmung, weil mir vielleicht doch schwante, dass Menschen dieses gigantische Werk errichtet hatten, weil sie nach etwas Erhabenem trachteten, an dem ich aber nicht teilhaben sollte. Und während ich um die Säulen herumging, an ihnen emporschaute und sie betastete, überlief mich ein angenehmes Gruseln, weil wir, mein Vater und ich, vielleicht gar nicht hier sein durften und die Riesen, die diesen Ort gestaltet hatten, womöglich bald zurückkommen würden.

Mein Vater, der im Baugewerbe tätig war, erlebte diesen Tag vermutlich ganz anders als ich. Was er beruflich machte, wusste ich damals gar nicht genau, erst als Teenager bekam ich immerhin so viel mit, dass ich verstand, er konnte kaum ein Bauwerk anschauen, ohne im Kopf gleich eine Bestandsaufnahme von Größe und Form der benutzten Materialien zu machen und zu überschlagen, ob die Konstruktion stabil genug war, um den Elementen und dem täglichen Gebrauch durch die Menschen zu trotzen. Mein Vater war Kostenplanungsingenieur, und er musste im Entwurf des Architekten Maße, Kosten und Nutzen beurteilen und im Verlauf der Arbeit dafür sorgen, dass der fertige Bau der Vorstellung des Architekten entsprach und zudem innerhalb des veranschlagten Budgets oder sogar darunter blieb. Ich glaube schon, dass er auch gefühlsmäßig und spontan auf ein Gebäude reagieren konnte, aber das geschah sicher stets getrennt von seiner rationalen Betrachtungsweise, die in Fragen der Konstruktion, der technischen Umsetzung und der Wirtschaftlichkeit begründet war.

Heutzutage finde ich mich in einer Situation wieder, die der meines Vaters damals in Stonehenge wahrscheinlich gar nicht unähnlich ist. Ich bin ein Architektur- und Design-Fan. Ich bin fasziniert von den vielfältigen Wirkungen, die die Bauart eines Gebäudes oder die Anlage einer Straße auf meine Gefühle und Gedanken ausüben können, und um diese Wirkungen gewissermaßen hautnah zu erleben, habe ich Reisen durch die ganze Welt unternommen. Von Beruf bin ich Experimentalpsychologe und untersuche, wie uns Gebäude beeinflussen. Um eine Innenansicht der menschlichen Reaktionen auf die jeweilige Umgebung zu bekommen, greife ich auf ein breit gefächertes wissenschaftliches Instrumentarium zurück. Ich finde heraus, ob Bewohner eines Gebäudes aufmerksam sind (und auf was sie ihre Aufmerksamkeit richten) und ob und wann sie aufgeregt, gelangweilt, glücklich, traurig, ängstlich, neugierig oder eingeschüchtert sind. Ich möchte die Verbindung zwischen Gebäuden, die mein Vater so sorgsam ausmaß, und dem, was im Inneren ihrer Besucher vor sich geht, aufzeigen und verstehen.

Dabei überschreite ich ständig die Grenze zwischen meinem simplen Staunen als Sechsjähriger, also der emotionalen Reaktion auf die gebaute Welt, und meiner vernunftgesteuerten, kritischen Reaktion als in diesem Bereich forschender erwachsener Wissenschaftler. In diesem Buch möchte ich Ihnen von beiderseits dieser Grenze berichten.

Fast alle Menschen auf der Welt machen Tag für Tag Erfahrungen mit gebautem Raum – zu Hause, am Arbeitsplatz, in

Amts- und Geschäftsgebäuden, in Vergnügungs- und (Aus-) Bildungsstätten. Wir alle ahnen, dass diese Orte gezielt so geplant und gebaut sind, dass sie unser Denken und Tun beeinflussen, und oft suchen wir sie ja auch gerade deshalb auf, weil wir diese Einflüsse erleben wollen. (Etwa in Kirchen oder Freizeitparks.) Doch obwohl wir alle gefühlsmäßig auf die Architektur von Gebäuden und Orten reagieren, haben wir natürlich im Alltag oft weder Zeit noch Lust, ihre Wirkung genauer aufzudröseln und uns klarzumachen, was wir da empfinden.

Andererseits wollen viele von uns als engagierte Bürger überall auf diesem Planeten – heute vielleicht mehr denn je – verstehen, wie Orte funktionieren, ja, wir wollen sogar dazu beitragen, dass sie besser funktionieren. Denn zum einen wissen wir, dass wir vor gewaltigen Veränderungen stehen. Verstädterung, Ballungsprobleme in Städten, Klimawandel und der enorme Energiebedarf in immer neuen Regionen der Welt fordern uns alle zum Nachdenken darüber auf, wie wir unsere eigene Umwelt gestalten, unser Überleben sichern und unsere psychische Gesundheit erhalten wollen. Zum anderen speist sich dieser neue Wunsch nach Mitgestaltung unserer Lebensschauplätze aus den neuen, uns zur Verfügung stehenden Erfindungen wie Smartphones oder dem Internet. Leichter als je zuvor können wir miteinander in Verbindung treten und Ideen, Bilder und sogar Informationen über unsere geistig-seelische und körperliche Befindlichkeit austauschen.

Ich bin überzeugt, wenn wir, im Großen wie im Kleinen, bessere Orte einrichten wollen, müssen wir mit der Beobachtung der komplexen Beziehungen zwischen unseren eigenen Erfahrungen und den Orten beginnen, an denen wir sie machen und in die sie später ja auch wieder eingehen. Daran können sich alle beteiligen. Und um diese Beziehungen zu verstehen, müssen wir uns des Arsenals sowohl der neuen wissenschaftlichen Theorien als auch der modernen Technologie bedienen. Das ist doppelt dringlich, weil die gleichen Technologien, mit denen wir die menschliche Reaktion auf Orte untersuchen können – von standortbezogenen Smartphone-Apps bis zu Sensoren, welche die biometrischen Daten von Straßenpassanten messen –, zunehmend auch zur Optimierung der traditionellen Planungsinstrumente eingesetzt werden, die unsere Gefühle, Wünsche, Bedürfnisse und Entscheidungen beeinflussen. Mehr noch, diese Technologien definieren vom öffentlichen Raum bis zur Bedeutung einer Wand oder Mauer alles neu und revolutionieren zum Guten wie zum Schlechten die Art und Weise, wie uns unsere Umgebung berührt.

▪ Wie es mit dem Bauen anfing

Der Wunsch, Umgebungen so zu gestalten, dass sie die Gefühle und das Handeln der Menschen beeinflussen, ist alt, ja, sogar älter als alle anderen Errungenschaften der menschlichen Zivilisation: älter als die schriftliche Kommunikation, als der Städte- und Siedlungsbau und sogar älter als der Beginn der Landwirtschaft. Die Wurzeln dieser planerischen Bemühungen liegen in der Südtürkei, unweit der Stadt Urfa, in den uralten Ruinen von Göbekli Tepe. Sie sind mehr als elftausend Jahre alt und bestehen aus einer Reihe von Mauern und Säulen, von denen manche mehr als zehn Tonnen wiegen.[1] Als architektonisches Zeugnis ist Göbekli Tepe, abgesehen von ein paar sehr simplen, von Menschenhand erbauten Behausungen, das älteste uns bekannte Bauwerk. Ja, Göbekli Tepe wurde ebenso viele Jahrtausende vor Stonehenge errichtet wie Stonehenge vor unserer heutigen Zeit. Aber es ist insofern wichtiger, als es lange gehegte Auffassungen über die Ursprünge des Bauens über den Haufen wirft. Vor seiner Entdeckung war es nämlich gängige Meinung, dass Ackerbau und Viehzucht und die damit einhergehende Sesshaftigkeit der Menschen unsere baulichen Tätigkeiten und letztendlich den Bau von Städten erst in Gang gesetzt hätten. Aber damit hatte man das Pferd vom Schwanz her aufgezäumt. Die Steine in Göbekli Tepe sind offenbar von Jägern und Sammlern, die sich von ihrer Jagdbeute ernährten, dort aufgestellt worden und nicht von sesshaften Bauern. Die ausgegrabenen Mauern sind höchstwahrscheinlich die allerersten, die nicht errichtet wurden, um Besitz und Familie vor Feinden, den Unbilden der Natur und den neugierigen Blicken der Nachbarn zu schützen, sondern zu anderen Zwecken. Welchen genau lässt sich nach so langer Zeit nicht mehr herausfinden, aber die wenigen Zeugnisse menschlichen Treibens dort – Tierknochen, Reste von Feuerstellen und in Säulen gemeißelte Piktogramme menschlicher Figuren und großer Vögel, Schlangen und fleischfressender Säugetiere – legen die Vermutung nahe, dass Göbekli Tepe als religiöse Kultstätte diente. Aller Wahrscheinlichkeit nach war es auch eine Pilgerstätte, die über viele Jahrhunderte gebaut und umgebaut, besucht und verändert wurde. Klar ist, dass niemand dort wohnte. Vielleicht sollte der Ort zum Nachdenken und Beten inspirieren, und die Reliefs der grauenerregenden Kreaturen, die man dort fand, waren als Totems gedacht, die den Menschen die Furcht vor den schrecklichen Gefahren nehmen sollten, denen sie in ihrem Leben als Jäger fortwährend ausgesetzt waren. Möglicherweise wurde Göbekli Tepe auch als »Ort des Heilens« erbaut wie Stonehenge – was darauf verweisen würde, dass wir Menschen auch deshalb zu bauen begannen, weil wir uns unserer Endlichkeit bewusst wurden. Womit diese frühen Bauwerke den beginnenden Kampf gegen die Sterblichkeit spiegeln würden. In der Geschichte des Bauens, besonders des Bauens zu religiösen Zwecken, kann man vieles als den kollektiven Versuch interpretieren, den Tod auszutricksen – was wiederum beweist, dass wir schon früh die Wirkung von Erbautem auf unsere Gefühle verstanden haben.

Ungeachtet der geringen Kenntnisse darüber, welche Überlegungen hinter dem sorgfältigen Bau von Göbekli Tepe standen – immerhin sechstausend Jahre vor Erfindung des geschriebenen Wortes! –, drängt sich eines auf: Es handelt sich womöglich um das allererste Auftauchen des vielleicht entscheidenden Charakteristikums der Menschheit: Wir bauen, um Wahrnehmungen zu ändern und unser Denken und Fühlen zu beeinflussen. Und versuchen dadurch, das menschliche Handeln zu organisieren, Macht auszuüben und, last but not least: Geld zu verdienen. Beispiele dafür gibt es in der menschlichen Geschichte zuhauf.

Wie Raum uns berührt

Als ich zum ersten Mal im Petersdom war, sah ich, wie andere Besucher beim Anblick des gigantischen, vor Reichtümern und grandiosen Kunstwerken strotzenden Kuppelgewölbes auf die Knie fielen. Diese sehr menschliche Reaktion ist natürlich kein Zufall. Bauwerke wie der Petersdom wurden ausdrücklich so geplant, dass die Leute sich darin anders fühlen sollten. Man wollte Gläubige wie Ungläubige anregen, ihre Beziehung zum göttlichen Universum neu zu bewerten, man wollte ihre Ängste mit dem Versprechen auf ein Leben nach dem Tode beschwichtigen und hoffte, auch dann noch Macht über sie und ihr Verhalten auszuüben, wenn sie das Kirchengebäude längst verlassen hatten. Wissenschaftliche Untersuchungen haben tatsächlich ergeben, dass Orte erhabener Schönheit, seien es atemberaubende Naturphänomene wie ein sternenübersäter tiefschwarzer Himmel, die Schluchten des Grand Canyon oder aber ein von Menschenhand geschaffenes Kunstwerk wie die Decke eines Sakralbaus, messbaren Einfluss darauf haben können, wie wir uns fühlen, wie wir andere behandeln und sogar wie wir das Verstreichen der Zeit wahrnehmen.[2]

Derart erhabene Erfahrungen mit Orten machen wir im Alltag natürlich eher selten. In einem Gerichtsgebäude (wo wir vielleicht ein Knöllchen bezahlen wollen) sind wir ebenfalls mit hohen Decken, kunstvollem Stuck, schweren Säulen und Pfeilern konfrontiert, aber das alles soll lediglich dazu dienen, dass wir uns im Angesicht der Obrigkeit kleinfühlen. Psychologische Untersuchungen deuten darauf hin, dass die Beschaffenheit solcher Räume über unsere unmittelbaren Gefühle hinaus auch unsere Einstellungen und unser Verhalten beeinflusst. Sie machen uns zum Beispiel gefügiger und sorgen dafür, dass wir uns einem größeren, mächtigeren Willen unterwerfen.

In einem Einkaufszentrum wiederum wollen wir vielleicht nur einen bestimmten Gegenstand kaufen, sagen wir, einen Mixer, doch wir merken schon bald, dass wir in einen fast hypnotischen Zustand geraten, in unserer Widerstandskraft und Zurückhaltung nachlassen und bereitwillig Geld für etwas ausgeben, das wir gar nicht brauchen. Dieser Zustand – dessen Herbeiführung das hehrste Ziel der Profis ist, die Verkaufsräume entwerfen – kommt nicht von ungefähr, sondern ist bis ins Detail geplant. Ja, Kaufleute betreiben ein regelrechtes Wettrüsten im Kampf um unsere Portemonnaies, seit wir genug Geld für Dinge haben, die wir wollen, aber nicht brauchen.

Wenn wir durch eine breite Vorortstraße mit monotonen Reihen identischer Nullachtfünfzehnhäuser und großen, leeren Rasenflächen spazieren, kommt es uns vor, als würde die Zeit schmerzlich langsam verstreichen, und wir langweilen uns ganz genauso wie die Teilnehmer an den ersten Experimenten zur sensorischen Deprivation in den 1960er-Jahren. Ein Spaziergang über einen innerstädtischen belebten Straßenmarkt mit bunter Warenvielfalt, köstlichen Essensdüften und munterem menschlichem Treiben kann uns indes in beste Stimmung versetzen. Diese gegensätzlichen Reaktionen sind leicht an unserem Körper abzulesen, an unserer Haltung, an unseren Augen- und Kopfbewegungen und sogar an unserer Hirntätigkeit. Wo wir auch hingehen, unser Nervensystem und unser Gehirn werden von dem, was wir erleben, sozusagen massiert. Vielleicht verbreite ich nur Binsenweisheiten, aber wie man menschliches Erleben bebauter Schauplätze beeinflussen kann, ist, wie schon erwähnt, mittlerweile mit nie da gewesener Raffinesse und Kunstfertigkeit messbar.

Planern und Architekten steht nicht nur eine viel größere Vielfalt an Materialien und Verfahren zur Verfügung als je zuvor, auch die Grunderkenntnisse der Humanwissenschaften, der Soziologie, der Psychologie sowie der Kognitions-

und Neurowissenschaften dringen immer weiter in die Welt des Planens und Bauens ein. Mit leistungsstarken neuen Untersuchungsmethoden in den Neurowissenschaften können wir die körperlichen Vorgänge, in denen sich unser geistiges Leben manifestiert, präzise wie mit dem Chirurgenskalpell voneinander trennen und bestimmen. Durch die neuen Einsichten in das Innenleben unseres Gehirns, basierend auf einem Jahrhundert der sorgsamen Experimente in den Kognitionswissenschaften, verstehen wir die wesentlichen Elemente der mentalen Erfahrung stetig besser und inzwischen so differenziert, dass wir unser Verhalten auf den chaotischen Schauplätzen unseres Alltagslebens in hohem Maße erklären und vorhersehen können. Zudem entwickeln sich immer rascher Technologien, mittels derer wir das Verstandes- und Gefühlsleben von Individuen aus der Distanz, also nicht invasiv erkunden können. Wir werden geradezu überschwemmt von Apparaturen, mit denen wir an unserem Herzschlag, an unserer Atemfrequenz, unserem Gesichtsausdruck, unseren Augenbewegungen und unserer Schweißdrüsentätigkeit unsere Gedanken ablesen können – sogar an der Art, wie wir unser Handy streicheln oder auf es einschlagen! Die neuen Technologien helfen den Forschern zu verstehen, wie genau unsere Umgebungen – vom Inneren der Häuser bis zu den Straßen einer Stadt – unsere Gefühle und unser Verhalten beeinflussen. Ebenso sind sie ein nie da gewesener Vorteil in einem Spiel, das so alt ist wie Göbekli Tepe. Das Spiel heißt »Verhaltenssteuerung durch gezielte Nutzbarmachung unserer natürlichen Reaktionen auf unsere Umgebung«.

Traditionell hat man bei der Beschreibung des menschlichen Gehirns immer scharf zwischen dem Bereich unterschieden, der für alles Kognitive zuständig ist – das Wahrnehmen, Denken, Schlussfolgern und Entscheiden –, und dem, in dem die Gefühle, Triebe und Emotionen beheimatet sind. Im Alltag reden wir noch oft vom Gegensatz zwischen Herz und Verstand, und auch in unserer heutigen Literatur, in Film und Fernsehen werden wahre Schlachten zwischen Verstand und Gefühl geschlagen. Unsere Sprache selbst verrät unsere (Vor-) Urteile. Zum Beispiel reden wir von »objektivem« Denken, als wollten wir als idealen Typus des rationalen Denkens eine gleichsam kartesianische Abkopplung von dem propagieren, was uns im Alltagsleben an- und vorantreibt, nämlich von dem, was wir vermuten und ahnen. In Shakespeares Stücken, Jane Austens Romanen und Dostojewskis größten Werken geht es immer um das Ringen zwischen Herz und Verstand. In einem moderneren Kanon, zum Beispiel der mythischen Welt von *Star Trek*, finden wir es normal, dass ein Außerirdischer wie der Erste Offizier Spock oder der Androide Lieutenant Commander Data fähig sind, sich ohne einen Anflug von Gefühl vollkommen vernünftig zu verhalten und dass man ein solches Verhalten als adaptiv, also situationsgerecht, bewerten kann.

Historisch vertraten auch wissenschaftliche Theorien diese Meinung. In den Neurowissenschaften herrschte die Auffassung, dass kennzeichnend für uns als Menschen sei, dass unser Neocortex in unserer Entwicklung immer dominanter wurde und dort, in der äußeren Schicht der Großhirnrinde, die »höheren« Funktionen abliefen. Das mit Bedeutung aufgeladene Adjektiv »höher« hob auf die reine Vernunft ab, und unter der kognitiven Krone brodelte das manchmal so genannte Reptiliengehirn, wo sich die tierischen Triebe und Instinkte austobten und dafür sorgten, dass wir unermüdlich Betätigungsmöglichkeiten für die (wie es ein Witzbold einmal formulierte) »vier Fs des motivierten Verhaltens« suchten: Fressen, Fighten, Fliehen und ... Sich Reproduzieren. Implizit ging man sowohl im alltäglichen als auch im wissenschaftlichen Diskurs davon aus, dass diese beiden Areale unseres Gehirns – das tiefere Innere, das unsere Tier-Ichs beherbergt, und die entwickeltere äußere Hülle – ein antagonistisches Gegensatzpaar bildeten und einander auf ewig entgegengetaktet waren und wir deshalb oft in einem dumpfigen Morast von Gefühlen, die wir von unseren entwicklungsgeschichtlichen Vorfahren geerbt hatten, verzweifelt um Vernunft rangen.

Obwohl das beschriebene Vorurteil tief in unseren Köpfen verankert ist, deuten die Ergebnisse der modernen Neurowissenschaft und Psychologie auf eine sehr andere Beziehung zwischen Affekten und Denken hin. In seinen Untersuchungen von Personen mit herdförmigen Verletzungen in Arealen des Frontallappens, die einmal als der Hotspot des rationalen Denkens betrachtet wurden, hat António Damásio gezeigt, dass solche Verletzungen genau deshalb das adaptive Entscheiden und Verhalten beeinträchtigen, weil sie wichtige Verbindungen zwischen unserem emotionalen und kognitiven Ich unterbrechen. Es stellte sich heraus, dass die »Bauchgefühle« oder, mit Damásios Worten, »die somatischen Marker«, von denen wir uns bei Entscheidungen nicht selten leiten lassen und die auch überwiegend sinnvoll sind, tatsächlich in tieferen, den Emotionen vorbehaltenen Teilen unseres

Gehirns entstehen, gleichzeitig aber wichtige Bahnen bilden, mit deren Hilfe wir vernünftige Ziele aufstellen und adäquate Pläne machen können.[3]

Das Urteilen, scheinbar so überaus rational, ist tief in unseren Gefühlszuständen verwurzelt. Und was wir von Hirnverletzten über die wichtige Rolle der Emotionen bei der Regulierung rationalen Verhaltens gelernt haben, wird von modernen Untersuchungen bestätigt, die unter Zuhilfenahme der Hirnbildgebung und Hirnstrommessung erfolgt sind. Die Bereiche unseres Gehirns, die Gefühle verarbeiten, sind überall verteilt, und zwar von den Stammhirnstrukturen, die ankommende Empfindungen körperlicher Zustände registrieren, einschließlich des Zustandes unseres Herzens, bis weit in die höheren Regionen des Cortex. Sie alle sind reichlich mit Schichten durchsetzt, die das Wahrnehmen und Erinnern möglich machen. Man kann die Bedeutung solcher Befunde für unser Gesamtverständnis dessen, wie das Gehirn für einer jeweiligen Situation angemessenes, also adaptives Verhalten sorgt, gar nicht hoch genug einschätzen – aber sie entgehen natürlich auch der Aufmerksamkeit derer nicht, die ihre ganz eigenen Gründe haben, uns zu beeinflussen. Der expandierende Bereich der Neuroökonomie gründet sich zum Beispiel hauptsächlich auf die Annahme, dass menschliches Verhalten fast nie ausschließlich logischen Prinzipien folgt und dass man, wenn man bis ins Einzelne verstehen will, wie der Mensch sein Handeln steuert, auch seinen kuriosen Status als lebende Denkmaschine berücksichtigen muss. Diese Maschine wiederum ist so konstruiert, dass wir nach den Prinzipien der natürlichen Auslese überleben und von verschiedensten Wünschen angetrieben werden, die zwar nicht der reinen Logik gehorchen, aber vermutlich den Fortpflanzungserfolg garantieren. Am wichtigsten bei diesen Wünschen ist die Rolle der Affekte. Derzeit ist die Anwendung neuroökonomischer Prinzipien auf dem Markt noch im Versuchsstadium, und die praktische Umsetzung hinkt dem genauen Wissen hinterher. Aber die Kluft zwischen Theorie und Praxis wird bald geringer werden.

Die neuen Ideen zur Schlüsselrolle der Emotionen bei der Steuerung von Alltagsverhalten haben auch Konsequenzen für das Verständnis unserer Psychogeografie, das heißt, dessen, wie uns unsere Umgebung beeinflusst. Die These, dass Orte unsere Gefühle und Gefühle unsere Entscheidungen beeinflussen, ist zwar nicht gerade brandneu, doch das Ausmaß, in dem unser Denken und Fühlen vermischt sind und die genannten Einflüsse auf unser Tun und Sein einwirken und es verändern, wurde bisher erheblich unterschätzt. Die neue Neurowissenschaft birgt freilich weitere überraschende Erkenntnisse, und die deuten auf eine sogar noch engere Beziehung zwischen unserer inneren Natur sowie der Technik und den Bauwerken hin, mit denen wir zu tun haben.

▪ Spiegelneuronen, Embodiment und Technologie

Anfang der 1990er-Jahre entdeckte der Neurophysiologe Giacomo Rizzolatti an der Universität Parma bei einem Rhesusaffen ein eigenartiges neues Neuron in einem Bereich des Frontallappens.[4] Mit Hilfe sehr feiner Elektroden zeichneten er und sein Team die Aktivitäten einzelner Neuronen auf und entdeckten, dass manche mit hoher Frequenz feuerten, wenn der Affe seine Hand nach einem Futterhappen ausstreckte, ihn ergriff und sich ins Maul steckte. Solche Zellen, die die Organisation komplexen Handelns kodieren und vermutlich eine Rolle darin spielen, sind im Gehirn von Primaten (unserem natürlich auch) nicht ungewöhnlich. Erstaunlicher an Rizzolattis Zellen war, dass sie ebenfalls feuerten, wenn der Affe ein Video anschaute, auf dem ein anderer Affe sich ein Häppchen einverleibte. Rizzolatti nannte diese Neuronen Spiegelneuronen. Zum Zeitpunkt ihrer Entdeckung entging ihre Bedeutung einer größeren wissenschaftlichen Gemeinde; Rizzolattis erster Versuch, seine Erkenntnisse in der renommierten Zeitschrift *Nature* zu veröffentlichen, schlug fehl, weil man sie schlicht nicht interessant genug fand. Doch inzwischen und in Übereinstimmung mit anderen Entdeckungen zu den Spiegelsystemen im Gehirn werden Rizzolattis Arbeiten als erster kleiner Schritt zu einem dramatisch neuartigen Verständnis vieler entscheidender Fragestellungen in der Psychologie erkannt – etwa wenn es darum geht, warum wir das Verhalten anderer derart genau verstehen und Empathie dazu entwickeln können oder, allgemeiner formuliert, wie unser Gehirn eine Verbindung mit unserer Umgebung herstellt.

Alles in Rizzolattis Befunden deutet darauf hin, dass unser Gehirn so konstruiert ist, dass wir die Verhaltensmuster anderer simulieren und verstehen bzw. sogar *nachempfinden* können. Untersuchungen des Gehirns mit bildgebenden Verfahren zeigen, dass dann, wenn wir sehen, wie jemand ein Gefühl mit einer bestimmten Mimik ausdrückt, bei uns die gleichen Gehirnbereiche aktiviert werden, wie wenn wir dieses Mienenspiel selbst hervorbringen. Es sieht alles danach aus, als müssten wir, um die räumlichen Grenzen zu überwinden und zu fühlen, was unsere Mitmenschen fühlen, den Ausdruck ihrer Gefühle spiegeln. Hinzu kommt, dass Menschen, deren Gehirn in für den Ausdruck von Emotionen befassten Bereichen verletzt ist, Schwierigkeiten haben, die Gefühlsäußerungen anderer zu verstehen. Das Spiegelneuronensystem bietet uns offenbar einen Weg durch die Grenzen unseres Körpers, um ausführlich in Kontakt mit anderen Wesen und eventuell mit anderen Dingen zu treten.

Bei einem Experiment zur Demonstration der Spiegelneuronen setzt man die Teilnehmer an einen Tisch mit einer auf sie zulaufenden Trennwand. Links neben die Trennwand müssen sie ihre linke Hand legen – sie sehen sie also nicht mehr –, und vor sie, rechts neben die Trennwand, legt man das *Gummimodell* einer menschlichen linken Hand. Dann sehen die Teilnehmer, wie der Experimentator sanft die Gummihand streichelt, und spüren gleichzeitig, wie ihre eigene Hand gestreichelt wird. Nach kurzer Zeit empfinden sie die künstliche Hand als eigene. Und wenn der bisher Streichelnde plötzlich mit dem Hammer auf die Gummihand schlägt, zeigen sie heftige physiologische Reaktionen, im Prinzip, als wäre der Hammer auf die eigene Hand niedergesaust.[5] Etwas Ähnliches hat man in einer simulierten außerkörperlichen Erfahrung beobachtet. Dabei konnten die Teilnehmer ihren eigenen Körper in einer bestimmten Entfernung als Bild betrachten, das eine Kamera in einen von ihnen getragenen Virtual-Reality-Helm projizierte. Sie entwickelten nun rasch das Gefühl, sich außerhalb des eigenen Körpers zu befinden.[6] Nachdem ich zum ersten Mal von diesen Experimenten gehört hatte, führte ich einige Demonstrationen zu dem Phänomen in meinem eigenen Virtual-Reality-Labor durch. Es funktionierte wie versprochen: Die Probanden berichteten von einem gespenstischen, schwer zu beschreibenden Gefühl des Getrenntseins vom eigenen Körper, und ich hatte das klammheimliche Vergnügen, mit einem Holzstock meinen mit dem VR-Helm bewehrten Chef zu traktieren, während dieser auf dem Boden lag.

Dass das Gehirn Körperräume rasch neu kartiert, um benachbarte Dinge mit einzubeziehen, ist auch in weniger bizarren Situationen beobachtet worden. Wenn man einen langen Zeigestock in die Hand gedrückt bekommt, um beispielsweise Objekte damit zu verschieben, nehmen bestimmte Bereiche im Gehirn eine Neukartierung vor, sodass der Zeigestock tatsächlich ein Teil des Körpers wird.[7] Es ist hochwahrscheinlich, dass unsere Geschicklichkeit bei der Benutzung aller Arten von Alltagstechnologie, wie auch der Computermaus, aus dieser schnellen Neukartierung der wahrgenommenen Grenzen des Körperraumes herrührt.

Insgesamt verweisen das Spiegelneuronensystem und die beschriebenen Experimente darauf, dass unser Gehirn über leistungsstarke Plastizitätsmechanismen verfügt, mit denen es die Barrieren zwischen der äußeren Grenze unseres Körpers und anderen Menschen oder Dingen innerhalb unserer Reichweite überschreiten kann. Dadurch werden nicht nur unsere Fähigkeiten gestärkt, vom Bleistift bis zum Touchscreen viele verschiedene technische Hilfsmittel zu benutzen, sondern man kann auch vermuten, dass wir vor allem deshalb an den Gefühlen unserer Mitmenschen teilhaben können, weil wir ihren körperlichen Zustand konkret spiegeln, beispielsweise mit einem – wenn auch noch so verstohlenen – Gesichtsausdruck.

▪ Wonder-Woman-Posen, kalte Beziehungen und wackliger Boden unter den Füßen

In einem der Internet-Vorträge auf der TED-Talks-Website referierte die Sozialpsychologin Amy Cuddy kürzlich über ihre Forschungen zur Körpersprache und vertrat den Standpunkt, dass unsere Körperhaltung nicht nur unsere Stimmung beeinflussen kann, sondern auch die chemischen Prozesse in unserem Körper. Teilnehmer und Teilnehmerinnen ihrer Untersuchungen, die sie gebeten hatte, Superhelden und -heldinnen wie Wonder Woman zu imitieren und Imponierposen einzunehmen, schnitten in simulierten Job-Bewerbungsgesprächen besser ab und waren risikofreudiger als andere Kandidatinnen und Kandidaten. Schon nach zwei Minuten des »So-tun-als-ob« stieg ihr Testosteronspiegel in messbarem Ausmaß, während der Spiegel des Stresshormons Cortisol sank. Diese Ergebnisse sind nur einige aus einer neuerdings sintflutartigen Fülle von Experimentierberichten, aus denen hervorgeht, dass unsere Art des Bewegens und Posierens nicht von unseren Gedanken, Stimmungen und Verhaltensweisen getrennt ist.[8] So fand man zum Beispiel heraus, dass wir dominanter wirken, wenn wir aufrecht sitzen und auf einen Laptop- oder Tabletbildschirm schauen statt auf ein kleineres Handy.[9] Oder dass wir freundlicher und geselliger sind, wenn wir ein Heißgetränk in der Hand halten.[10] Oder dass Probanden, die auf einem wackligen Stuhl saßen, auch ihre gerade aktuelle Liebesbeziehung als weniger stabil einschätzten.[11] Solche Ergebnisse sind mehr als nur Kuriosa aus dem Labor. Sie verweisen darauf, dass die Verbindungen zwischen selbst herbeigeführtem Verhalten verschiedenster Art –

Gesichtsausdruck, Körperhaltung, Bewegungen – zu unserer psychischen Verfassung in beide Richtungen verlaufen. Mit anderen Worten: Wir meinen im Allgemeinen, dass wir lächeln, weil wir glücklich sind, aber die Ergebnisse der Experimente legen den Schluss nahe, dass wir umgekehrt auch glücklich werden, *weil* wir lächeln. (Und genau dieser Effekt ist in vielen Kontrolluntersuchungen dokumentiert worden.)

Angesichts dessen, was wir jetzt über die von Giacomo Rizzolatti erstmals beschriebenen Spiegelneuronensysteme wissen, leuchten die genannten Ergebnisse vollkommen ein und passen genau zu der Auffassung von der Organisation des Gehirns, die vom Primat der Körperzustände ausgeht. Wir empfinden, weil wir etwas tun. Wenn wir die Effekte von Gefühlszuständen körperlich simulieren, sei es, weil wir sie an einem anderen beobachten oder weil uns der Experimentator darum gebeten hat, erleben wir sie also auch selbst – inklusive der weitreichenden damit einhergehenden Änderungen in unserer Physiologie.

Wie wirken sich solche Effekte auf unsere Beziehung zu Bauwerken aus? Nehmen wir das Holocaust-Mahnmal in Berlin. Von außen sieht es nüchtern und nichtssagend aus. Es besteht lediglich aus vielen Reihen schwarzer, unterschiedlich großer Betonquader in einem regelmäßigen Raster schmaler Gehwege. Auch die Höhe der Quader variiert, und sie stehen auf einem leicht welligen Untergrund. Dem weiter entfernt stehenden Betrachter bleibt großenteils verborgen, wie machtvoll das Denkmal ist. Das spürt man erst, wenn man hineingeht und darin herumläuft. Als ich das Mahnmal mit meiner Frau besuchte, setzten wir uns ein paar Minuten lang an den Rand und rätselten herum, was die Installation uns im Einzelnen wohl vermitteln wollte. Dann erkundeten wir ihr

Innenleben. Die Gehwege waren so schmal, dass wir nicht nebeneinander herlaufen konnten, und wir wurden schon bald getrennt und erwischten immer nur einen kurzen Blick aufeinander. An den Kreuzungen der Gehwege konnten wir allerdings immer durch lange, enge, leere Korridore bis hinaus zu den Rändern des Mahnmals sehen und wurden von dort wiederum von den Blicken aller von dort Hineinsehenden aufgespießt. Zwischen den Quadern, die uns die Sicht auf die Außenwelt versperrten, waren wir desorientiert, und weil wir ständig voneinander getrennt wurden, fühlten wir uns verloren und auf den Gehwegen mit dem freien Blick zur Außenwelt immer wieder visuell durchbohrt. All das erzeugte ein heftiges Gemisch von Gefühlen: Furcht, Beklemmung, Trauer und Einsamkeit. Peter Eisenman, der Schöpfer des Mahnmals, hatte es geschafft, dass viele kleine, aber wirkmächtige Echos der Gefühle mitschwangen, die im Zweiten Weltkrieg verfolgte Juden empfunden haben müssen, und es war ihm gelungen, dass man diese starke Erfahrung nur machen konnte, wenn man sich auf die Anlage einließ. Nur wenn man hindurchlief und sich verirrte, waren Leid und Angst spürbar und nachempfindbar.

Obwohl Eisenmans Mahnmal ein »Zweckbau« ist und mit Absicht darauf ausgelegt, in den Besuchern bestimmte Gefühle auszulösen und auf diese Weise der Opfer zu gedenken und die Toten zu betrauern, werden wir in den folgenden Kapiteln sehen, dass es bei Weitem nicht ungewöhnlich ist, wenn Bauwerke spontan Gefühle in uns erwecken. Entweder geplant oder zufällig bringen uns Gebäude dazu zu *fühlen*, indem sie uns zum Handeln bringen – ganz ähnlich wie wir uns selbst wohlfühlen, wenn wir das glückliche Lächeln eines kleinen Kindes spiegeln. Diese Verbindungen sind tief in unser Nervensystem eingeschrieben, in Schaltkreise, die ursprünglich dazu angelegt waren, dass wir Erfahrungen miteinander teilten und adaptiv auf die Risiken und Chancen reagierten, vor die uns unsere natürliche Umwelt stellte.

Die gebaute Welt smart machen

Seit Jahrtausenden dient die herkömmliche Mauer oder Wand der Aufgabe, menschliches Handeln zu beeinflussen. Wände und Mauern schränken die Bewegungsfreiheit ein und blockieren die Sicht. Sie bieten Privatheit und Schutz. Ja, John L. Locke behauptet in seinem Buch *Eavesdropping: An Intimate History*, dass die Mauer/Wand uns vor der geistigen Belastung schützen soll, die uns droht, seitdem wir aus winzigen bäuerlichen Siedlungen in größere Dörfer und schließlich Städte umgezogen sind, wo wir ständig das Handeln von Fremden mitbekommen und es schwierig wird, die Übersicht darüber zu behalten, wer wem gerade was antut.[12] Mauern und Wände verstärken oder etablieren gesellschaftliche Konventionen und kulturelle Normen. Die Erfindung von Räumen, die allein dem Schlaf vorbehalten waren, veränderte unsere Ansichten zur Sexualität. Die Anlage traditioneller muslimischer Häuser und sogar Straßen ist materieller Ausdruck der Haltung zur Trennung der Geschlechter und Generationen. Noch vor einem Jahrhundert hätte man fast alle psychologischen Wirkungen der gebauten Umwelt allein auf die Geometrie und das Erscheinungsbild der von Mauern und Wänden umschlossenen Gehäuse zurückführen können.

Jetzt allerdings erleben wir einen dramatischen Wandel in unserer Interaktion mit dem bebauten Raum. Die handgemachte Mauer ist in vielerlei Hinsicht ein Auslaufmodell. Die Anfänge des Wandels liegen weit zurück: Telekommunikationseinrichtungen wie Telefon, Radio und Fernsehen ermöglichten es uns zuerst, mehr oder weniger ohne Zeitverzögerung aus der Entfernung und ohne Augenkontakt zu interagieren. Durch die Massenkommunikationsmittel konnten wir mit vollkommen Fremden Erfahrungen teilen, obwohl dieses Teilen oft anonym und einseitig war, zum Beispiel wenn Tausende oder sogar Millionen Zuschauer im Fernsehen eine beliebte Sendung oder ein Sportereignis verfolgten. Doch wie altmodisch wirken diese Technologien in der heutigen Welt, in der so viele von uns mit Smartphones unterwegs sind, also mit leistungsstarken Computern, die aufzeichnen, wo wir sind und wo wir hingehen, und die es uns ermöglichen, mit allen, die ein ähnliches Gerät bei sich tragen, nach Belieben zu kommunizieren. Unsere Telefone verbinden uns nicht nur ständig *miteinander*, sondern auch mit nahezu unerschöpflichen Informationsmengen. Und diese Verbindungen sind zweiseitig: Ob wir nun vertraute oder aber neue Pfade beschreiten, unsere Geräte verstreuen auf diesem Planeten Informationen, zu denen der Planet dann seinerseits Zugang hat. Wir haben Apps, die unseren Aufenthaltsort und unsere derzeitige Tätigkeit in die Welt hinausposaunen – mittels bestimmter Fitnessaccessoires werden sogar Angaben zu unserer Gesundheit verraten! Wir sind lebende Signalanlagen, die persönliche Daten – wer wir sind, wie es uns geht und was wir machen – aussenden. Und dank dieser Signale, die wir ins All schicken, sind wir überall zugleich.

Aber nicht nur das Wunder des modernen Mobiltelefons füllt den Äther mit Daten über unser Handeln und Denken. Auch die gebaute Welt wird zunehmend mit Sensoren bestückt. Überwachungskameras sind seit Jahren gang und gäbe und werden inzwischen mit einer Technik kombiniert, die unsere Mimik, wie und wo wir hinschauen, unsere Herz- und Atemfrequenz sowie unsere Körpertemperatur vermisst. Das aufkommende »Internet der Dinge«[13] verknüpft diverseste Geräte und Gebäude in einem gewaltigen elektronischen Informationsstrang – vom Temperaturregler in der Wohnung bis zur Verkehrssteuerungsanlage oder den Internet-Verkaufsportalen für Eintrittskarten aller Art. In der Folge können die Beziehungen zwischen den Menschen und ihrem alltäglichen Umfeld permanent überwacht, gemessen und angepasst werden.

Die jüngste Version des Wearable Computing, die wahrscheinlich den tiefgreifendsten Einfluss auf die Alltagsbeziehung zu unserer Umgebung haben wird, sind die Geräte, die wir vor den Augen tragen. Menschen sind überwiegend visuelle Wesen. Obwohl unsere anderen Sinne durchaus eine Rolle spielen, wenn wir uns in Orte hineinversetzen und eine Verbindung zu ihnen aufnehmen, ist es der Blick, der die Grenzen des gebauten Raumes am nachhaltigsten festlegt. Was und wen wir sehen und wie wir unsere eigene Sichtbarkeit für andere einschätzen, ist die wichtigste Determinante für unser Verhalten in der gebauten Umgebung.

Deshalb ist ein Gerät wie die Google-Brille nicht nur eine neue tragbare Rechnerschnittstelle, sondern eigentlich der Beginn einer Technologie, die in diese uralte Verbindung zur Außenwelt eindringt. In seiner derzeitigen Gestalt ist Google Glass nicht viel mehr als eine Art Head-up-Display (HUD), mit dessen Hilfe wir durch einen kurzen Blick nach oben einen nicht abreißenden Strom von Informationen über unsere Umwelt empfangen können. In Wirklichkeit ist die Brille aber nur einen kleinen Schritt entfernt von einem Gerät, das uns vielleicht einmal einen vollständigeren digitalen Overlay in unserem Blickfeld beschert, der unsere Bewegungen verfolgt und im Update Informationen zu dem liefert, was wir sehen. Solche erweiterten Realitäten werden in Forschungseinrichtungen schon seit geraumer Zeit genutzt; einige rudimentäre Arten stehen auch Smartphone-Benutzern zur Verfügung. Die volle Durchsetzung solcher Technologien würde, zumindest was den Sehsinn betrifft, viele Prinzipien der herkömmlichen Architektur obsolet machen. Joseph Paradiso vom visionären Media Lab des MIT erläutert es folgendermaßen: »Alles kann zum Display werden. Oder vielleicht werden direkt auf Ihre Netzhaut Photonen gemalt, sodass es keine große Rolle mehr spielt, was Sie sehen. Umgebungen werden dann eine wie auch immer geartete Kombination aus dem, was Sie leibhaftig sehen, und dem Virtuellen sein.«[14]

Die Macht (und vielleicht die Gefahr) solcher elektronischen Mauern oder Wände besteht darin, dass Begrenzungen aus Photonen im Gegensatz zum traditionellen Mauerwerk aus Stein in einem Augenblick aufgebaut und wieder eingerissen werden können. Nicht nur das, sie können auch vollkommen auf die Benutzer zugeschnitten werden. Die richtigen Informationen vorausgesetzt, können Sie und ich in ein und demselben physischen Raum sein, aber etwas vollkommen anderes sehen, das sich auf unsere jeweilige Persönlichkeit, unsere Interessen sowie auf unser bisheriges Konsumverhalten gründet. Wir alle bewohnen ja längst eine jeweils individualisierte Welt. Was wir sehen und wie wir auf Sinneseindrücke im Alltag reagieren, ist schon immer von unserer eigenen, einzigartigen Geschichte bestimmt worden. Wenn aber diese Geschichte zum offenen Buch und die entsprechenden Daten den Technologieanbietern verfügbar gemacht werden, die uns Scheuklappen vor die Augen setzen können, dann sind wir bald in unserer eigenen Geschichte gefangen. Die Welt versorgt uns nicht mehr mit erfrischend Neuem und anderem, sondern läuft Gefahr, sich in eine Reihe von sich selbst verstärkenden Feedback-Schlaufen zu verwandeln, die ähnlich zustande kommen wie unsere Browser-Chronik. Alles, was wir sehen, kommt durch den Spiegel dessen, was wir schon einmal gesehen haben, zu uns zurück.

■ Der Weg vor uns

Um nicht wie ein ausgemachter Technikfeind zu klingen, sollte ich jetzt vielleicht anmerken, dass ich nicht den Zeiten hinterherweine, als wir Menschen in der freien Natur um Feuerstellen herumsaßen und uns gegenseitig sowie unsere spärlichen Besitztümer mit Argusaugen bewachten. Ich empfinde eine gesunde Begeisterung für Technologie, bin normalerweise jemand, der ein neues Gerät als Erster benutzt, und mir absolut bewusst, wie viel leichter und gesünder unser Leben durch die verschiedenen technischen Errungenschaften geworden ist. Ich kann mir deshalb sehr wohl vorstellen, wie der Gebrauch neuer Technologien, die die realen und virtuellen Welten des Planens und Bauens miteinander verschmelzen und aufregende Neuerungen in responsiven Umgebungen verheißen, den Alten, Schwachen und Unterprivilegierten vieles im Leben erleichtern kann. Und ganz offen möchte ich hier schon vorwegnehmen, was auf den folgenden Seiten augenfällig wird – dass nämlich die genannten Entwicklungen, einschließlich der mobilen Datenerfassung und der Speicherung biometrischer Daten sowie der Erzeugung virtueller und erweiterter Realitäten, für Wissenschaftler, die ähnliche Forschungen wie ich betreiben und die ich in diesem Buch schildern werde, ein Füllhorn ergiebigster Daten bieten. Einfach ausgedrückt: Diese Werkzeuge erlauben Forschern wie mir, detaillierter und umfassender zu verstehen, wie die physische Umgebung, in der wir leben, unser gesamtes Handeln beeinflusst.

Gedämpft wird meine Begeisterung für diese Technologie und ihr Veränderungspotential in Bezug auf unser Sein und Handeln natürlich insofern, als ich weiß, wie und dass sie missbraucht werden kann. Zunehmend umfassendere Erkenntnisse der Kognitiven Neurowissenschaften führen in Kombination mit der modernen Datenerfassung dazu, dass man unsere Gehirne mit nie dagewesenen Informationsmengen füttern und damit die Beziehung zwischen uns und der Welt vollkommen umgestalten kann. Und all diese Möglichkeiten sind nirgendwo so wirksam wie in der Kampfbahn unserer seelischen Zustände, von denen wir jetzt wissen, dass sie sehr vielen unserer Handlungen zugrunde liegen.

Mit diesem Buch will ich aber nicht die Alarmglocken läuten, damit wir uns zurückhalten und die Risiken gar nicht erst eingehen, sondern ich möchte den Versuch unternehmen, das unmittelbar vor uns liegende Terrain darzustellen und auszuloten. Wie bei jedem großen wissenschaftlichen Fortschritt besteht auch bei diesem, der allem Anschein nach sämtliche Aspekte unseres Lebens beeinflussen wird, die beste Strategie darin, dass wir uns mit Wissen bewaffnen und hoffen, dass wir klüger werden.

ERSTES KAPITEL

Die Natur im Raum

Geschichten aus dem Outback

Ganz zu Beginn meines Berufslebens – als Folge gewisser impulsiver Entscheidungen und mit ein bisschen Glück (oder Pech, das wusste ich damals nicht so genau) – stolperte ich zusammen mit einem wahren englischen Gentleman, dem Neurowissenschaftler Lindsay Aitken, durch das australische Outback. Wir hatten uns verirrt. Einigermaßen aufgeregt kämpften wir uns durch das raue Spinifexgras, behielten in panischer Angst vor den womöglich darin lauernden Zecken – vor den Krokodilen und Schlangen sowieso – unsere Umgebung argwöhnisch im Auge und spitzten die Ohren, um wenigstens die Schritte unseres Führers John Nelson irgendwo ausmachen zu können. John war ein nicht mehr junger, gestandener Feldbiologe und mit seinen vierzig Jahren Busch-Erfahrung bisher wie ein keineswegs alter Hase kreuzfidel vor uns hergesprungen. Wir suchten ein Tier namens Zwergbeutelmarder, ein mit dem Tasmanischen Teufel verwandtes, kleines, fleischfressendes Beuteltier, das von den Farmern im Northern Territory Australiens zu Unrecht als Landwirtschaftsschädling betrachtet wird. Wenn wir ein paar Exemplare gefangen hatten, wollten wir damit zu unserem Standort in Melbourne, ein paar Tausend Kilometer weiter südlich, zurückkehren.

Ich gestehe freimütig, dass ich meine Energien weniger auf die Wunder der Natur als auf das Ersinnen gotteslästerlichster Flüche in Richtung Nelsons verwandte, der uns, schadenfroh, wie er war, natürlich nur vormachte, er habe uns im Stich gelassen. Etwaige Gedanken an die angeblich beruhigende Wirkung eines Aufenthalts in der Natur vermieste er mir gründlich. Als typischer Stadtmensch war ich absolut nicht in meinem Element. Das Adrenalin schoss mir durch den Körper, und verängstigt und desorientiert, wie ich war, wünschte ich mir nur inbrünstig, heil und gesund aus dem Busch zu entkommen. Hektisch warf ich verschreckte Blicke von Ort zu Ort. Hier wimmelte alles vor Gefahren; ich hätte nicht einmal gewusst, wo ich Schutz hätte finden können!

Als Lindsay und ich atemlos und mit hochroten Wangen Nelson endlich einholten, stand er triumphierend, ein süffisantes Grinsen im Gesicht, mit einem Fuß auf einem Baumstumpf und zeigte auf eine gigantische Spirale, die so dick war – dicker als mein Bein –, dass ich einen Moment brauchte, um zu kapieren, was ich da anstarrte. Eine riesige Schlange! »Ein Python. Ihr könnt ein Foto machen, wenn ihr wollt. Sie schläft. Und habt ihr gemerkt, dass ihr an einem Krokodil vorbeigekommen seid?« Trotz Nelsons Versicherung, er habe nie den Kontakt zu uns abgebrochen, selbstverständlich gehört, wie wir hinter ihm hergestapft und -gestolpert seien, und stets gewusst, dass uns »eigentlich« nichts passieren könne, dauerte es eine Weile, bis Lindsay und ich überhaupt wieder ein Wort mit ihm wechselten.

Jetzt habe ich sicher ein extremes Beispiel dafür beschrieben, was passiert, wenn sich moderne Städter in eine echte Wildnis begeben, doch es beleuchtet eine interessante und wichtige Tatsache der conditio humana: Wir haben uns eine

Umgebung geschaffen, die so anders ist als die, in der sich unser Körper und unser Gehirn entwickelt haben, dass die meisten von uns, kaum dass wir in die Wildnis zurückkehren, feststellen müssen, dass uns fast alle Techniken nichts nützen, mit denen wir normalerweise unsere Interaktionen mit dem Ort um uns herum regeln. Wir wissen weder, wie wir uns bewegen, noch, wohin wir gehen, ja, nicht einmal, wohin wir schauen müssen.

Obwohl wir von den Verhältnissen, die uns ursprünglich einmal geprägt haben, derartig weit entfernt sind, lieben die meisten von uns den Kontakt zur Natur (wenn auch vielleicht zu einer milderen Variante als der im Northern Territory Australiens). Es ist uns angeboren, dass uns Orte locken, die für unsere Urahnen noch den Unterschied zwischen Leben und Tod ausgemacht hätten. Unsere teuersten Immobilien befinden sich oft auf dem Gipfel von Bergen oder an Felswänden gegenüber großen Wasserflächen. Selbst in städtischen Umgebungen legen wir großen Wert auf schöne Ausblicke auf die Natur. Wenn wir zum ersten Mal eine Stadt besuchen, bewegen wir uns spontan auf alle Grünflächen oder Gärten zu, die es dort gibt. In Vancouver, einer Stadt, die elegant zwischen den Rocky Mountains im Osten und dem Pazifischen Ozean im Westen gelegen ist, dürfen Bauherren von Gesetz wegen nicht den Blick auf die Berge oder das Meer verbauen: Die Verbindung mit der Natur ist dort unantastbar.

Nach der epochemachenden Beobachtung des Forschers Roger Ulrich von der Texas A&M University, dass Krankenhauspatienten, die von ihrem Bett aus ein bisschen Gras und ein paar Bäume sehen konnten, schneller gesund wurden und weniger Schmerzmedikamente brauchten als die, die nur Betonwände sahen[15], ist dieses von den meisten von uns intuitiv empfundene Wissen in den letzten dreißig Jahren von wissenschaftlicher Seite mit einer Lawine von Beweisen bestätigt worden. Die Natur kann Schmerzen lindern, Mut machen und heilen. Und wenn das zutrifft, dann müssten wir durchschnittlichen Stadtbewohner eigentlich trotz der Tatsache, dass wir mit Grammatik und Vokabular der natürlichen Umgebung nicht mehr vertraut sind, immer noch Rudimente irgendeiner tiefen, archaischen Verbindung mit jenen Landschaften haben, die unsere Spezies prägten. Und richtig, wir werden sehen, dass diese Verbindung tief in unseren Körper und unser Nervensystem eingeschrieben ist und auch heute noch unser Verhalten an Orten (zu den einen fühlen wir uns hingezogen, von den anderen abgestoßen) ebenso beeinflusst wie unsere Gefühle, unser Stressempfinden und sogar das Funktionieren unseres Immunsystems.

▪ Die Biologie der Habitatselektion

Warum ein bestimmtes Tier sich für ein bestimmtes Habitat entscheidet, ist eine der elementarsten und wichtigsten Fragen in der Biologie, und ihr sind viele Tausend Forschungsstudien gewidmet. Die Fähigkeit, ein Milieu zu finden, das günstig für Futtersuche und Partnerwahl ist sowie Schutz vor Fressfeinden gewährt, ist unerlässlich für den biologischen Erfolg – der natürlich darin besteht, bis zum fortpflanzungsfähigen Alter zu überleben und für Nachkommen zu sorgen. Viele Studien haben gezeigt, dass Tiere bemerkenswerterweise nicht nur imstande sind, die besten verfügbaren Orte für sich auszuwählen, sondern dass sie sogar vorhersehen können, wie dieser Ort ihren zukünftigen Bedürfnissen dienen wird.

Der Grünwaldsänger zum Beispiel, ein kleiner, in den Fichtenwäldern des östlichen Nordamerika nistender Singvogel, richtet sich sein Revier in den ersten Sommermonaten vorzugsweise in Amerikanischen Rotfichten ein, obwohl sie weniger Futter bieten als die benachbarten Weißfichten. Aber wenn die Nester gebaut sind und die hungrigen Jungvögel Nahrung brauchen, gibt es im Rotfichtenwald die reichere Ernte. Aus irgendeinem Grunde wird der Waldsänger so gesteuert, dass er sich an den Orten niederlässt, an denen er besser seine zukünftigen Elternpflichten erfüllen als seine derzeitigen Bedürfnisse befriedigen kann.[16] Nicht zufällig konzentrieren sich viele Untersuchungen zur Habitatselektion auf Nistvögel. Der Bau eines Nestes erfordert erhebliche Anstrengungen, und es ist deshalb wichtig, dass sich der dafür ausgesuchte Ort für die Dauer der Brut- und Aufzuchtperiode nicht allzu sehr verändert, dass er Schutz und die richtige Mischung an Futter zu einem bestimmten Zeitpunkt in der Zukunft bietet, also dann, wenn dieses Futter entscheidend für das Überleben der Nachkommen ist. Viele andere Tiere haben es mit der Habitatselektion ein wenig leichter. Wenn sie an einem Ort nicht genug Futter finden, suchen sie sich einfach eine grünere Weide wie zum Beispiel die Elch- oder Karibuherden, die auf der Suche nach fressbarem frischem Moos hinter der Frostgrenze herziehen.

Trotz zahlreicher Hinweise, dass Tiere bei der Auswahl ihres Habitats die mannigfaltigsten Umweltfaktoren berücksichtigen können, wissen wir auffallend wenig über die eigentlichen Mechanismen, die dabei im Spiel sind. Was veranlasst den Grünwaldsänger auf der rein praktischen Ebene des Wahrnehmens und Handelns, sich für die Rotfichten zu entscheiden? Warum genau bevorzugt er diese Baumart? Leider können wir uns über die Mechanismen des beschriebenen Tierverhaltens kein Wissen aus erster Hand verschaffen, denn Tiere in der freien Wildbahn lassen sich ungern in den Kopf schauen. Laborexperimente haben sich bisher eher auf sehr schlichte Umgebungsvarianten konzentriert, und das Tier konnte seine Präferenz nur durch die Verweildauer in einem Bereich ausdrücken, den es aus mehreren aussuchen konnte. In Experimenten in einem Aquarium mit einer Art Doktorfisch, der den entzückenden Namen Manini trägt (im *Urban Dictionary*[17] definiert als »ausgeflippter… krasser Mensch«), hat sich zum Beispiel gezeigt, dass diese Tiere ihre Ruhezeiten lieber in flachen Bereichen mit wenig Tarnung verbringen als im tiefen oder offenen Wasser.[18] Experimente mit verschiedenen Spezies der Saumfingerechsen haben ergeben, dass sie auf kleine Pfähle klettern und erst nach sorgsamer Inspektion ihrer Umgebung losgehen und sich ein Grasfleckchen aussuchen.[19] Dank dieser Experimente verstehen wir die Mechanismen, die der Habitatselektion zugrunde liegen, zwar ein bisschen besser, können aber noch lange nicht im Einzelnen erfassen, warum diese Tiere dort hingehen, wo sie hingehen.

■ Habitatselektion beim Menschen

Obwohl Menschen in extrem unterschiedlichen Habitaten leben und gedeihen können, kommen doch einige der besten und frappierendsten Hinweise zu den Mechanismen der Habitatselektion aus Experimenten mit menschlichen Teilnehmern. Das rührt zum Teil daher, dass man erheblich leichter im Innenleben von Menschen herumforschen und untersuchen kann, in welchem Ausmaß wir einen Typus von Ort einem anderen vorziehen. Wir haben die verschiedensten Instrumente und Möglichkeiten, von der schlichten Selbstaussage (Motto: Darf ich Sie mal etwas fragen?) bis zur Messung des physiologischen Zustands eines Probanden, der gerade unter einer Vielfalt von Ortstypen auswählt.

Seit der Antike haben sich alle möglichen Fachleute dafür interessiert, warum Menschen sich für bestimmte Szenerien in der Natur entscheiden. Mittlerweile haben Philosophen, Künstler, Geografen, Landschaftsarchitekten und Psychologen aller Couleur ihre Meinung dazu geäußert. Der US-amerikanische Geograf Jay Appleton hat in seinem hervorragenden Buch *The Experience of Landscape*[20] viel von diesem Interesse herausgearbeitet und zusammengefasst. Als Ausgangspunkt nahm er biologische Untersuchungen der Habitatselektion bei Vögeln, Echsen und vielen anderen Tieren. Einen großen Stellenwert räumt Appleton der Erkenntnis des niederländisch-britischen Verhaltensforschers Niko Tinbergen ein, die besagt, dass es für ein Tier überlebenswichtig sei, »zu sehen und nicht gesehen zu werden«. Sowohl vom Standpunkt des Jägers als auch des Gejagten liegen die Vorteile auf der Hand, wenn man eine Umgebung gut überblicken kann und gleichzeitig vor Entdeckung geschützt ist. Appleton behauptet mit besonderer Betonung auf dem evolutionären Zusammenhang zwischen Mensch und Tier, dass dieses Prinzip auch eine Rolle bei unserer ästhetischen Bevorzugung von bestimmten natürlichen Landschaften spielt. Er spricht von »prospect and refuge«, und schon die Begriffe »gute Sicht« und »geschützter Raum« drücken ja aus, dass man sehen, aber nicht gesehen werden will. In gewisser Weise war Appletons Theorie Teil des *missing link* in den biologischen Untersuchungen zur Habitatselektion. Vielleicht wandern die Grünwaldsänger, Saumfingerechsen und Maninis dieser Welt ganz einfach deshalb in bestimmte Habitate, weil sie sich dort wohlfühlen.

Implizit behauptet Appleton mit seiner Theorie, dass Menschen trotz der ausgeklügelten modernen Architektur immer noch aufgrund ihrer natürlichen Impulse auf Orte reagieren, auch wenn es viele der Risiken in der Umgebung gar nicht mehr gibt, aus denen diese Impulse herrühren. Schließlich ist es sehr unwahrscheinlich, dass wir auf einem Golfplatz einem Todfeind des Menschen oder einem heißhungrig geifernden Raubtier begegnen, doch wir fühlen uns auf seiner kunstreichen und weit einsehbaren Anlage, bei der das Prinzip von »prospect and refuge« berücksichtigt worden ist, auch dann wohl, wenn der einzige Todfeind, mit dem wir uns den ganzen Morgen herumquälen, ein winziger weißer Ball ist. Manche Leute behaupten sogar, dass die anhaltende Beliebtheit von Frank Lloyd Wrights Bauten, besonders seiner Wohnhäuser, daran liegt, dass er intuitiv immer verstand, wie wichtig die Raumgeometrie dafür ist, wo sich Menschen wohlfühlen, und wie sehr sie dem Prinzip des »prospect and refuge« folgen muss.[21]

Appletons Konzept trug allenthalben, in den Kunst- und Kulturwissenschaften ebenso wie in der Landschafts- und Innenarchitektur, dazu bei, dass das Interesse für die biologischen und evolutionären Grundlagen unserer Entscheidungen für bestimmte Schauplätze entflammte. Aufbauend auf seiner Arbeit wurde in Hunderten von Experimenten bestätigt, wie wichtig diese Charakteristika eines Ortes sind, wenn es darum geht, was wir gern anschauen und wo wir gern sind. Es bedarf allerdings keiner ausgefuchsten Laborexperimente, um zu sehen, dass Appletons Behauptung richtig ist. Ein rascher Blick auf fast jeden öffentlichen Raum genügt. Auf den großen alten öffentlichen Plätzen Europas sitzen und relaxen die Menschen meist eher am Rande des Platzes als in der Mitte, und wenn sich Gäste in Kneipen und Restaurants den Platz aussuchen können, sind die Tische und Stühle am Rand schneller besetzt als die in der Mitte. Selbst an unspezifischen Orten, die mittels virtueller Realität simuliert werden und in denen lediglich ein paar leere Raumteiler stehen, wie man sie aus Kunstgalerien kennt, zeigen die Leute eine ausgesprochene Vorliebe für Stellen, an denen sie am besten sehen können, ohne gesehen zu werden.[22]

Unsere beinahe universelle Vorliebe für solche Stellen finden wir spontan einleuchtend, aber rein praktisch gesehen passt doch die Entscheidung für Orte, wo wir jagen können, ohne gejagt zu werden, überhaupt nicht mehr in unser Alltagsleben. Am Rande eines öffentlichen Platzes sind wir ja nicht unbedingt sicherer als in dessen Mitte, und von der Mitte aus würden wir auch mehr vom Gesamtgeschehen sehen, um dessentwillen wir da sind. Damit sind wir aber bei der eigentlichen Relevanz von Appletons Hauptthese: Die Entscheidung für eine bestimmte Landschaft oder einen bestimmten Ort kann als archaische Reaktion auf Risiken oder Vorteile verstanden werden, die es in unserem täglichen Leben heute kaum noch gibt.

▪ Nehmen Sie zwei Bäume und kommen Sie morgen wieder!

Intuitiv ist unsere Vorliebe für eine bestimmte Beschaffenheit von Umgebungen also leicht zu verstehen, doch andere Hinweise darauf, wie unser modernes Verhalten von uralten adaptiven Entscheidungen geprägt ist, sind nicht so einleuchtend. In entsprechenden Laboruntersuchungen hat man zum Beispiel eine frappierende Vorliebe für Szenerien nachweisen können, die der Savanne in Ostafrika ähneln.[23] Wir mögen Bäume in lockeren Gruppen, und wir finden es schön, wenn sie breite, niedrige Baumkronen und dicke Stämme haben, also den in Afrika häufig vorkommenden Akazien ähneln. Unsere Vorliebe für Orte mit solchen Bäumen in Europa scheint also nicht kulturellen Ursprungs zu sein. Trotzdem haben kulturübergreifende Experimente mit Teilnehmern, die in den unterschiedlichsten Umgebungen leben, seien es die nigerianischen Regenwälder oder die australische Wüste, eine ähnlich starke Vorliebe für »Savannenumgebungen« gezeigt.[24] Laut der auf diesen Ergebnissen basierenden »Savannenhypothese« haben wir offenbar einen angeborenen Hang zu der Art Umgebung, in der die ostafrikanische Gründerpopulation, von der alle Menschen abstammen, wahrscheinlich gelebt hat. Die frühen Menschen fühlten sich vermutlich deshalb zu Savannenumgebungen hingezogen, weil sie, gerade angesichts der ablaufenden Klimaveränderungen einen evolutionären Vorteil geboten haben müssen. Wie Appletons Prospect-and-Refuge-Theorie weist unsere heute noch festzustellende Vorliebe für savannenähnliche Umgebungen darauf hin, dass wir genetisch darauf programmiert sind, Orte zu bevorzugen, die vor 70 000 Jahren die Wahrscheinlichkeit unseres Überlebens vergrößert hätten. Aber im Gegensatz zu Appletons Idee, die ganz allgemein auf einer Raumaufteilung gründet, die uns das Sehen, ohne gesehen zu werden, ermöglicht, weist unsere Vorliebe für das Aussehen und die Gruppierung von Bäumen über simple Überlegungen zum Raum hinaus, nämlich in den Bereich von Farbe, Struktur und Gestalt.

Euphorische Medienberichte über den Erholungswert der Natur lesen wir heutzutage überall. Obwohl darin meist der Wald und nicht die Bäume im Mittelpunkt stehen, stützen sie sich doch auf ausgiebige wissenschaftliche Forschungen, die sogar ergeben haben, dass jede Ansicht von Natur – selbst ein wunderschönes Landschaftsgemälde von John Constable – beeindruckende Auswirkungen auf Körper und Geist des Menschen haben kann. Einer der ersten entscheidenden Beweise dafür kam von Roger Ulrichs Untersuchung der Gesundungsquoten bei Krankenhauspatienten, die an der Gallenblase operiert worden waren. Ulrichs Ergebnisse zeigten, dass schon einfache Naturansichten ein niedrigeres Niveau an Erregung, gesundere Herztätigkeit, entspanntere Hirnaktivität und bessere Werte bei einer Anzahl psychologischer Tests mit sich brachten.

Und nicht nur das, sondern allem Anschein nach funktioniert auch unser Erkenntnisapparat anders, wenn wir in eine Naturszene eintauchen. Entsprechende Messungen zeigen, dass wir unsere Augen in der Natur anders bewegen als an städtischen Schauplätzen. Wir verweilen kürzer bei einem Objekt, unsere Augen gleiten rascher von einem Ort zum anderen, und es ist, als empfänden wir es als viel angenehmer, die Aufmerksamkeit schweifen zu lassen, als sie auf lästige Kleinigkeiten fixieren zu müssen, wie das städtische Schauplätze erfordern.[25] Solcherlei Unterschiede brachten die Psychologen Stephen und Rachel Kaplan auf die von ihnen so genannte Attention Restoration Theory. In ihrem Buch *The Experience of Nature: A Psychological Perspective*[26] stellen die Kaplans die Behauptung auf, dass wir in unseren normalen modernen Umgebungen ständig zielgerichtet aufmerksam sein müssen, d. h. wir müssen uns penibel auf die Aufgaben des Alltags konzentrieren. Das kann alles Mögliche bedeuten: dass man im Büro eine Routinearbeit erledigt oder als Fußgänger eine viel befahrene Straßenkreuzung überquert. Das sei mühevoll, sagen die Kaplans, und erschöpfe im Verlauf der Zeit unsere kognitiven Kraftreserven. Wenn wir aber unsere Alltagsbedingungen verließen und uns in eine natürliche Umgebung begäben – etwa einen Waldspaziergang machten –, müssten wir nicht mehr so mühevoll aufmerksam sein, sondern seien, fasziniert von den konkreten Einzelheiten in der Natur, unangestrengt und unwillkürlich aufmerksam. Unsere Kraftreserven würden aufgefüllt, und wir könnten uns mit ausgeruhtem Nervensystem und der aufgefrischten Fähigkeit zur zielgerichteten Aufmerksamkeit und Teilnahme wieder ins Getümmel des zivilisierten Lebens stürzen.

Doch nicht nur unsere Stimmung und Denkfähigkeit werden von einem Aufenthalt in der Natur positiv beeinflusst. Im Gefolge der wegweisenden Experimente von Frances Kuo und William Sullivan[27] in Innenstadtbezirken mit unterschiedlich vielen und großen Grünanlagen haben zahlreiche andere Untersuchungen nun erbracht, dass Menschen in grünerer Umgebung sich wohler und sicherer fühlen. Und siehe da, diese Gefühle sind vermutlich gerechtfertigt. Mehrere seriöse Kontrolluntersuchungen haben ergeben, dass es in grüneren Vierteln weniger unhöflich und kriminell zugeht. Leute, die dort wohnen, reden mehr miteinander, lernen sich besser kennen, und der hohe Grad an sozialem Zusammenhalt trägt nicht nur dazu bei, sie vor bestimmten Krankheiten zu schützen, sondern sie werden auch seltener zum Opfer von Kleinkriminalität. Alle diese Ergebnisse deuten darauf hin, dass unsere elementaren Ur-Reaktionen auf den Anblick der Natur zwar evolutionär begründet sein mögen und zur sinnvollen Habitatselektion nicht mehr erforderlich sind, sich aber immer noch psychologisch signifikant auswirken, was sich in den Kriminalitätsraten sowie in Bezug auf Lebensqualität und Wohlbefinden in städtischen Umgebungen bemerkbar macht.

Die Mathematik der Natur

Vieles deutet also darauf hin, dass der Aufenthalt in der Natur und in natürlichen Umgebungen unendlich viel Positives bewirkt, bessere seelische und körperliche Gesundheit zur Folge hat, die Nachbarschaftsbeziehungen verbessert und für ein generell zufriedenstellenderes und sichereres Leben sorgt. Aber darüber, was *genau* in der Natur diese Wirkungen hervorruft und welche Pfade im Gehirn daran beteiligt sind, dass auch wir Menschen nach der grüneren Weide suchen, müssen wir noch viel lernen.

Eine Überlegung wäre, dass an der mathematischen Struktur der Naturschauplätze etwas zu finden ist, für dessen Auswahl unsere Gehirne programmiert sind, und manche Forscher meinen nun, dass die Anziehungskraft eines Naturschauplatzes auf uns mit seinen fraktalen Eigenschaften zu tun hat. Um zu verstehen, was ein Fraktal ist, stellen Sie sich einen Farnwedel vor. Die Form des Wedels kann man auf verschiedenen Skalen betrachten – man beginnt mit dem gesamten Wedel und arbeitet sich nach und nach zu den einzelnen winzigen »Wedelchen« vor. Und dann entdeckt man, dass sich auf jeder Skala, vom Großen bis zum Kleinen, die grundsätzliche Form wiederholt. Man spricht von »Selbstähnlichkeit« oder formaler: von Skaleninvarianz. Skaleninvarianzen sieht man in der Natur – denken Sie an die Muster, die

die Äste und Zweige von Bäumen bilden, oder an die Form von Küstenlinien – ebenso wie in von Menschen erschaffenen Werken in Architektur oder Kunst. Jackson Pollocks Bilder sehen vielleicht aus, als wären sie lediglich eine willkürliche Ansammlung von farbigen Linien und Spritzern, aber wenn man sie mit mathematischen Methoden untersucht, entdeckt man darin starke Fraktaleigenschaften.

Wie weit eine Ansicht oder ein Bild fraktal ist, kann man mit zahlreichen Verfahren messen, bei denen am Ende immer eine Ziffer herauskommt, die als Fraktaldimension bezeichnet wird. Um exakt zu begreifen, wie eine gegebene Fraktaldimension zu interpretieren ist, müssten wir uns zu weit in hochkomplizierte mathematische Gefilde begeben, aber wir können uns von dieser Ziffer eine Vorstellung verschaffen, indem wir zunächst einmal an die Dimensionalität einfacher geometrischer Objekte denken. Eine Linie hat eine Dimension. Eine Ebene zwei. Eine Kugel drei. Fraktaldimensionen für Bilder liegen zwischen den Ziffern eins und zwei, was heißt, dass sie weder richtig ein- noch richtig zweidimensionale geometrische Objekte sind. Ja, gerade der Name »fraktal« soll ja heißen, dass die Dimensionalität irgendwo *zwischen* den ganzen Zahlen liegt, also in »Bruch«-Zahlen ausgedrückt wird. Das klingt vielleicht verwirrend, bedeutet aber nur, dass sich fraktale Objekte einigen Regeln der konventionellen nichtfraktalen Geometrie widersetzen. Der französisch-US-amerikanische Mathematiker Benoit Mandelbrot überlegte bei seiner ursprünglichen Formulierung des Begriffs der fraktalen Dimension, dass man die Länge einer zerklüfteten Küste mit Hilfe eines Stabs messen könnte. Weil die gesamte Küstenlinie aus einer riesigen Anzahl einzelner Kurven und Ecken besteht, kann man die gemessene

Länge darin ausdrücken, wie oft der Stab nacheinander anzulegen war, was wiederum von der Länge des Stabs abhängt. Je kürzer er wird, desto länger wird scheinbar die Küstenlinie, da der Stab nun immer öfter in die einzelnen Kurven und Ecken hineinpasst. Die fraktale Dimension beschreibt das Verhältnis zwischen der Länge des Stabes und der gemessenen Länge der Küstenlinie. Wenn die Küste zufällig eine vollkommen gerade Linie bildet, ist ihre fraktale Dimension 1, also überhaupt kein richtiges Fraktal.

Wenn man mathematische Instrumente benutzt, die mehr oder weniger so sind, als ginge man mit einer Reihe von verschieden großen Stäben auf ein Bild los, kommt man bei einer Zahl an, die die fraktale Dimension des Bildes benennt. Wendet man diese Instrumente auf Naturansichten an, ergibt sich als fraktale Dimension oft ein Wert zwischen 1 1/3 und 1 1/2. Interessant ist nun, dass psychologische Untersuchungen, manche unter der Zuhilfenahme von Naturschauplätzen, manche von künstlichen Bildern (Fraktalkunst, abstrakte Muster und sogar Jackson-Pollock-Gemälde), gezeigt haben, dass die Menschen Ansichten angenehmer finden, die in etwa solche fraktalen Dimensionen haben, wie man sie in der Natur findet. Dass unsere Vorlieben und physiologischen Reaktionen auf solche Bilder, die wie Naturschauplätze eine wohltuende Wirkung auf uns ausüben, mit ihren fraktalen Eigenschaften korrespondieren, hat zu der Ansicht geführt, dass das Gehirn tatsächlich die Natur anhand dieser mathematischen Eigenschaft wahrnimmt.

Der Gedanke, dass wir mit Methoden der fraktalen Mathematik berechnen können, wie stark die Anziehungskraft von Naturszenen auf uns ist, hat seinen Reiz. Zunächst einmal ist die fraktale Dimension eine leicht zu quantifizierende Eigenschaft (obwohl sich die Gelehrten natürlich darüber streiten, wie man dabei am besten zu Werke gehen sollte). Des Weiteren entbehrt eine Theorie der Anziehungskraft von Naturszenen, die auf mathematischen Berechnungen beruht, mit denen man auch *vorhersagen* könnte, wie stark wir von jeder Art Szene (ob mit oder ohne Natur) angezogen werden, nicht einer gewissen Eleganz. Leider aber ist trotz jahrelanger intensiver Erforschung der physiologischen Eigenschaften jener Hirnregionen, die Informationen zur sichtbaren Welt verarbeiten, nicht ein einziges Mal von einem »Fraktaldetektor« berichtet worden. Deshalb ist die Idee mit der Fraktalität zwar verlockend, aber biologisch wenig plausibel, solange es keine ernsthafte Theorie dazu gibt, wie das Gehirn fraktale Muster erkennt.

Einer meiner Postdoktoranden, Deltcho Valtchanov, schlug angesichts dieses Dilemmas eine etwas andere Richtung ein. Er konzentrierte sich weiterhin auf die mathematischen Eigenschaften von Bildern, mittels derer vorherzusagen war, warum wir sie anziehend finden, aber er suchte eine weitere Eigenschaft, die interessant für die Nervenbahnen wäre, über welche die visuellen Informationen weitergeleitet werden. Lange musste er nicht suchen. Eine andere Art der formalen Charakterisierung von Bildern hat etwas mit ihrer flächenhaften Anordnung zu tun. Am leichtesten versteht man das, wenn man sich als Erstes vor Augen hält, dass jedes Bild aus einer Reihe von geraden und krummen Linien besteht, die verschieden in der Breite und ihrer Kontraststärke sind. Und damit meine ich, dass die meisten Bilder von wirklichen Dingen (im Gegensatz zu im Labor erzeugten Bildern) aus großen, klecksigen oder fein ausgeführten Konturen bestehen. Dazu müssen Sie nur an ein sehr verschwommenes Foto, das lediglich niederfrequente Konturen zeigt, denken oder an eine wunderbar detailreich ausgeführte Radierung von Rembrandt, die jede Menge dicht nebeneinanderliegender feiner Linien enthält. Jedes Bild besteht aus den allerverschiedensten Konturen, von sehr zarten zu sehr groben; Mischung und Verhältnis dieser Konturen geben jedem Bild letztendlich sein Aussehen. Ja, mathematisch abgestützt beweist diese Aussage, dass wir ein x-beliebiges Bild herbeizaubern können, wenn wir eine wohlüberlegte Kombination von vollkommen abstrakten Mustern aus hellen und verschieden dicken und kontrastreichen dunklen Streifen zusammenstellen.

Unser visuelles System ist nämlich voller neuronaler Schaltkreise, die so angelegt sind, dass sie derartige Einzelheiten erkennen können. Auf allen Ebenen des visuellen Systems, von der Netzhaut bis zu den oberen Bereichen der Sehrinde, sind Zellen extra so abgerichtet, dass sie nach Konturen in einer spezifischen Auflösung suchen, und die Mischung dieser spezifisch eingestellten Zellen kann von einem Areal zum anderen variieren. Das leuchtet auch insofern ein, als verschiedene Typen von Informationen in Bildern unterschiedlich detailliert enthalten sind, und verschiedene Hirnarreale die Aufgabe haben, verschiedene Informationsarten auseinanderzuklamüsern.

Valtchanov nun fragte sich, ob die Anzahl an Konturentypen in einem Bild – Leistungsspektrum des Bildes genannt – etwas mit unseren Präferenzen zu tun hat. Er sammelte viele verschiedene Bilder und manipulierte mittels einer Bildverarbeitungssoftware à la Photoshop ihr Leistungsspektrum. Dann präsentierte er diese Bilder Teilnehmern an der Studie in unserem Labor und bat sie, ihre Präferenzen zu nennen. Erstaunlicherweise fand er heraus, dass man anhand des Leistungsspektrums eines Bildes diese Präferenzen sehr gut voraussagen konnte, selbst wenn kaum noch etwas darauf zu erkennen war. Interessanterweise kam auch heraus, dass man anhand des Leistungsspektrums eines Bildes vorhersagen konnte, *wie gern* die Probanden es anschauten, selbst wenn nur Bilder verglichen wurden, die überhaupt keine Naturszenerien, sondern nur städtische Straßenansichten enthielten.[28]

Valtchanovs Theorie, die Konturen mit menschlichen Präferenzen ins Verhältnis zu setzen, bietet zum Teil die gleichen Vorteile wie die Fraktaltheorie – sie basiert auf den mathematischen Eigenschaften von Bildern, und man kann deshalb mit ihrer Hilfe valente Voraussagen zu dem treffen, was wir mögen. Doch Valtchanovs Idee hat den zusätzlichen Vorteil, dass die von ihm herangezogenen mathematischen Eigenschaften eine starke biologische Plausibilität besitzen.

Seit den 1960er-Jahren wissen wir, dass viele Zellen im visuellen System in höchstem Maße mit der Dicke der Linien beschäftigt sind. (In der wissenschaftlichen Literatur sind sie als Orts- oder Raumfrequenz bekannt. Auszuführen, warum das so ist, würde uns allerdings jetzt zu weit abführen.) Valtchanovs Idee, dass die Ortsfrequenz vielleicht das fehlende Verbindungsglied ist, das die Vorliebe für ein Bild, einen Anblick, eine Szene mit ihren grundlegenden mathematischen Eigenschaften in Beziehung setzt, passt perfekt zu anderen Befunden zur Wahrnehmung von Bildern etc.: dass nämlich das Leistungsspektrum eines Bildes der entscheidende Faktor für unsere Fähigkeit ist, sehr schnell die elementaren Eigenschaften eines visuellen Eindrucks zu erkennen. Entsprechende Experimente haben ergeben, dass wir das Wesentliche einer Szenerie, sei es ein dichter Wald, ein offener Strand oder eine belebte Straße, in unglaublich kurzer Zeit erfassen, nämlich in ungefähr zwanzig Millisekunden. Mit anderen Worten, in viel weniger Zeit, als man für einen Lidschlag braucht.[29]

Wo im Gehirn steckt die Vorliebe für die Natur?

Wo im Gehirn die mit der Präferenz von Szenerien verbundene wichtigste visuelle Verarbeitung stattfindet, ist immer noch eine offene Frage, doch jüngere Untersuchungen mit Gehirnbildgebungsverfahren zeigen, dass es im Temporallappen einen Bereich namens Gyrus parahippocampalis oder PPA (parahippocampal place area) gibt, der mitten in andere Areale eingebettet ist, die wiederum mit komplizierten Verarbeitungsprozessen von visuellen Informationen zu Objekten betraut sind. Der PPA ist sehr interessiert an Szenen und Objekten, die, wie das auch in der realen Welt der Fall wäre, ganz natürlich arrangiert sind. Zellen in diesem Bereich haben ein paar spannende Eigenschaften. Zum einen reagieren sie offenbar sehr auf den umschlossenen Raum und verweisen damit vielleicht direkt auf die neuronale Basis unserer Vorliebe für Appletons »Refuge«, den geschützten Raum. Für unsere Zwecke hier ist es wichtiger, dass sich der PPA am meisten über sinnliche Eindrücke freut, die weitgehend Ortsfrequenzen innerhalb der Bandbreite aufweisen, die Valtchanov als diejenigen identifiziert hat, mit denen man menschliche Präferenzen am besten vorhersagen kann.

Das Sahnehäubchen ist aber, dass der PPA noch eine interessante Kompetenz besitzt, und die macht ihn zum heißen Kandidaten für die Zentrale eines Schaltkreises, der unsere emotionalen Reaktionen auf Bildfolgen steuert und vielleicht wirklich das lang gesuchte fehlende Glied in unserem

Verständnis für die biologischen Mechanismen hinter der menschlichen Habitatselektion ist. Dieses Hirnareal ist ungewöhnlich reich an Opiatrezeptoren. Diese neurochemischen Rezeptoren werden schon lange mit den Mechanismen im Gehirn in Verbindung gebracht, die unsere Schmerzwahrnehmung und die natürlich vorkommenden schmerzlindernden Effekte wie das »Läuferhoch« steuern, und sie sind auch zahlreich in den Belohnungsbahnen im Gehirn vorhanden. Wenn uns etwas Wohlbefinden beschert, sei es ein leckeres Essen, eine aufregende Liebesnacht oder auch ein Schuss Heroin, werden auf neuronaler Ebene im Gehirn die Opiatrezeptoren aktiviert. Dass in einem Teil des Gehirns, der angeblich Informationen über visuelle Eindrücke verarbeiten soll, solche Rezeptoren vorhanden sind, ist wahrhaftig ein zwingender Beweis, dass wir auf dem richtigen Weg sind, um herauszufinden, auf welchen Bahnen genau unsere Reaktionen auf Orte erzeugt werden.[30]

▪ Die Natur simulieren

Als wir mit unseren Laboruntersuchungen zur Wirkung der Natur auf die menschliche Psyche begannen, wollten wir vor allem herausfinden, auf welcher Basis wir uns zur Natur hingezogen fühlen. Nach einigen Fortschritten auf diesem Gebiet wollten wir aber auch noch anderes wissen. Angesichts der explosionsartig sich entwickelnden neuen Technologien zur Präsentation von sinnlichen Eindrücken auf großen Bildschirmen und den neuen Möglichkeiten, diese Eindrücke wie auch immer interaktiv zu gestalten, hofften wir, den Zauber einfangen zu können und den Erholungseffekt ohne eine einzige echte Naturzutat zu erzielen. Schon in unseren frühen Experimenten, lange bevor wir die Teilnehmer mit seltsam verschwommenen Bildern der Natur und von Städten traktierten, bauten wir eine Virtual-Reality-Umgebung auf, die den Leuten ein Naturerlebnis vermitteln sollte, das sie einbezog, ja, in Bann schlug.

Die Teilnehmer trugen mit kleinen Bildschirmen versehene Headsets, die auf jeden ihrer Schritte und jede ihrer Kopfbewegungen reagierten. Damit konnten wir sie in virtuelle Regenwälder und an Strände versetzen und mit jeder Menge Ansichten, Geräuschen und bisweilen sogar Gerüchen aus der Natur konfrontieren. Die Eindrücke waren so überzeugend, dass manche Probanden den realen Ort vergaßen, an dem sie sich befanden – nämlich in einer karg möblierten Butze mit vielen Computern und noch mehr Kabeln. Gleichzeitig setzten wir unsere Versuchskaninchen heftigem Stress aus. Wir baten sie nämlich, sich an unangenehme Ereignisse aus ihrem Leben zu erinnern oder schwierige Berechnungen im Kopf anzustellen, während wir sie zusätzlich noch mit Verkehrs- und Industrielärm bombardierten. Brachten wir sie aus den stressigen Bedingungen wieder in einen holden virtuellen Hain, ohne sie weiter zu malträtieren, schwenkten ihre psychologischen Messergebnisse in kaum zehn Minuten heftig und schnell in Richtung positiver Werte um. Und diese Werte waren in Naturumgebungen weit besser als die Werte aus Kontrolluntersuchungen mit städtischen Umgebungen. Wir fanden heraus, dass in diesem Zusammenhang weder die Befreiung vom Stress eine Rolle spielte noch die Tatsache, dass unsere Teilnehmer mit ein paar neuen, coolen Apparaturen spielen durften. Nein, die Auswirkung der »Natur«, derer wir Zeuge wurden, war sogar noch deutlicher als die von anderen Wissenschaftlern beschriebene, die ihre Teilnehmer zur Erholung in die *echte* Natur geschickt hatten.[31]

Hinsichtlich dieses Befunds beschleichen mich natürlich gemischte Gefühle. Einerseits konnten wir den Leuten mit ein paar Pixeln auf einem Bildschirm tatsächlich Erholung verschaffen, was uns ein mächtiges Instrument an die Hand gab, um unsere Forschung weiter voranzutreiben. Beunruhigend fand (und finde) ich aber, dass solche Erkenntnisse jemanden auf die Idee bringen könnten, reale natürliche Orte, besonders die in Städten, durch die Zauberei der Technik zu ersetzen. Wenn wir das Echte nicht brauchen, um uns die Natur und ihre psychologischen Wohltaten zunutze zu machen, warum schaffen wir sie dann nicht ganz ab und bringen in unseren Städten endlich riesige bunte Leinwände an den Gebäudefassaden an, von denen herab wir die Leute mit dem Rauschen von Wasserfällen und mit Vogelgezwitscher bedudeln?

Umstände, unter denen es ungemein vorteilhaft wäre, die Natur wegen ihrer positiven Auswirkungen auf das individuelle psychische Befinden zu reproduzieren, kann ich mir allerdings sehr wohl vorstellen. Zum Beispiel, wenn jemand so krank ist, dass er nicht mehr in die Natur hinauskann. Senioren im Rollstuhl oder Leute, die ganz ans Haus gefesselt oder überhaupt schon sehr gebrechlich sind, könnten durch den Einsatz der entsprechenden Technik doch Erholung in »der Natur« finden.

Auch andere besondere Umstände eignen sich perfekt für eine technische Intervention, in der ein Aufenthalt in der Natur simuliert wird. Einer meiner Kollegen macht Pionierarbeit im Gebrauch virtueller Naturszenen zum Zwecke der zusätzlichen Schmerzlinderung bei Zahnbehandlungen. In Experimenten hat sich gezeigt, wie wirksam es sein kann, wenn ein

Patient sich während eines zahnärztlichen Eingriffs in einem Techno-Wald ergeht; Angst und Schmerz konnten erheblich eingedämmt werden.[32] Eine US-amerikanische Firma namens Sky Factory vermarktet bereits Deckenbilder mit Fotos oder Videos, welche wunderbar lebendige Naturszenen zeigen, die in Krankenhäusern, Chemotherapie-Einrichtungen, überhaupt in Arztpraxen und an Orten installiert werden, wo sie als nachweislich wirksamer Muntermacher fungieren.

Stellen Sie sich aber jetzt einmal vor, dass Sie in einer »superurbanisierten« Stadt leben, umgeben von einer Natur, die zwar wunderschön ist, für Wanderfreunde aber ernsthafte Risiken birgt. In Malaysia zum Beispiel, in der riesigen, dicht bevölkerten Stadt Kuala Lumpur, leben die Menschen inmitten des üppigsten Dschungels, in dem sie nach Herzenslust mit der Natur kommunizieren könnten, wenn sie bereit wären, sich gegebenenfalls mit giftigen Reptilien und Insekten sowie diversen kräftigen Raubtieren herumzuschlagen. Ihre gepflegten Spaziergänge würden ähnlich beeinträchtigt wie meiner im Northern Territory, wo ich partout nicht auf die lebensbedrohlichen Risiken im Busch vorbereitet war.

Nun will ich mitnichten dafür plädieren, dass man Naturschauplätze oder Bäume in Städten durch Simulakren auf Bildschirmen ersetzt. Aber umgekehrt wird ein Schuh daraus, denn je besser wir die erholsame Wirkung von Naturwahrnehmungen verstehen, desto besser lernen wir, wie wir die städtische Natur nicht etwa ersetzen, sondern ergänzen und für erholsame Erfahrungen in dicht besiedelten urbanen Gegenden oder dem Inneren von Gebäuden und Häusern sorgen können, wo es ansonsten schwierig oder unmöglich ist, Elemente echter Natur zu installieren.

Der Psychologe Peter H. Kahn Jr. diskutiert in seinem

nachdenklichen Buch *Technological Nature: Adaptation and the Future of Human Life*[33] einige dieser Ideen im Rahmen seiner Experimente, in denen er erforscht hat, inwiefern sich die echte Natur durch technologische Neuerungen ersetzen lässt. Er hat zum Beispiel überprüft, wie es sich auf seine Teilnehmer auswirkte, wenn sie erst durch ein Fenster auf einen Garten schauten und ihnen dieselbe Aussicht dann noch einmal mittels einer Webcam auf einen Plasmabildschirm an die Wand des Untersuchungsraumes projiziert wurde, der sich an derselben Stelle wie das Fenster befand. Überraschenderweise berichtete Kahn, dass der Anblick auf dem Bildschirm keinerlei physiologische Anzeichen einer erholsamen Wirkung hervorrief. In einer Folgestudie waren die Ergebnisse positiver, da die technischen Geräte (wieder Bildschirme an der Wand) Büroangestellten vorgesetzt wurden, die gar keine Fenster hatten. Die Angestellten berichteten, dass sie mit großem Genuss die Naturszenen betrachtet hätten und dass die Geräte ihrer Meinung nach die Qualität ihrer Zeit im Büro und ihre Produktivität positiv beeinflussten.

Letztlich weisen Kahns Experimente darauf hin, dass technische Natursimulationen uns psychologisch guttun, wenn wir keine Alternative haben. Sobald jedoch ein echtes Fenster vorhanden ist, fungiert der Bildschirm nur noch als müder Ersatz. Was für Schlüsse man aus den Erkenntnissen ziehen kann, ist schwer zu sagen. Vielleicht fehlte es den Bildschirmen auf dem damaligen technischen Stand noch an einigen wichtigen Eigenschaften. Kahn redet zum Beispiel von der Parallaxe, die dafür verantwortlich ist, dass sich ein Objekt scheinbar ein wenig verschiebt, wenn wir uns bei Betrachtung desselben bewegen. Bildschirmgenerierte Ansichten haben bis jetzt noch keine Parallaxe, deshalb erkennen wir schnell, dass die Ansichten nicht echt sind. Möglicherweise haben die Versuchsteilnehmer Wert und Sinngehalt der Szenerien deshalb geringer eingeschätzt und psychologisch weniger intensiv auf das ihnen Dargebotene reagiert, weil sie von Vornherein wussten, dass sie bloße Abbilder und nicht die echte Natur zu sehen bekommen würden.

Ungeachtet dessen, wie die von Kahn geschilderten Wirkungen letztlich zu erklären sind, dient seine Forschung als Warnung: Alle Vorschläge, Naturszenen durch technisch erzeugte Bilder zu ersetzen, sind mit Vorsicht zu genießen. Letztere mögen manchmal die gleichen Wirkungen hervorrufen wie das Eintauchen in die Natur selbst, aber eben nur unter sehr speziellen Bedingungen – wenn es nämlich keine Alternative gibt.

▪ Die Aufmerksamkeit zivilisieren

Hier ergibt sich eine viel tiefer liegende Frage zur Beziehung von Technologie und Natur, die weit über alle Überlegungen zu den technischen Details eines Bildschirms hinausgehen. Um diese Frage genauer formulieren zu können, müssen wir weit zurück in unsere eigene Vergangenheit gehen und darüber nachdenken, wie wir die moderne Welt errichtet haben, in der wir unsere begrenzten kognitiven Kapazitäten täglich bis zum Limit beanspruchen. Wenn uns die Naturgegebenheiten so gutgetan haben, weil sie unseren Stresslevel verringern und unsere Aufmerksamkeit auf so gesunde und freudvolle Weise auf allerlei Interessantes richten – warum haben wir sie dann dem Fortschritt geopfert? Was haben wir uns stattdessen eingehandelt?

Am Anfang seines Buches über Technologie und Natur schildert Kahn das beschwerliche, traditionelle Leben der Buschleute in der Kalahari. Sie ertragen unvorstellbar harsche Klimaextreme und nehmen nicht minder unvorstellbare Strapazen auf sich, um Beute zu erjagen oder essbare Wurzeln über lange Entfernungen zu schleppen. Einen Stadtplatz, eine menschengemachte Straßenecke, eine geteerte Fahrbahn oder einen Bürgersteig haben sie nie betreten. Inwieweit bietet ihr Leben gegenüber dem modernen Dasein womöglich doch Vorteile? Nach dem, was Kahn zu diesem Thema sagt und Elizabeth Thomas als Tochter der Anthropologenpioniere Laurence und Lorna Marshall[34] reichlich idyllisch erzählt, gehörte die Kultur der Kalahari zu den erfolgreichsten, die es je gab. Die Bewohner lebten bis vor wenigen Jahren noch »frei und wild« in und mit der Natur, friedlich und eng vertraut mit einer Umwelt, die ihnen alles bot, was sie zum eigenen Überleben und dem ihrer Kultur seit ungefähr fünfunddreißigtausend Jahren brauchten. Was hingegen hat sich anderorts geändert?

Diese Frage können wir zwar in diesem Buch nicht erschöpfend beantworten, aber einige Antworten liegen in den sich infolge von Klimaveränderung und moderner Landwirtschaft wandelnden Siedlungsformen. Anders als kleine nomadische Gruppen von Buschleuten lebten Siedler, die Weidewirtschaft betrieben und Feldfrüchte anbauten, rasch in größeren Zusammenhängen und steckten Arbeit in eine Infrastruktur, mit der ein Nomadenleben nicht mehr vereinbar war. Diese größeren, festen Gruppierungen von Menschen sorgten zwangsläufig für neue gesellschaftliche Organisationen, Handelsbeziehungen, politische Hierarchien und – laut Lewis Mumford in seinem umfassenden Werk *Die Stadt. Ge-*

schichte und Ausblick[35] – für eine »Zitadellen«-Mentalität, in deren Folge die Bewohner einer großen Siedlung allmählich in eine Abwehrhaltung gegen die ungezähmte Natur gerieten. Über die Jahrhunderte brachte diese Gegnerschaft die Mauern und Wälle, die Werkzeuge und Waffen hervor – mit anderen Worten, die Technologie –, mittels derer sich die städtische Lebenswelt im Gegensatz zum Leben in der Wildnis etablierte. In den aufkommenden großen Städten, die geprägt waren von menschlichen Konflikten und immer mehr baulichen Strukturen, wurden die Menschen zunehmend von den Verhältnissen getrennt, in denen ihre Urahnen gelebt hatten. Und während man hier unschwer den allmählichen Abschied von der Natur erkennt, geht es auch um eine weitere Entwicklung, die viel, viel jüngeren Datums ist als die Entstehung der ersten Städte.

Betrachten wir die Sache genauer. Da sind zum einen die sich verändernden Auffassungen zu Aufbau und Funktionsweise unseres Gehirns, zum anderen die Industrialisierung, Mechanisierung und Massenproduktion. Jonathan Crary hat viele dieser Stränge mit bewundernswerter Klarheit in seinem Buch *Suspensions of Perception: Attention, Spectacle, and Modern Culture*[36] verwoben. Als Erstes beschreibt er wichtige Veränderungen in den Wissenschaften, die mit dem Beginn der wissenschaftlichen Psychologie und den sich wandelnden Sichtweisen der Organisation der Sinne einsetzten. Sowohl Untersuchungen zur Psychologie der Wahrnehmung als auch solche zur Physiologie der Sinnesorgane zeigten nämlich, dass die Beziehung zwischen der äußeren Welt und ihrer inneren, geistigen Abbildung flüchtiger war, als man gemeinhin angenommen hatte. In der Philosophie war es zwar nicht sonderlich neu, zwischen dem Bereich der Sinne und dem einer letztlich unbegreiflichen äußeren Realität zu unterscheiden, doch Fakten und Zahlen aus den überall neu entstehenden Laboratorien, in denen man Studien zur Wahrnehmungspsychologie betrieb, machten der Vorstellung des naiven Realismus: dass wir spüren, was wir spüren, weil es schlicht und ergreifend da ist, allmählich den Garaus, und man lernte allmählich, dass Menschen, die etwas wahrnehmen, *aktive Beteiligte* an diesem Wahrnehmungsprozess sind und eine sinnvolle Interpretation dessen, was auch immer ihnen ihre Sinnesorgane erzählen, *konstruieren.* Diese wichtige neue Wahrnehmung (sic!) der Rolle des Wahrnehmenden hatte Folgen, die weit über die hermetische Welt der Laboratorien der frühen Psychologen hinauswirkten. Menschen stellen ihre wahrgenommene Welt bewusst her, indem sie willentlich ihre Sinneseindrücke zu einer kohärenten Geschichte zusammensetzen. Dass sie sich dabei auf einige Sinneswahrnehmungen öfter konzentrieren als auf andere, heißt, einfach ausgedrückt: Sie sind *aufmerksam.*

Zur gleichen Zeit änderte sich in der Folge von Industrialisierung und Massenproduktion, wie man die dort Arbeitenden betrachtete. Nicht nur sie selbst wurden zunehmend wie Waren behandelt, sondern ihre Wahrnehmungssysteme auch, namentlich ihre Fähigkeit, diese Systeme für die Bewältigung von Routineaufgaben zu nutzen. Kurzum, die menschliche Fähigkeit, die Aufmerksamkeit auf etwas zu richten, wurde zur Ware. Und obwohl Thomas Edison als Erfinder der Glühbirne berühmt wurde, bestand sein eigentlicher Geniestreich darin, dass er den entscheidenden Zusammenhang zwischen der Organisation des menschlichen Verstandes und den Prinzipien der Massenproduktion erkannte. Er begriff nicht nur, dass ein flexibles, weit verbreitetes Stromnetz für eine Großindustrie unerlässlich war, sondern auch dass die richtige Anwendung wissenschaftlicher Prinzipien auf den Arbeiter Vorteile in der Produktion bringen würde. Drittens entging ihm nicht, dass die Medien in der Lage waren, unsere Konsumgewohnheiten zu gestalten. Lange bevor Marshall McLuhan[37] uns zu revolutionär neuen Erkenntnissen darüber verhalf, wie die Medien unser Denken manipulieren, belegt die Erfindung des »Kinetoskops«, eines Vorläufers der modernen Filmvorführtechnik, in Edisons Laboratorium zusammen mit seinen Beiträgen zu anderen Apparaturen der Kommunikationstechnologie, darunter dem Börsenticker, dass man allmählich begriff, wie Text und Bild zur Prägung der menschlichen Aufmerksamkeit eingesetzt werden konnten. Dadurch, dass Edison die technischen Erfindungen nutzte, um das Denken zu kapern, Lebensgeschichten zu beeinflussen und den Appetit auf Konsum anzuheizen, trug er zu den Anfängen einer Entwicklung bei, die sich in den letzten anderthalb Jahrhunderten rasant beschleunigt hat.

Selbst angesichts massenhafter Beweise, dass die Natur gut für Geist und Seele der Menschen ist, steht unsere Fähigkeit, uns mit Laserstrahlpräzision aufgabenorientiert auf jedwede Aktivitäten zu konzentrieren, die zu unserer Produktivität beitragen, bei uns am allerallerhöchsten im Kurs. Erfrischende Zwischenspiele in der Natur behandeln wir als Perioden, in denen wir vom »wirklichen« Leben ausruhen, das grundsätzlich um Produktion und Konsumption kreist. In unserem Erziehungs- und Ausbildungssystem, besonders in den Grundschulen, wo die Kinder am leichtesten zu prägen sind, ist im Prinzip oberstes Gebot, Individuen heranzuziehen, die still sitzen und ihre Aufmerksamkeit auf ein einziges Zentrum der Aktivität im Klassenzimmer richten können.

Kinder, die damit Schwierigkeiten haben, werden nicht selten ausgesondert, pathologisiert und mit Medikamenten behandelt, die die Funktionen des Gehirns so verändern, dass die eng fokussierte selektive Aufmerksamkeit gefördert wird. Ja, schon die Einrichtung der Räume in allen Stufen, vom Kindergarten bis zum Vorlesungssaal in der Universität, soll vor allem die Fähigkeit fördern, sachbezogene Aufmerksamkeit aufzubringen, was uns ansonsten ja schwerfällt und nur für kurze Dauer gelingt.

Bildschirmgestützte Technologien aller Arten, von den gigantischen elektronischen Reklameflächen des Times Square bis hin zu den Bildschirmarbeitsplätzen, Laptops, Tablets und Handys, sind die natürliche Konsequenz von Technologien, die das anziehen und gefangen halten sollen, was zur kostbarsten kognitiven Ressource der Menschheit geworden ist: unsere Aufmerksamkeit. Bevor es Bildschirme gab, haben Gebäude die gleichen Ziele verfolgt. Auch simple Wände und Mauern dienen dazu, unsere Aufmerksamkeit zu bündeln und zu lenken, indem sie bestimmte Teile der Welt verbergen oder zeigen.

In diesem Lichte besehen, kann man die Geschichte der modernen Umweltgestaltung, angefangen beim Umgang mit Ziegelsteinen, Mörtel, Gips und Fenstern und endend mit der Entwicklung elektronischer Bildschirme (hervorragend funktionierenden künstlichen Fenstern auf die Welt) als systematischen Angriff auf unsere natürliche Weltwahrnehmung und unser Dasein auf Erden bezeichnen. Unsere angeborene Art des Aufmerksamseins, der wir nur noch in kurzen Momenten der Erholung in unserem gehetzten Leben nachgehen, hat einem ständig scharf konzentrierten Aufmerksamsein-Müssen Platz gemacht. Immerfort müssen Bedürfnisse kreiert und befriedigt werden. Letztlich laugt uns das mental vollkommen aus. Die Technologien der Aufmerksamkeit haben uns unaufhaltsam der Lebensweise entfernt, die vortechnische Gesellschaften wie die Buschleute in der Kalahari, die in die natürliche Ordnung der Welt integriert waren, noch pflegten. Wir dagegen sind durch unsere Umgebung zu feinst funktionierenden neurologischen Maschinen geworden, die uns zu optimalen Produzenten und Konsumenten machen. Und es liegt eine gewisse Ironie darin, dass wir die urwüchsige wilde Umwelt, in der wir entstanden sind, jetzt als eine Art zeitweiligen Fluchtort ansehen, an den wir uns vor den geistigen Folgen eines ständigen Konsumentendaseins retten – der Erfindung und Befriedigung unserer immer komplizierteren materiellen Bedürfnisse.

Bei dieser radikalen Verwandlung zum modernen Menschen ist am allerbemerkenswertesten aber vielleicht, wie deutlich unsere heutigen Gefühle, Präferenzen und unser Verhalten immer noch von unseren evolutionären Ursprüngen geprägt sind. Ich bin natürlich überzeugt, dass viele von uns nicht mal im Traum daran denken würden (und ich schon gar nicht), die Annehmlichkeiten unserer modernen Umwelt gegen ein brutal hartes, der Wildnis abgerungenes Leben einzutauschen, aber ganz offenbar sehnen wir uns immer noch nach den Ausblicken und der natürlichen Geometrie, die unsere Überlebenschancen in Gegenden, die wir vor Tausenden von Jahren verlassen haben, erhöht hätten. Das ist an fast allen Aspekten unseres Verhaltens auch heute noch ablesbar: daran, wohin und wo entlang wir gehen und wo wir sitzen wollen, was wir gern anschauen und wie wir unser Leben gestalten, wie wir nämlich so viel wie möglich zu pendeln versuchen zwischen der Aufmerksamkeit fordernden Gewalt der

Technologie und den authentischen oder simulierten erholsamen Naturschauplätzen. Mehr als alles andere liegen unsere Sehnsüchte nach der Natur der psychogeografischen Struktur unseres Lebens zugrunde.

ZWEITES KAPITEL

Orte der Zuneigung

Lebende Skulpturen, liebende Bauten

Im ruhigen Zentrum des kleinen Farnwaldes spürte ich, wie mein Herz langsamer schlug und sich meine Muskeln entspannten. Die Gedankenfetzen, die mir nach einer hektischen Fahrt über eine stark befahrene Autobahn durch den Kopf geschwirrt waren, verflüchtigten sich, an ihre Stelle trat ein Gefühl von Ruhe und Zufriedenheit. Ich hatte mich in mein eigenes ruhiges Zentrum zurückgezogen und fühlte mich, als wäre ich (um mit den Wissenschaftlern zu sprechen, die unsere Reaktionen auf natürliche Umgebungen untersuchen) »weg von meinem normalen Leben«. Die Zeit hatte sich verlangsamt. Mein Blick flog mühelos, wohltuend, von einem Ort zum anderen, als ich mich, total fasziniert, immer tiefer in meine Umgebung hineinbegab.

Als ich die Hand ausstreckte, um einen Farnwedel auf meiner Augenhöhe zu berühren, rollte dieser sich zusammen, langte aus und berührte mich. Da wurde die Sache dann aber doch ein bisschen schräg. Das war kein normaler Wald. Wenn ich ihn anstupste, stupste er zurück. Wenn ich zurücktrat, bewegte er sich neugierig auf mich zu. Dieser Wald wusste offenbar, dass ich da war, und ich hatte den heftigen Verdacht, dass er sogar ahnte, wie ich mich fühlte. Meine anfängliche

Versunkenheit in meine Umgebung wich etwas weniger Vertrautem. Ich war verblüfft, verunsichert, ja, ich empfand sogar einen Anflug von Angst. Natürlich weiß ich, wie es ist, bei einem Spaziergang im Wald von allem möglichen Leben umgeben zu sein: Vögel singen, Insekten zirpen, Pflanzen schaukeln im Wind. Auch dass die eigene Anwesenheit in einem Wald bemerkt wird, ist ja normal – Vögel und Insekten halten mit ihrer Beschäftigung inne, wenn sie die Bedrohung von einem Menschen spüren –, doch in diesem Wald fühlte ich mich, als konzentrierte sich tatsächlich alle Aufmerksamkeit auf mich. Die Umgebung reagierte offensichtlich höchst interessiert und zweckgerichtet auf jede meiner Bewegungen. Ich fühlte mich schutzlos. Der Farnwald schien mich zu kennen.

Und dabei war er vollkommen künstlich! Er befand sich im Wohnzimmer eines wunderschönen alten Hauses in den grünen Vororten von Toronto, das auch als Werkstatt des visionären Architekten Philip Beesley fungierte. Den Wald hatte er aus plastischen Farnen mit einem 3-D-Drucker, einer großen Ansammlung von einfachen Mikroprozessoren und Sensoren und einigen Spulen eines besonderen Kabeltyps, des so genannten Widerstandsdrahts, geschaffen, der auf elektrischen Strom reagiert, indem er sich ausdehnt und zusammenzieht. Die vielen zarten filigranen Acrylfarnwedel waren nur eine kleine Arbeitsprobe aus einer Reihe von größeren Installationen, die Beesley bei etlichen internationalen Ausstellungen aufgebaut hat – unter anderem 2010 bei der Biennale in Venedig, wo Hunderttausende Besucher durch verschiedene riesige Versionen von Beesleys so genannter »Hylozoic Soil« (Hylozoischer Erde) gewandert waren und ihnen dabei ähnlich mulmig wurde wie mir jetzt in seinem Wohnzimmer alias

Workshop. Seine Arbeiten waren und sind eine Sensation! Er möchte Vertrauen und Verbundenheit zur Umgebung herstellen, darüber Empfindungen von Zuneigung und Fürsorglichkeit in den Besuchern wecken und diese ausweiten »in ein Gefühl dafür, dass im Raum ein Austausch stattfindet und die Grenzen dessen, was und wer ich bin, und die Unterschiede zwischen mir und einem Tier oder einem Fels weitgehend verschwimmen«.[38]

Kennengelernt hatte ich Beesley bereits mehrere Jahre vor meinem Besuch. Ich warb Gelder für neue Technologien ein, mit denen wir die Gefühle und das Verhalten von Patienten in städtischen Kliniken messen wollten. Ich hatte gehört, dass Beesleys Architekturbüro etliche dieser Kliniken gebaut hatte, und fragte ihn auf Drängen eines anderen Architekten in unserem Team, ob er mitmachen wolle. Beim ersten Treffen unserer Gruppe saß ich mit einer Handvoll Experten aus verschiedenen Fachrichtungen in einem Konferenzraum; wir wollten unser Vorgehen besprechen. Da rauschte Beesley – zu spät – mit strahlend breitem Lächeln, ansteckender Energie und Begeisterung herein, aber leicht derangiert, als ob er auf zu vielen Hochzeiten gleichzeitig tanzte. Da wir uns alle mehr oder weniger nicht kannten, schlug ich vor, dass wir uns zu Beginn rasch rundum vorstellten. Die meisten gaben ihre üblichen Standardstatements ab, beschrieben ihr Fach, ihre Qualifikationen und wie sie ihrer Meinung nach in die Aufgabenstellung des Projekts passten. Als Philip dran war, sagte er, er sei sich nicht ganz sicher, wie er zu uns passe, doch dieser Tage gelte sein Hauptinteresse dem Bau einer besonderen Art von Skulpturen, die zwischen Leben und Nichtleben lebten und in den Betrachtern eine eigentümliche Mischung aus Sich-Angezogen- und Abgestoßen-Fühlen hervorriefen, sie umgarnten und sich letztlich einverleibten. Schweigen ringsum – ungewöhnlich für eine Ansammlung von Leuten, die gern reden –, aber uns schwante zum ersten Mal, dass wir hier einem Mann gegenübersaßen, dem wir nicht mit Allerweltsideen darüber kommen durften, was ein Gebäude sein konnte und was nicht. Beesley war in einem anderen Universum, er hatte Visionen von einer weit in der Zukunft liegenden Welt und war gleichzeitig fest in unserer uralten Vergangenheit verwurzelt.

In seinem Lebenslauf steht, dass er als Architekt Mitte der 1980er-Jahre an der University of Toronto sein Diplom gemacht hat, in einem ganz konventionellen Büro Privathäuser, Studentenbegegnungsstätten, Gesundheitszentren und Restaurants entwarf und dann Interessen entwickelte, die er mit folgenden Stichworten beschreibt: »Emotionen, Romantik und der Spiritualismus des zwanzigsten Jahrhunderts als alternative Werte der Moderne; Andersheit und Dissoziation; chthonische, also unterweltlich erweiterte Definitionen von Raum; das Archaische.«[39]

Ein Projekt, das er mit Unterstützung des angesehenen Prix de Rome für Architektur 1995/96 durchführte, benannte Beesley als Wendepunkt in seinem Leben. Er arbeitete mit dem Archäologen Nicola Terrenato in den alten Ruinen auf dem Palatin in Rom und hatte bei der Grabung die Aufgabe, die Umstände des Opferbegräbnisses eines Säuglings tief in den Fundamenten der Ruinen zu rekonstruieren. Die Bestattung hatte im achten Jahrhundert v. Chr. an der Porta Mugonia stattgefunden, einem der drei alten Stadttore der ursprünglichen Stadt, und war nach einem gängigen Ritual der Zeit erfolgt, als nämlich die Kinder der ersten Familien, die in eine Stadt zogen, an ihren Grenzen geopfert wurden, um eine

Schwelle festzulegen, die die wilde Außenwelt vom städtischen Inneren trennte. Als Beesley das Grab des Babys behutsam freilegte, die sorgfältige Anlage untersuchte und über die Bedeutung des Ganzen nachsann, begann eine sein restliches Leben andauernde Beschäftigung mit der Schwelle zwischen Leben und Nicht-Leben, der Einbettung der Lebenskräfte in menschengemachten Geweben und der Welt von Geotextilien – von Stoffen also, die mit dem Erdboden reagieren – und schließlich dem Hylozoic Soil, mit Gespinsten, die weder leben noch tot sind, auf lebende Wesen reagieren und einige der tiefinnersten Fähigkeiten dieses Leben annehmen: die Fähigkeit zu Empathie und Fürsorge.

Typisch für Beesleys Arbeiten ist, dass er mit einer unglaublichen Phantasie zu Werke geht, penibel forscht und gründlich nachdenkt und seine Begabung nutzt, weite Verbindungsbögen zwischen scheinbar getrennten Bereichen des Diskurses und des Verstehens zu schlagen. (In einem seiner jüngsten Projekte designt er Kleidung mit Iris van Herpen, und die entwirft Kostüme für Lady Gaga.) All diese Talente scheinen nicht nur in seinen kreativen Arbeiten auf, sondern auch in seiner Alltagspersönlichkeit. Seine Sprache, seine Gestik und Mimik nehmen seine Zuhörer mit auf eine fröhliche Jagd nach faszinierenden Ideen, die mit der hohen Architekturtheorie ebenso wie mit den elementaren praktischen Tätigkeiten des Architekten zu tun haben. Als er mein Virtual-Reality-Labor besuchte, versetzte ich ihn in eine immersive Simulation, ein bescheidenes Stückchen Wohnraumgestaltung, auf das ich recht stolz war. Kollegen, die mein Werk begutachtet hatten, hatten sich schweigend umgeschaut und sich den Objekten mit ein paar vorsichtigen Schritten genähert, manchmal die Hand ausgestreckt, um etwas zu berühren, und dann ein paar Fragen gestellt. Beesley stürzte sich mit Begeisterung in die Simulation und hinterfragte sie von innen. Zum Schrecken der Studenten, welche die Geräte handhabten und die Verbindungskabel zwischen den einzelnen Teilen überwachten, rannte Beesley bald hierhin, bald dorthin, kroch auf allen vieren, um die Dinge von unten zu betrachten, legte sich auf den Boden und schaute sich die Decke an, kurz gesagt, machte sich meine Simulation froh und neugierig wie ein Kind zu eigen, während die Verantwortlichen sich fieberhaft bemühten, Kabel und Computer funktionsfähig zu halten.

Beesleys künstlerische Arbeiten sind sowohl anrührend als auch gedankenanregend, aber natürlich meilenweit entfernt vom Alltagsgeschäft des Architekten, der Schulen, Banken, Büro- oder Privathäuser entwirft. Wie in der Welt der Haute Couture, wo die Models ja auch in Outfits über den Laufsteg staksen, die wir nie im Leben anziehen würden, kann man Beesleys responsive Skulpturen als Wegweiser in die Zukunft betrachten. Sie sind das Allerneueste, an dem wir ablesen können, wie Planung, Entwurf und Bau in einer verkabelten Welt aussehen könnten – eines der Hauptthemen meines Buches. Hylozoic Soil liefert uns ein bestechendes Beispiel dafür, in welchem Ausmaß ein *Ding* eine wechselseitige Beziehung zu einem Menschen eingehen kann. In dem doch eher verstörenden Wirrwarr von Gefühlen, die man bei und nach einem Spaziergang durch Beesleys empathische Skulpturen empfindet, verlaufen auch einige dünne Stränge aus dem Gewebe der menschlichen Emotionen, die wir als »Liebe« kennen, und Liebe ist uns ja teurer als alle anderen Seinszustände.

▪ Alles ist offenbar lebendig

Über den Zustand, in dem man ist, wenn man liebt, ist mehr geschrieben worden als über irgendwelche anderen menschlichen Fähigkeiten, Empfindungen oder Emotionen, und erste Definitionen des Wortes stammen bereits aus der Antike. Wissenschaftler haben Daten gesammelt, Blutproben genommen und Gehirnwellen gemessen – um auf Zahlen zu reduzieren, was es bedeutet zu lieben. Dabei war ihre Forschung zumeist auf die Liebe der zwischenmenschlichen Art konzentriert – die Liebe, die zu langfristigen Paarbindungen, Kindern, praktischeren, größeren Autos und Eigenheimen führt. Unsere Liebe zu Objekten oder Dingen auszudrücken finden wir zwar durchaus normal, doch abgesehen von Paraphilen wie zum Beispiel Schuhfetischisten, meinen wir in der Regel zwei verschiedene Lieben, wenn wir einer Freundin erzählen, dass wir ein bestimmtes Kleid lieben, oder einem Partner, mit dem wir romantisch verbandelt sind, ewige Liebe schwören.

Doch es gibt Leute, die eine romantische Beziehung zu Erbautem pflegen. Die Nordschwedin Eija-Riitta Eklöf erklärte zuerst ihre Liebe zur Berliner Mauer, führte dann sogar eine Hochzeitszeremonie mit ihr durch und nannte sich forthin mit Nachnamen »Eklöf-Berliner-Mauer«. Erika Eiffel (geborene Erika LeBrie) bekannte sich zu einer völligen Vernarrtheit in die langen geschmeidigen Kurven des Eiffelturms und heiratete ihn im Jahre 2007. Die geborene US-Amerikanerin Amy Wolfe heiratete ein Karussell namens Fliegender Teppich in Knoebel's Amusement Resort in Pennsylvanien. Obwohl man diese so genannten Objektsexuellen leicht als komplette Spinner abtun kann, ist doch schwerlich zu leugnen, dass sich Menschen von bestimmten Objekten, Gebilden oder dinglichen Eigenschaften stark angezogen fühlen können. Aus Gründen, die ich absolut nicht erklären konnte, entwickelte ich einmal eine Zuneigung zu einem wunderschönen roten Dosenöffner, den ich vor dem Einzug in meine erste eigene Behausung geschenkt bekommen hatte. Wie sehr ich ihn mochte, wurde mir erst richtig klar, als er dem Rost zum Opfer fiel. Bohnen aus der Dose haben nie wieder so gut geschmeckt …

Die Verführungskraft der bildschönen Kurven eines Mazda Miata kommt also auch nicht von ungefähr. Unsere archaischen Reaktionen auf die Flächen und Maße eines Sportwagens sind tief in unser Nervensystem eingeschrieben. Forscher haben nicht nur herausgefunden, dass wir Rundungen scharfen Ecken vorziehen – was offenbar schon in der Säuglingszeit so ist, bevor wir die Gefahren von scharfkantigen Objekten wie Messern und Scheren kennen –, sondern auch, dass diese Vorlieben in Beziehung zu den Eigenschaften von Nervenzellen in Bereichen unseres visuellen Cortex stehen, die für Objekterkennung zuständig sind. Einfach ausgedrückt: Wir haben viel mehr kortikale Zellen, die sich der Analyse von Feinheiten einer runden Fläche widmen, als solche, die sich um spitze Ecken kümmern. Beide gehören zu einem sehr schnellen neuronalen Verarbeitungssystem, das erste Eindrücke bilden und Gefahren einschätzen soll. Selbst unsere ersten Eindrücke beim Kennenlernen von Fremden basieren zum Teil auf der Analyse der Formen simpler Gesichtszüge. Ohne dass wir uns dessen bewusst sind, fassen wir eine Zuneigung zu bestimmten Gesichtstypen binnen weniger als neununddreißig Millisekunden. Das ist ungefähr ein

Zwanzigstel der Zeit, die das durchschnittliche menschliche Herz braucht, um einmal zu schlagen.[40]

Beesley geht in seinen kinetischen Skulpturen weit über die bloße Verbindung von Gefühl und Form hinaus. Die äußere Erscheinung der Skulpturen besitzt zwar insgesamt eine Organizität, die einem natürlichen Wald ähnelt, sowie eine Reihe von Merkmalen, die laut Erkenntnissen der Umweltpsychologie Erholung und sogar Heilung fördern, aber für das umhüllende Gefühl, das Objekt und Betrachter verbindet, ist entscheidend, dass es mehr mit Bewegung und Interaktivität zu tun hat als mit Form und Gestalt.

1944 veröffentlichten Fritz Heider, Wahrnehmungspsychologe am Smith College, und eine seiner Studentinnen, Marianne Simmel, Forschungsergebnisse, laut denen Menschen, denen man einfache bunte geometrische Objekte in einem kurzen Film zeigte, überwiegend dazu neigten, diesen durchaus ein Bewusstsein zuzuschreiben, zum Beispiel Intentionalität, also Zielstrebigkeit. Die Teilnehmer an den Experimenten bekamen nichts weiter als zwei Dreiecke und einen Kreis zu sehen, die sich auf einer Leinwand in eine Art Vogelhäuschen hinein- und wieder hinausbewegten. Wenn man die Teilnehmer bat, das Gesehene zu beschreiben, schilderten sie es in sehr menschlichen Kategorien und hielten die Objekte für fähig zu kognitiven und emotionalen Empfindungen. Ein Betrachter des Films nannte zum Beispiel eines der Dreiecke einen »frechen Rabauken«, und die meisten spekulierten über eine mögliche Liebesbeziehung zwischen den drei Formen. Diese viel zitierten Experimente führten zu den Grundlagen für eine Psychologie der »Theory of Mind« (native Theorie), der zufolge wir prädisponiert sind, das Verhalten aller Arten von Objekten auf sehr menschliche innere Gefühle und Gedanken zurückzuführen. Jüngere Arbeiten verweisen darauf, dass sich die Fähigkeit, sich mit der Theory of Mind simple Wahrnehmungen zu erklären, schon ab einem sehr frühem Alter entwickelt. Selbst Säuglinge zeigen einige der Reaktionen, die Heider und Simmel beschreiben.[41]

Ähnliches berichtete der belgische Psychologe Albert Michotte 1947 von Experimenten, bei denen er den von ihm so genannten »Anstoßeffekt« erzielt hatte. Bei seinen Untersuchungen bekamen die Teilnehmer etwas zu sehen, das beträchtlich simpler war als das von Heider und Simmel Gezeigte. In Michottes Film bewegt sich ein roter Punkt auf einen grünen zu. Wenn der rote Punkt den grünen berührt, rückt der grüne Punkt weg. Die Betrachter vermochten anschließend das Gesehene nicht zu beschreiben, ohne die Idee der Kausalität ins Spiel zu bringen: Irgendwie habe der rote Punkt dafür gesorgt, dass sich der grüne bewegt. Und ebenso wie bei Heider zeigte sich, dass Michotte die wahrgenommene Kausalität auch bei sehr kleinen Kindern feststellte.[42]

Sowohl Heiders als auch Michottes Experimente haben also ergeben, dass Menschen so gepolt sind, dass sie einfache, sich bewegende Objekte als fühlende Wesen sehen, die komplexer Emotionen wie Liebe und Eifersucht fähig sind. Dieser Befund widerspricht der allgemeinen (und falschen) Ansicht, dass wir beim Betrachten einer Szene zuerst mühsam alle Objekte, die sie enthält, identifizieren und kategorisieren und erst dann aufdröseln, was abläuft. Selbst wenn wir eine Szene zunächst nur flüchtig betrachten, ziehen wir automatisch schon Schlüsse zu Wissensstand, Gefühlen und Absichten. In Anbetracht des evolutionären Drucks, der zur Ausbildung unseres Nervensystems geführt hat, ist leicht zu verstehen, warum das so ist. Das menschliche Gehirn, das versucht, die

Welt zu begreifen, steht vor dem ungeheuren Problem, dass da draußen viel zu viele Informationen sind, als dass wir in aller Gemütsruhe sämtliche Details eines Augenblicks überdenken könnten. Obendrein funktioniert das Hirn als biologischer Computer oder »Maschine aus Fleisch«, wie es auch genannt worden ist, erstaunlich langsam. Sogar quälend langsam im Vergleicht zu den von Menschen gebauten Computern – selbst zu relativ simplen wie einem iPod oder solchen, die dafür sorgen, dass unsere Autos reibungslos fahren. Um diese Defizite wettzumachen und uns trotzdem rechtzeitig vor Feinden warnen zu können (seien es herumschleichende Säbelzahntiger oder auf uns zurasende Buicks), ist unser Gehirn ausgerüstet wie ein Schweizer Armeemesser, kann vielfältigste Aufgaben erfüllen und hat sozusagen alle möglichen Zaubertricks auf Lager.

Einer davon ist, dass es von Natur aus antizipieren kann, was möglicherweise alles »da draußen« ist, und zwar auf Basis dessen, was *normalerweise* da draußen ist. Dieses Antizipationsvermögen wird unter anderem durch Erfahrung ausgebildet, was wiederum einen gründlichen Lernprozess voraussetzt, für den es sehr viel Zeit braucht, die in den meisten Situationen nicht zur Verfügung steht. Oft können wir uns den Luxus nicht leisten, erst mal auszutesten, was passiert, wenn wir einer drohenden Gefahr nicht ausweichen. Deshalb ist die Fähigkeit, lebensrettende Hypothesen aufzustellen, weitgehend in unser Nervensystem eingebaut und funktioniert so automatisch, dass wir, selbst wenn wir versuchen würden, es auszuschalten, gar nicht um dieses Antizipieren herumkommen. Und dann sehen wir zum Beispiel Heiders sich bewegende Dreiecke als zwei Kämpfer, die sich wegen einer Frau duellieren, und Michottes bunte Kreise als zwei Billardkugeln, von denen die eine die andere wegschubst.

Wenn wir jetzt zu Beesleys Hylozoic Soils zurückkehren, verstehen wir ein bisschen besser, warum ein Besucher sich in ein beunruhigendes Gewaber von Gefühlen getaucht fühlt, wenn er sich mit einem Meer von schwankenden Acrylfarnen auseinandersetzen muss. Der Zauber, den sie entfalten, ist weniger der Tatsache geschuldet, dass die Farne tief in das limbische System unseres Gehirns eindringen können, als vielmehr der, dass sie einen Mechanismus aktivieren, der sich entwickelt hat, damit die Menschen Situationen in der wirklichen Welt in null Komma nichts verstehen. Dieser Mechanismus kann vielleicht sogar zur Erklärung bestimmter Pathologien wie der Objectum-Sexualität und des Messie-Syndroms herangezogen werden, bei denen die Betroffenen oft tiefe emotionale Bindungen an hundsgewöhnliche Haushaltsgegenstände empfinden. Ein Opfer von Messietum erzählte zum Beispiel, wie sie einmal versuchte, ein paar leere Plastikboxen in die Wertstofftonne zu entsorgen. Nachdem sie die Behälter sorgsam gespült und weggeworfen hatte, musste sie die ganze Zeit darüber nachdenken, dass es ihnen da draußen vielleicht unangenehm feucht war, weil sie gerade erst gewaschen worden waren. Um ihrer Besorgnis ein Ende zu machen, ging die Frau wieder hinaus und trocknete jeden Behälter von innen und außen behutsam ab.[43] Solche bizarren Gedankengänge sind vermutlich eine extremere Variante des menschlichen Hangs zu animistischen Glaubensüberzeugungen, die von der Beseeltheit der Dinge ausgehen und von einem Nervensystem hervorgerufen werden, das blitzschnelle Einschätzungen vornehmen und Entscheidungen treffen kann und muss. Der angeborene Hang zum Animismus ist vermutlich auch der

Schlüssel zum Verständnis uralter Opferrituale (wie dem von Beesley untersuchten), bei denen lebendige Menschenwesen mit der frischen Erde einer neuen Stadt vereinigt wurden.

■ Ein liebendes Zuhause

Wenn es uns so leichtfällt, täuschend echte und intime zwischenmenschliche Beziehungen zu einer Skulptur aufzunehmen, was passiert dann bei uns zu Hause? Wenn es überhaupt einen Ort für Intimität gibt, dann doch sicher den, an den wir uns am Ende eines schweren Tages in der Arbeitswelt zurückziehen, um uns auszuruhen, Kräfte zu sammeln und nicht von der Außenwelt behelligt zu werden.

Die Idee, dass unser Zuhause ein fühlendes Wesen sein mag, hat eine lange, reiche literarische Tradition und führt nicht immer zu einem Happy End. In Edgar Allan Poes schauriger Geschichte *Der Fall des Hauses Usher* lässt der Autor keinerlei Zweifel daran, dass der Schauplatz, ein gespenstisches gotisches Herrenhaus, eigentlich zu den Hauptfiguren gehört. Der Erzähler beschreibt das düstere Innere des Gebäudes und was für eine furchterregende Stimmung darin herrscht – »dennoch wunderte ich mich, was für unheimliche Vorstellungen so gewöhnliche Dinge erwecken konnten« – und schildert die grauenhafte Dynamik, in der die handelnden Figuren und der Schauplatz sich gegenseitig auf das unweigerlich scheußliche Ende zutreiben. Auch Philip Beesley hat die Installationen »des Austauschs im Raum« mit dem Ziel angelegt, die Trennlinie zwischen Betrachter und Umgebung zu verwischen. In viel jüngerer Zeit spielte eine erfolgreiche US-amerikanische Fernsehserie namens *American Horror*

Story mit den gleichen Themen, aber drastischer: Hier fließt das Blut in Strömen.

Wenn unsere häusliche Umgebung uns nicht gerade das Gruseln lehrt, ist sie doch eher mit positiven Werten konnotiert. Dort wollen wir für uns sein und uns – na, zu Hause fühlen. Das zeigt sich zum Beispiel simpel, aber wunderschön anschaulich in den traditionellen Häusern im westafrikanischen Mali, die ausdrücklich in Form einer weiblichen Figur erbaut werden und in denen der Hauptwohnraum buchstäblich zum Mutterleib wird.[44]

Häuser im westlichen Stil haben sich aus komplizierten und eher ökonomischen denn psychologischen Gründen weit über die Formen traditioneller heimischer Bauweisen hinaus entwickelt, als die Bewohner bauen durften, wie sie wollten, und jedwedes Material benutzen konnten, das sie lokal vorfanden. Doch wir können immer noch erkennen, auf welch vielfältige Art Bauweise und Anlage von Privaträumen einen stetigen Einfluss darauf ausüben, wie wir uns zu Hause verhalten und wie wir mit unseren Mitbewohnern interagieren. In seinem Bestseller *Wohnen: Über den Verlust der Behaglichkeit* beschreibt Witold Rybczynski die Entwicklung des Hauses von der schlichten Einraumbutze mit allzweck-einsetzbarem Mobiliar und ohne echte Privatheit bis zu den hochherrschaftlichen Anwesen der Reichen. Er ist der Meinung, dass die Entwicklung analog zu unserer Entdeckung der Behaglichkeit verlief, die wiederum beim Bau früher häuslicher Räume absolut keine Rolle spielte.[45]

Andere Autoren haben die Beziehung zwischen dem Arrangement unserer häuslichen Sphäre und den unterschiedlichsten Aspekten unseres persönlichen und gesellschaftlichen Lebens detaillierter beschrieben. Dass verheirateten Paaren irgendwann ein besonderer Schlafraum gewährt wurde, war zum Beispiel ein wichtiger Wendepunkt in unseren sich wandelnden Ansichten zu Sexualität und Privatheit. Diese neuen Schlafarrangements erfüllten nicht nur das Bedürfnis nach Intimität zwischen Ehepaaren, sondern sie zogen weitere Folgen nach sich: Separate Schlafzimmer brachten die Leute auf die Idee, dass ein Sexleben hinter verschlossenen Türen nicht zu verachten sei, was wiederum das Verhältnis zwischen Partnern und ihren Kindern veränderte. In ähnlicher Weise schuf das Entstehen von Räumen, die dem Zubereiten der Mahlzeiten vorbehalten wurden, einen eigenen Bereich für die damit Betrauten und prägte die Vorstellung, dass im Haus Mann, Frau und Kind spezifische Rollen übernahmen. Ja, Peter Ward, Wohnsoziologe und Autor von *A History of Domestic Space*, stellt sogar die These auf, dass die differenziert gebauten und eingerichteten westlichen Wohnhäuser und -räume mit ihrer Berücksichtigung der Privatsphäre und des eigenen Bereichs (des »Zimmers für sich allein«) im Westen dazu beigetragen haben, dass das Individuum Vorrang vor dem Kollektiv bekam.[46] Je besser wir ein von anderen Menschen und sogar von Mitgliedern unserer eigenen Familie getrenntes Leben führen konnten, desto mehr beharrten wir schließlich auf unserer Unabhängigkeit und Autonomie. Auf unzählige Arten und Weisen, sowohl unterschwellig als auch ziemlich offensichtlich, prägten die sich verändernden Arrangements unserer Häuser neue Verhaltensmuster und Auffassungen über unseren Platz im großen Weltgeschehen.

Hermann Muthesius, ein deutscher Diplomat, der um die Wende zum zwanzigsten Jahrhundert in London arbeitete, behauptete in seiner herrlichen dreibändigen Geschichte der englischen Baukunst mit dem Titel *Das englische Haus* sogar, dass einer der Gründe für den damaligen wirtschaftlichen Erfolg der Briten (im Vergleich zu den Deutschen) etwas mit dem Arrangement ihrer Häuser zu tun hatte. Seiner Ansicht nach waren englische Häuser so angelegt, dass eine bequeme und ganz informelle Trennung zwischen privaten und eher öffentlichen Bereichen des Hauses gegeben war. Im Gegensatz dazu bekam man als Besucher in deutschen Häusern eher grell ordinäre Attraktionen vorgesetzt und wurde in einer streng vorgeschriebenen Aufeinanderfolge von einem Protzraum zum anderen geführt, die sich auch noch gegenseitig toppen mussten.[47]

▪ Experimente mit virtuellen Privaträumen

Wenn es wirklich zutrifft, dass Einrichtung und Anlage unserer häuslichen Räume unsere Gefühle beeinflussen und dass wir uns in das richtige Haus regelrecht verlieben können, sollte diese Wechselbeziehung auch wissenschaftlich nachweisbar sein. Bis vor Kurzem existierten dafür allerdings nicht die nötigen Messinstrumente. Psychologische Experimente fanden im vergangenen Jahrhundert überwiegend in kahlen Laboratorien statt, in denen die Teilnehmer reglos vor etwas saßen, das sie stimulieren sollte, und wo die Forscher ihnen Fragen stellten oder sie ab und zu mit wissenschaftlichen Instrumenten anstupsten oder an ihnen herumfummelten, um Muskeltonus, Puls, Augenbewegungen und manchmal die Gehirnwellen zu messen. Heute, mit den viel ausgeklügelteren Techniken, können wir auch herumlaufenden Teilnehmern auf den Fersen bleiben und die Reaktionen auf unsere Umgebung viel besser erforschen.

Eine der effektivsten Verfahrensweisen basiert, wie bereits erwähnt, auf den Methoden der immersiven virtuellen Realität, wobei hier eine Besonderheit darin besteht, dass das, was die Betrachter auf ihrem Display sehen, je nach ihren Bewegungen aktualisiert wird. Hochkomplexe Sensoren messen jede Bewegung der Augen, das Kopfes und des Körpers, und die auf den Bildschirmen gezeigten Bilder ändern sich synchron mit diesen Bewegungen. Durch die Bewegungsverfolgung kann man die Betrachter in jede beliebige Art von Umgebung im Computer versetzen, die sie dann in ihrer ganzen dreidimensionalen Pracht sehen. Obwohl sie selten vergessen, dass sie in einem simulierten Raum sind, verhalten sie sich doch in vielerlei Hinsicht, als hätten sie die reale Welt verlassen und wären in die jeweilige Welt getreten, die der Programmierer für sie erschaffen hat. Jemand, der zum Beispiel Höhenangst hat, gerät messbar ins Flattern, wenn man ihn in einen virtuellen Freiluftaufzug steckt. Für mit dem Fortschritt gehende Architekten gehören diese hervorragenden Visualisierungsmethoden langsam zum normalen Handwerkszeug. Bevor sie das eigentliche Gebäude entwerfen, stellen sie es aus Pixeln zusammen, zeigen es den Kunden und suchen eventuelle Schwachstellen. Auch Forscher, die sich dafür interessieren, wie wir mit Räumen interagieren, nutzen diese Technologie zunehmend; dito in der Umweltpsychologie. Der Einsatz virtueller Realität wird wahrscheinlich auch aus dem Grund beträchtlich zunehmen, weil die Kosten guter Simulationssysteme in den letzten Jahren rapide gesunken sind.

Auch in meinem Labor an der Universität von Waterloo benutzen wir diese Verfahren schon länger, um zu untersuchen, wie Menschen auf verschiedene häusliche Umgebungen reagieren. Wir haben Computermodelle von drei unterschiedlichen Haustypen programmiert. Eines war von Frank Lloyd Wright: Das Haus der Jacobs wurde 1937 gebaut und ist schlicht L-förmig. Im Inneren wurden viele warme natürliche Materialien verwendet, so wenige Ornamente wie möglich, kein Schnickschnack oder Schmuck: Es verkörpert Wrights Überzeugung, dass in einem Haus Freiheit und Autonomie der darin lebenden Individuen oberste Priorität haben sollten. Außerdem bauten wir das Modell eines Hauses von Sarah Susanka, einer prominenten US-amerikanischen Architektin und Autorin der bekannten *Not So Big*-Buchreihe, in denen die Vorzüge kleiner, aber extrem funktioneller und komfortabler Bauten gepriesen werden.[48] Unser drittes Modell war ein modernes nordamerikanisches Vorort-Reihenhaus, Marke Nullachtfünfzehn.

Teilnehmer des Experiments wurden mit Virtual-Reality-Helmen ausgestattet und gebeten, wirklich so zu tun, als ob sie ein Haus kaufen wollten und gekommen wären, um diese drei Modelle zu besichtigen. Sie konnten zwar gehen, wohin sie wollten, aber wir folgten ihnen auf dem Fuße und gaben ihnen einen Interviewer zur Seite, der ihnen auf ihrem Rundgang durch die Häuser eine Reihe von Fragen stellte. Wir wollten nicht nur, dass sie selbst ihre eigenen Eindrücke schilderten, sondern auch ganz genau verfolgen, wohin sie gingen und was sie sich anschauten. Im Verlauf des Experiments vergaßen sie in kürzester Zeit, dass sie nur ein Haus in einem Computer besichtigten; sie verhielten sich in der Simulation, als wäre es ein echtes. Eine Teilnehmerin meinte zum Beispiel, sie spüre die Sonnenwärme auf den Händen, als sie an einer langen Reihe von Panoramafenstern im Haus der Jacobs entlangging – dabei war die Sonne in unserem Modell natürlich vollkommen künstlich und gab keinerlei Wärme ab. Andere

Teilnehmer krochen höchst interessiert unter imaginäre Küchenschränke, um wirklich in allen Ecken und Winkeln zu sehen, wie sie konstruiert waren. Als wir die »Käufer« baten, uns die Orte in den Häusern zu zeigen, die sie am liebsten mochten, gingen die meisten zielstrebig zum größten offenen Raum im Zentrum der Wohnbereiche und sagten uns, dass sie Stellen schön fänden, von denen aus sie das Geschehen ringsum sehen konnten. Als wir sie fragten, wo sie ein Familienerbstück hinstellen würden, das ihnen lieb und teuer sei, entschieden sie sich für ganz verschiedene Stellen – manche wollten es dorthin platzieren, wo es am auffälligsten war, andere es in der hintersten Ecke eines Schlafraums verstecken.

Als wir den Wegen nachgingen, die die Leute während ihrer Besichtigung eingeschlagen hatten, stellten wir überrascht fest, dass sie bestimmte Räume überhaupt nicht betreten hatten. Am interessantesten: In das große, formal eingerichtete Wohnzimmer schauten sie zwar von beiden Eingangstüren hinein, erkundeten es aber nicht. Seltsamer noch: Viele erzählten uns sogar, dass ihnen der Raum gefiel. Aber offenbar nicht so sehr, dass sie auch hineingingen und sich darin aufhielten. Dieses Ergebnis gibt vielleicht die Klagen vieler Besitzer entsprechender Häuser wieder, dass sie die formalen Räume nicht annähernd häufig genug benutzen und diese eine Verschwendung von wertvollem Platz im Parterre sind.

Zu unserer größten Verblüffung erwiderten die meisten Teilnehmer an unseren Experimenten auf die Frage, welches der drei Häuser sie am ehesten kaufen würden, dass es das wenig originelle Vororthaus sei, obwohl sie in ihrer Mehrheit gar nicht gesagt hatten, es gefiele ihnen am besten. Sie staunten über den kreativen Umgang mit dem Platz in dem Susanka-Haus, wie praktisch es sei, und dass sowohl für Privatheit als auch für Geselligkeit gesorgt sei; sie lobten den großzügigen Gebrauch von natürlichen Materialien in dem Haus von Wright und seinen einzigartigen, gastlichen Wohnraum mit dem großen Kamin als Mittelpunkt. Doch überwiegend tendierten sie weder zum Kauf des einen noch des anderen.

Der wahrscheinlichste Grund für diese Trennung zwischen dem, was wir in einem Haus sehen und fühlen, und dem, was wir in unserem eigenen Leben haben wollen, hat mit unseren Erfahrungen aus der Vergangenheit zu tun. Auch unsere Teilnehmer sagten uns, dass sie die Designerhäuser zwar interessant und attraktiv fänden, aber sich doch eher von Häusern angezogen fühlten, die am ehesten auf dem Markt zu finden seien. In gewissem Maße war diese traurige Trennung sicher Ausdruck mangelnder Phantasie der Teilnehmer. Wir wollen, was wir wollen, weil wir glauben, dass wir mehr nicht kriegen können. Doch als ich mir die Zahlen noch einmal genau ansah, kam mir der Gedanke, dass auch gewichtigere Einflüsse im Spiel sein mussten. Und ich fragte mich: Wie beeinflusst das, was uns in unserem bisherigen Zuhause beziehungsweise an den Orten, an denen wir bisher gelebt haben, widerfahren ist, wie beeinflussen die Erinnerungen, die in den Räumen gefangen sind, in denen wir gewohnt haben, unsere Gefühle hinsichtlich anderer häuslicher Räume? Wenn wir uns in ein Haus verlieben – was genau ist es, in das wir uns verlieben? Die Räume und Einrichtungen, die wir sehen, wenn wir ein Haus zum ersten Mal betreten, sind vielleicht nur ein Teil der Geschichte.

Makler sagen oft, dass ihre Klienten wissen, wenn sie ein bestimmtes Haus kaufen wollen, weil sie es spüren. Das können Makler vermutlich aufgrund ihrer reichen Erfahrung mit

Hauskäufern behaupten. Und so künstlich unsere Virtual-Reality-Experimente auch gewesen sein mögen, im Prinzip sahen auch wir ganz ähnliche Reaktionen bei unseren Probanden, besonders wenn sie das Susanka-Modell betraten. Es gab eine sofortige augenfällige Verbindung mit dem Haus. Sie gingen langsamer, schauten sich gründlicher um und genossen das Ganze in aller Ruhe. Als wir ihre Kommentare hörten und ihre Schritte beobachteten, wussten wir sofort Bescheid. Wir mussten gar nicht erst auf die Zahlen schauen, die wir sammelten. Aber was genau wussten wir? Wo kommt das berauschende Gefühl von Liebe auf den ersten Blick her, wenn wir ein Haus zum ersten Mal betreten?

Gaston Bachelard, ein französischer Philosoph und Dichter, beschreibt in seinem Buch *Poetik des Raumes* die Phänomenologie des bewohnten Raumes sehr nuanciert. Unsere frühen Erfahrungen mit unserem Zuhause könnten uns fürs Leben prägen, sagt er, und vor allem sei es eine Art Behälter für unsere Tagträume. In unserem ersten Zuhause werde unsere Art zu denken und uns zu erinnern festgelegt, und die Verbindungen zwischen diesen frühen Prägungen und unserem späteren Handeln könnten eigentlich niemals gekappt werden. Bachelard schreibt:

> Aber wir sind sehr überrascht, wenn wir in das alte Haus zurückkehren, nach den Dekaden einer Odyssee, dass die leisesten Gesten, die frühesten Gesten plötzlich wieder aufleben, vollkommen wie immer. Im Ganzen genommen, hat das Elternhaus uns die Hierarchie der verschiedenen Funktionen des Wohnens eingeprägt. Wir sind das Diagramm der Wohnfunktionen, jenes Haus und alle andern Häuser sind nur Variationen eines fundamentalen Themas.[49]

Die uns nicht bewussten Verbindungen zwischen unseren frühen und unseren späteren Wohnverhältnissen sind vermutlich ganz normal. Seit Urzeiten wissen wir, dass zwischen unseren Lebenserfahrungen und Erinnerungen und den Orten, an denen sie stattgefunden haben, eine besondere Beziehung besteht. Einer der ältesten Erinnerungstricks der Welt, die Loci-Methode, die zum ersten Mal von Cicero in seinem *De oratore* im Jahre 55 v. Chr. beschrieben worden ist, nennt ausdrücklich die Strategie, die Dinge, an die man sich erinnern möchte, mit Orten zu verbinden, damit einem die Dinge einfallen, wenn man die Orte in Gedanken aufsucht. In modernen Zeiten haben Tausende von Experimenten in Psychologie und Neurowissenschaften Ciceros Behauptungen bestätigt.

Gabriel Radvansky, ein Psychologe an der University of Notre Dame, Indiana, hat zum Beispiel eine auffallende Abhängigkeit der Erinnerungen an die Objekte in unserem Leben von der Umgebung festgestellt, in der wir sie gefunden haben. Er und sein Team veranstalteten einfache Erinnerungsexperimente, bei denen die Teilnehmer Gegenstände in einem Raum auswählen und in einen anderen tragen mussten, wo sie wiederum neue Gegenstände vorfanden. Dabei zeigte sich, dass wir uns beim Durchschreiten der Türen von einem »Ereignishorizont« zu einem anderen begeben und deshalb die Erinnerung an die Gegenstände, die wir zurücklassen, verblasst. Sorgfältige Kontrollexperimente ergaben, dass dieses Vergessen nicht nur dem Vergehen der Zeit geschuldet war und auch nicht der Tatsache, dass die Leute sich leibhaftig von einem Ort zum anderen begaben. Zum Beispiel wurde die Erinnerung *nicht* beschädigt, wenn die Leute lediglich im selben Raum eine komplizierte Route zurücklegen mussten. Durch die Tür zu gehen – das war der Knackpunkt. Und die Wirkung blieb gleich, ganz egal, ob die Teilnehmer real oder in einer virtuellen Umgebung von einem Ort zum anderen gingen; sogar kleine dreidimensionale Bilder auf Computerbildschirmen, bei denen die Teilnehmer Mäuse benutzten, um sich von einem Raum zum anderen zu bewegen, hatten denselben Effekt.[50] Radvansky hat in seinen Studien ein paar der phänomenologischen Beobachtungen von Philosophen wie Gaston Bachelard unter das Mikroskop der Kognitionswissenschaft gelegt und den Weg für eine detailliertere Untersuchung der Wechselwirkungen zwischen Erfahrungen, Erinnerungen und den Räumen in unseren Häusern geebnet.

Die Idee, dass die geistige Abbildung eines Zuhauses aus dem besteht, was wir sehen, und aus dem, woran wir uns erinnern, hat enorme Konsequenzen für eine psychologisch fundierte Wissenschaft der Architektur. Vor allem bedeutet es, dass ein Architekt, der ein Heim entwerfen will, das die Besitzer lieben, nicht einfach eine Liste von konkreten Merkmalen abarbeiten sollte, die dem menschlichen Wahrnehmungsapparat erwiesenermaßen angenehm sind, sondern auch etwas von der Geschichte seines Auftraggebers in Erfahrung bringen muss, also von den Wohnungen, in denen dieser bisher gelebt hat und die seine Erinnerungen geprägt haben.

Aber die Dinge und Orte unseres Lebens haben einen Einfluss, der weit über die von uns erinnerten Ereignisse hinausgeht. Die mit den Ereignissen unlösbar verbundenen Gefühle üben auf unsere Zuneigung zu späteren Wohnungen und Wohnhäusern ebenfalls einen beträchtlichen Einfluss aus. Vor etlichen Jahren war ich Gast in einer Radiosendung mit Hörerbeteiligung, deren Thema unser Gebrauch und unser Verstehen von Raum und Ort war. Die Geschichte eines

Mannes, der anrief und berichtete, wie er sich eigenartig gedrängt gefühlt hatte, nach einem allerersten, kurzen Blick ein Haus zu kaufen, werde ich nie vergessen. Kaum wohnte er nämlich in dem Haus, merkte er, dass er es deshalb mochte, weil es dem glich, in dem er seine Kindheit verbracht hatte. Leider hatte er dort aber ein paar traumatische Erlebnisse gehabt und entdeckte bald, dass das Wiedererkennen seines früheren Zuhauses nicht etwa herzerwärmende Erinnerungen an ein glückliches Familienleben im trauten Heim wachrief, sondern im Gegenteil geradezu furchterregende Bilder heraufbeschwor. Nun versuchte er verzweifelt, das Haus sozusagen vor sich zu verbergen, indem er es veränderte und ziemlich wild einrichtete. Natürlich so, dass seine normalen Funktionen aufrechterhalten blieben, er sich aber die frühen unangenehmen Erinnerungen vom Leibe halten konnte. Wir können also unsere Erinnerungen beim Ausziehen noch so gut wegpacken, sie kommen mit. Wenn wir Glück haben, sind sie ein Garant für ein glückliches Erwachsenenleben. Wenn sie weniger prickelnd sind, überfallen sie uns aus dem Hinterhalt, wenn wir am wenigsten damit rechnen. Und dann stehen wir da, und nichts ist uns mehr geheuer – wie den armen Figuren in Poes Geschichte.

Kunsttherapeuten wissen, dass die inneren Bilder unseres bisherigen Zuhauses Hinweise auf eine unglückliche Vergangenheit geben können. Françoise Minkowska, eine polnisch-französische Psychiaterin und Kollegin von Hermann Rorschach (ja, dem mit dem Test), untersuchte Zeichnungen von Häusern, angefertigt von jüdischen Kindern, die die Nazi-Verfolgung überlebt hatten. Sie beschrieb die Häuser als hoch, dünn, relativ wenig ausgearbeitet und bedrohlich. In jüngeren Untersuchungen hat man auch in Haus-Zeichnungen von kindlichen Missbrauchsopfern bestimmte auffällige Merkmale gefunden: Sie haben keine Türen und oft scharfe Konturen und seltsamerweise Herzen in Hülle und Fülle. Darüber sind oft Sturmwolken, und es regnet, was man beides selten auf Haus-Zeichnungen von nicht missbrauchten Kindern sieht. Selbst als Kinder, oder vielleicht *gerade* als Kinder, sehen wir also unser Zuhause als stellvertretend für unsere eigene psychische Befindlichkeit und unsere Erfahrungen, und entsprechend wird es dann auch in unserer Vorstellung abgebildet.[51]

Der Pionier der Psychoanalyse, Carl Gustav Jung, beschreibt seinen Versuch, sich selbst ein solches Haus zu entwerfen, in dem Kapitel »Der Turm« in seiner Autobiografie. Seine Schilderung der tatsächlichen Konstruktion eines solchen Turms in Bollingen am Ufer des Obersees ist nun Pflichtlektüre für Architekturstudenten geworden. Jung gibt uns einen faszinierenden Bericht über das Wechselspiel zwischen dem Bau seines Heims, seinen sich herausbildenden Theorien zur Struktur der menschlichen Psyche und seinem persönlichen Werdegang. Ausgehend von seiner These, dass das Zuhause einen umfangen sollte wie eine liebende Mutter, sah er den runden Turm zuerst als gebärmutterähnliche Umgebung, den westafrikanischen Häusern in Form von menschlichen Figuren ähnlich. Mit der Zeit fühlte er sich durch das Gebäude dazu aufgerufen, immer wieder etwas hinzuzufügen, und das geschah über mehr als ein Jahrzehnt hinweg dann auch, bis er es schließlich als vollkommen empfand; jedes seiner Hauptelemente repräsentierte eine der Baustufen von Jungs umfassender Theorie der Persönlichkeit.

In der Geschichte von Jungs Turm steckt noch viel mehr, nur wird es in seiner Autobiografie kaum erwähnt. In seinen umfangreichen Notizbüchern kann man es indes nachlesen.

Jung hatte sein Leben lang die Angewohnheit, sich durch schwierige Probleme mit den Händen durchzuarbeiten. Nach seinem bekannten und brisanten Bruch mit Sigmund Freud, einem seiner engsten Freunde und seinem wichtigsten intellektuellen Mentor, kam Jung zu dem Schluss, dass sein Weg zum Überleben in einer gründlichen Erforschung der ersten Erinnerungen an seine Kindheit bestand. Ein wichtiger Teil dieser Erinnerungen besagte, dass er als Junge Häuschen und Schlösser gebaut hatte – und damit machte er im Grunde auch in Bollingen weiter, wo er viele Jahre wohnte. Sein »Turm«, sein Zuhause, stellte eine lebensgroße steingewordene Version seiner Kindheitserinnerungen dar, schloss in seinen Mauern aber auch viel von dem ein, was man als Hommage an die wichtigen Ereignisse, Ideen und Menschen seines Lebens bezeichnen könnte. Er sagt:

> Durch die wissenschaftliche Arbeit stellte ich meine Fantasien und die Inhalte des Unbewussten allmählich auf den Boden. Wort und Papier waren mir jedoch nicht real genug; es gehörte noch etwas anderes dazu. Ich musste meine innersten Gedanken und mein eigenes Wissen gewissermaßen in Stein zur Darstellung bringen oder ein Bekenntnis in Stein ablegen. Das war der Anfang des Turmes, den ich mir in Bollingen baute. [52]

Häusliche Räume für uns Übrige

Nur wenige von uns haben die Mittel oder die Möglichkeit, sich ein komplettes Gebäude bauen zu lassen, das die eigene innere Persönlichkeit abbildet. Wahrscheinlicher ist, dass wir wie die Teilnehmer in meinen Virtual-Reality-Experimenten nur aus den paar verschiedenen Haustypen auswählen können, die gerade angeboten werden, wenn wir uns nach einem Haus umschauen. Wir haben gesehen, dass wir zum Vertrauten tendieren, selbst wenn Hirn und Körper uns dezent signalisieren, dass wir etwas auswählen, was wir nicht mögen oder an das wir uns lediglich gewöhnt haben. Ganz selten und nur, wenn wir Glück haben, finden wir Häuser, die mit unseren ältesten Erinnerungen in Einklang stehen.

Global gesehen, spiegeln die von mir beschriebenen Experimente und Beobachtungen zu Wohnräumen nicht die Beziehung wider, die viele von uns zu ihren Wohnräumen haben. Wohn-Räume können von einem Wolkenkratzer in Shanghai bis zu einem Fleckchen auf dem Fußgängerweg unter einer Überführung in der Innenstadt von Mumbai alles sein. Ja, selbst in einem superentwickelten Land wie den Vereinigten Staaten zeigte eine umfangreiche Studie der Pew Research Foundation, dass, grob geschätzt, ein Viertel der Amerikaner den Ort, an dem sie lebten, nicht als »zu Hause« betrachteten.[53] Kurzum, die meisten von uns haben eigentlich gar keine Alternative bei der Wahl ihres Zuhauses. Nolens volens werden wir zusammengebracht.

Wenn wir uns aber nicht ein Haus aussuchen können, das perfekt zu unseren persönlichen ästhetischen Vorstellungen oder unseren Erfahrungen passt, wie entwickeln wir dann überhaupt Gefühle der Zuneigung zu unserem Zuhause? Häufig wurzeln die Bindungen in den Besitztümern, die wir bei unseren Umzügen mitnehmen. Einwanderer, die von einem Kontinent zum anderen ziehen, nehmen oft kaum mehr mit als die Kleider, die sie am Leibe tragen. Doch für religiöse Gegenstände wie zum Beispiel die Familienbibel oder einen Behälter mit den persönlichen Heiligtümern, Fotoalben und alle möglichen anderen Gegenstände, mit denen sie zwischen dem Zuhause ihrer Vorfahren und ihrem eigenen neuen Leben eine Verbindung schaffen können, haben sie normalerweise Platz. Denn diese einfachen Dinge stellen die einzig sichtbare alltägliche Verbundenheit zu ihrem früheren Zuhause her. Die Menschen verankern sich mit ihrem Besitz nicht nur an ihrem neuen Domizil, sondern bemächtigen sich auch des Erscheinungsbildes eines häuslichen Raumes, der vielleicht zur persönlichen Ausgestaltung ansonsten wenig Gelegenheit bietet.

Selbst in den kargsten Umgebungen verwenden wir allergrößte Mühen darauf, unserem Zuhause etwas Persönliches zu verleihen und uns damit seiner zu vergewissern. Bei einem Gang durch Dharavi, Mumbais größten Slum, sieht man ein wildes Durcheinander von Farben und einheimischen Designs: Die Leute haben alle möglichen Materialien zusammengetragen, damit das Viertel lebendig und ein Hort munteren Treibens und wirtschaftlicher Aktivität wird. (Mit »munterem Treiben« erwirtschaftet man jährlich mehr als beachtliche 600 Millionen US-Dollar.) Die Bedingungen in Dharavi sind in vieler Hinsicht ungeheuer hart – Wasser und Strom gibt es nur sporadisch, desgleichen Abwasser- und Abfallentsorgung –, doch man sieht allenthalben überzeugende Beweise dafür, dass die Bewohner alles in ihren Kräften Stehende tun, ihrer eigenen Umgebung Herr zu werden und zu bleiben.

In einem vollkommen anderen Kontext betonte der US-amerikanische Architekt Oscar Newman in seiner klassischen Abhandlung *Defensible Space*, wie wichtig Gefühle wie Eigentümerschaft und Kontrolle über Gemeinschaftsbereiche in Ballungszentren sind, und beschrieb die Erfahrungen mit dem berüchtigten Sozialwohnungsbaukomplex Pruitt-Igoe in St. Louis.[54] Newman, der Planungsprinzipien beschrieb, die seinem Dafürhalten nach Sicherheit und Wohnlichkeit in Siedlungen des sozialen Wohnungsbaus erhöhen, behauptete, diese Prinzipien seien bei Pruitt-Igoe nicht bedacht worden, was prompt zu dessen Abriss geführt habe. Hauptziel von Newmans Planungsinstrumentarium ist es, Bindungsgefühle in Verhältnissen zu ermöglichen und zu fördern, in denen ökonomische Schwierigkeiten eigentlich vollkommen gegen einen so positiven Zugang zum Ort sprechen. Meist können die Mieter in derartigen Wohnkomplexen ihre Lebensräume nicht persönlich gestalten und nicht so in Besitz nehmen, wie sie es vielleicht gern tun würden. Obwohl die Gründe für das Scheitern von Pruitt-Igoe in jüngerer Zeit noch einmal genauer betrachtet wurden und es vermutlich ebenso sehr an chronischer Unterfinanzierung wie an der mangelhaften Planung lag, sind Newmans Prinzipien längst nicht obsolet und spielen immer noch eine Rolle bei dem Versuch, in armen Ballungszentren die Kriminalitätsrate zu senken.

Eine Zusammenballung von Menschen in winzigen, dicht an dicht liegenden Wohnungen stellt natürlich unsere Definition von einem Zuhause noch einmal völlig anders in Frage. Ob unsere schön geräumigen westlichen Häuser für die einzelnen Familienmitglieder zur großen Liebe geworden sind oder nicht, normalerweise gelten sie uns durchaus als Orte der Privatheit und Geborgenheit. Als ich mit dem BMW-Guggenheim-Lab, einem wandernden Thinktank, der sich mit urbanen Fragen in den Multimillionenstädten der Welt beschäftigt, in Mumbai forschte, entdeckte ich eine kuriose Anomalie. Wenn ich mit Menschen zu öffentlichen Orten ging wie Museumsparkplätzen oder Friedhöfen, reagierten sie so entspannt, wie man es normalerweise in einer ruhigen, privaten Umgebung wie dem eigenen Heim oder einem schönen grünen Park erwarten würde. Mit Hilfe von Sensoren, die die physiologische Erregung maßen, konnte ich tatsächlich nachvollziehen, wie ihre Körper auf die leeren Orte reagierten und ruhiger wurden.

Im abendländischen Kontext wird ein leerer öffentlicher Platz vielleicht als Misserfolg betrachtet: Hier plant man Plätze ja so, dass das pralle Leben darauf toben kann. Mein Assistent Mahesh aus Dharavi fand die Messungen in Mumbai allerdings wenig verwunderlich. Seine eigene häusliche Situation war so beschaffen, dass er in einem einzigen Zimmerchen mit Ehefrau, zwei Kindern, seinen Eltern und beiden Brüdern wohnte. Wenn er Ruhe finden wolle, erzählte er, oder einen Ort, an dem er einen vertraulichen Moment mit einem Freund verbringen könne, oder wenn er einfach nur ein paar Augenblicke des Alleinseins brauche, verlasse er das Tohuwabohu zu Hause und suche sich irgendwo in der City ein ruhiges Plätzchen. Maheshs eher persönliche Geschichte wurde von den Arbeiten vollauf bestätigt, die Aisha Dasgupta vom BMW-Guggenheim-Lab – parallel zu meinen – in Kollaboration mit PUKAR betrieb, einem in Mumbai ansässigen Forschungskollektiv, das sich mit urbanen Fragen dort beschäftigte. In einer der Umfragen schilderten 54 Prozent der Befragten zwar ihr Zuhause als ihren privatesten Raum, sagten aber auch, sie suchten gern öffentliche Plätze auf, wenn sie allein sein wollten. Gleichzeitig prangerten sie die (besonders für Frauen) mangelnde Sicherheit und Zugänglichkeit öffentlicher Räume an.[55]

Weltweit betrachtet, ist die Vielfalt der Typen von Raumgestaltung, die wir »zu Hause« nennen, so groß, dass man gar nicht erst versuchen sollte, sie zu kategorisieren. Die psychologischen Prinzipien sind da schon einfacher festzumachen. Es gibt Eigenschaften von Räumen, die einen fast universellen Reiz ausüben. Das gilt für verschiedene Formen und Farben, besonders solche, die denen in der Natur ähneln, und manches ist auch naheliegend – die meisten Leute hätten gern ein Fenster. Wir finden Räume attraktiv, die mit ihrer Form Privatheit und Gefühle von Geborgenheit vermitteln. Aber wie schon erwähnt, wird das Ausmaß unserer Liebe auch von unserer individuellen Geschichte diktiert. Unsere frühen Erfahrungen und die Orte, an denen wir sie gemacht haben, prägen, wenn wir erwachsen sind, unsere Vorlieben ganz deutlich. Letztlich hängt die Liebe zu unserem Zuhause aber auch davon ab, wie weit wir es uns zu eigen machen, wie wir es also entsprechend unserer psychologischen Prägung einrichten. Das kann mit kostbaren Familienerbstücken oder schlicht mit einem Anstrich und der richtigen Tapete geschehen. Wenn wir uns unseres Zuhauses nicht auf diese Weise bemächtigen können, kann die Liebe zu ihm im Keim ersticken.

■ Die Zukunft des Heims

Was ist mit der Zukunft? Sind wir für immer wirtschaftlich verdammt zur preiswerten Nullachtfünfzehn-Behausung in austauschbaren Gebäuden, die vielleicht mit ein paar reizvollen Designkinkerlitzchen unsere Sinne erfreuen, aber mit unserem Innenleben so viel zu tun haben wie schlichte zweidimensionale Abbildungen unser selbst in den Hochglanzbroschüren der Makler? Oder schlimmer: Müssen wir – gezwungen, in den dicht bevölkerten und teuren Städten der

Zukunft mit immer kleineren Wohnräumen vorliebzunehmen – alle Hoffnung fahren lassen, dass wir uns ein individuell gestaltetes, unser Wesen, unsere eigenen Vorlieben und Erfahrungen widerspiegelndes Heim leisten können?

Wenn vorausdenkende Architekten sich von Beesleys kinetischen Kreationen inspirieren lassen und tun können, was sie für richtig halten, dann sieht die Zukunft des Haus- und Wohnungsbaus allerdings ganz anders aus. Stellen Sie sich vor, Ihr Zuhause bestünde nicht aus den vier stummen Wänden einer Kiste, in denen Sie Ihr ewig gleiches häusliches Leben verbringen, sondern es wäre ein aktiver Mitspieler. Stellen Sie sich vor, Ihr Zuhause hilft Ihnen sogar, dass Sie sich in es verlieben, indem es diese Liebe erwidert! Das ist das Zukunftsversprechen der responsiven Architektur.

Der Gedanke, dass ein Gebäude Sinne hat und auf die Ereignisse reagiert, die innerhalb seiner Wände stattfinden, ist nicht neu. Schon das Thermostat zur Wärmeregulierung oder die Klimaanlage kann man als responsive Systeme betrachten. Der Temperaturregler bekommt eine Information, die Angabe der gewünschten Temperatur, mithin die simple Form eines Wunsches, und durch das Wunder einer Rückkopplungsschleife bedient er die komplizierten Mechanismen, die das Gewünschte liefern. In Häusern und Wohnungen gibt es schon viele solcher einfachen Regulierungssysteme, angefangen von Brandmeldern und Einbruchmeldeanlagen bis hin zu automatisierten Beleuchtungen und Geräten aus dem Bereich der Unterhaltungselektronik. Doch diese Systeme, die dezentralisiert sind und jeweils noch von einem menschlichen Benutzer programmiert werden müssen, unterscheiden sich beträchtlich von dem, was man sich unter einem Haus vorzustellen hat, in dem ein Kreislauf von Wahrnehmung und

Reaktion so von einer intelligenten Instanz gesteuert wird, dass sich das Haus fortgesetzt an die Bedürfnisse seiner Bewohner anpasst.

Nicholas Negroponte, Kybernetik-Guru und Gründer des bekannten MIT Media Lab, war der Erste, der meinte, dass man Gebäude als Rechner verstehen könne, die auf ihre Benutzer reagieren und mit ihnen interagieren. Negroponte prophezeite bereits in den 1970er-Jahren, dass man die Computertechnologie der Zukunft so mit den Baumaterialien werde verbinden können, dass ein Gebäude intelligent auf die Ereignisse in ihm und um es herum reagiere.[56]

Bisher hat sich die Arbeit in diesem Bereich aber darauf konzentriert, die Umweltverträglichkeit von Gebäuden so zu verbessern, dass ihre CO_2-Bilanz günstiger wird. Das North House zum Beispiel wurde mit Beesley als Vorkämpfer von der Architekturfakultät der University of Waterloo geplant und ist die Antwort auf die Herausforderung, in nördlichen Gefilden ein Haus mit einer CO_2-Bilanz von null zu bauen. Das North House schafft das durch eine Reihe von Sensoren, die nicht nur auf das Wetter draußen reagieren, sondern auch auf die Verhältnisse im Inneren sowie auf den Aufenthaltsort, die Bewegungen und Aktivitäten der Bewohner. In größerem Umfang sind responsive Hüllen für große Gebäude entwickelt worden, die auf Klimaveränderungen reagieren und die Energiekosten minimieren. Zwecks Verringerung dieser Kosten rotieren am Design Hub des Royal Institute of Technology in Melbourne Tausende von blankpolierten Scheiben, folgen der Sonne und sollen eines Tages mit Hilfe einer Reihe von Solarzellen sogar als Kraftwerk dienen. In ähnlicher Weise entwirft der Chicagoer Architekt Tristan d'Estree Sterk Gebäude, die ihre Gestalt ändern und deren organisch gewölbte, ansprechende äußere Hüllen nach den Prinzipien von Buckminster Fullers »Tensegrity« funktionieren: Sie reagieren auf das, was die Sensoren auslesen, und wechseln entsprechend die Form. Bisher messen die Sensoren Dinge wie Lufttemperatur und Sonnenlicht, aber Hauptziel ist, eine angenehme innere Atmosphäre mit einem Minimum an Energieverbrauch zu schaffen.

Obwohl mit Hilfe moderner Sensorenausrüstung und Materialien unsere Bauten und die Wohnungen darin inzwischen »grüner« sind, gehen sie doch nur einen kleinen Schritt über den simplen Rückkopplungsmechanismus eines Temperaturreglers der Heizungsanlage eines Hauses hinaus. Die Gebäude wissen vielleicht bestimmte Dinge über ihre Bewohner, doch sie fühlen sie nicht. Dabei sind heute sogar schon in manchen Wohnzimmerspielkonsolen simple Sensoren, die unsere Herzfrequenz messen, unseren Stresslevel, unsere Mimik, unsere Augenbewegungen, unsere Atemfrequenz und unsere Hirnwellen, und rein theoretisch könnte ein Gebäude, das mit solchen Sensoren ausgerüstet ist, mehr Informationen über unsere physiologische und psychische Befindlichkeit erlangen als ein enger Freund, der bei uns im Wohnzimmer sitzt.

Einige jüngere Projekte im MIT Media Lab gehen in diese Richtung. Das CityHome zum Beispiel, eine Erfindung der Changing Places Group unter Kent Larson, besteht aus mehreren separaten Modulen, mit denen die Benutzer ihre Wohnungen mit Hilfe verschiebbarer Wände nach ihren Bedürfnissen gestalten können. In den Wänden befinden sich Computer, die den physiologischen Zustand der Benutzer ebenso wie ihr Verhalten verfolgen. Gleichzeitig sammelt man riesige Mengen an biometrischen Daten der Bewohner in diesen so genannten Wohnlaboratorien und ausreichend Informationen, um eine realistische Theorie über ihren Gemüts- und körperlichen Zustand aufstellen zu können. Im Grunde kann man sich das Leben im CityHome so vorstellen, als hätten die Leute einen in der Wohnung lebenden Butler, der stets und ständig auf ihre Bedürfnisse eingeht, jeden ihrer Schritte vorhersieht, es ihnen immer bequemer macht, aber sofort in der Versenkung verschwindet – und das ist vermutlich wichtig –, sobald sie in die Hände klatschen.

Nicht nur Temperatur und Beleuchtung können den Bedürfnissen der Bewohner angepasst werden, sondern auch fast alle Einrichtungen und Ausstattungen im Hausinneren. Daniel Vogel, ein Informatiker und Künstler in der Cheriton School of Computer Science an der Universität von Waterloo, hat mit riesenhaften interaktiven Displays gearbeitet, die auf Gesten und Veränderungen der Körperhaltung reagieren. Im Zeitalter der billigen und schnellen Bewegungsverfolgungstechnologien wie zum Beispiel Kinect von Microsoft sind solche Displays für Bastler leicht zugänglich und für Profis mühelos zusammenzustellen. (Kürzlich besuchte ich eine virtuelle Kunstgalerie mit Ganzkörper-Bewegungsverfolgung und guter Spracherkennung, die ein Bekannter von mir, ein Informatiker, in etwa einer Woche eingerichtet hatte.) Wie Vogel sagt, »man will zwar nicht, dass es im eigenen Heim wie am Times Square aussieht«[57], aber man hat nun wahrhaftig ultradünne Displays zur Verfügung, die einem auf der Schlafzimmerdecke anzeigen, wie das Wetter draußen ist, auf dem Badezimmerspiegel die Nachrichten präsentieren und auf der Wohnzimmerwand ein Aussichtsfenster in den nahe gelegenen Park bieten.

Angesichts unseres Faibles für bestimmte Ansichten (der

Natur zum Beispiel) und den bekannten psychologischen Wirkungen bestimmter Farben, Muster und Bilder kann ein Haus, das weiß, wie wir uns fühlen, sich selbst entsprechend modifizieren. Es geht Ihnen schlecht? Bitte schön, Ihr Heim kann die Lichter dimmen und Sie mit plätschernden Wellen an einem Strand bei Sonnenuntergang trösten. Sie brauchen dringend noch ein paar Ideen, weil Sie einen wichtigen Abgabetermin bei der Arbeit nicht versäumen dürfen? Na, dann lässt Ihr Heim doch gleich die Lampen heller scheinen, zeigt Ihnen zur Anregung Menschen auf einem quirligen Stadtplatz und setzt den Kaffee auf. Verquicken Sie dieses Ausmaß an Interaktivität zu Hause mit einer Psyche, die, wie wir wissen, auch in den einfachsten Formen und Apparaturen menschliches Leben wähnt, und Sie können sich leicht vorstellen, dass wir uns bald einer gänzlich neuartigen Beziehung zu unseren Häusern erfreuen: Das ganze Gebäude ist ein lebendes Wesen mit seinem eigenen Kopf, einer Persönlichkeit und starken Gefühlen für seine Bewohner, die sich im Laufe einer langen Freundschaft entwickeln.

Die Vorteile einer solchen häuslichen Situation liegen auf der Hand, besonders für Menschen mit körperlichen oder psychischen Krankheiten. Stellen Sie sich nur ein Haus vor, das weiß, wann Sie deprimiert sind, entsprechend reagiert und Sie in ein aufmunterndes Gespräch verwickelt oder vorschlägt, etwas zu tun, bei dem Ihnen leichter ums Herz wird. Oder das vielleicht sogar Ihre Freunde aus Fleisch und Blut alarmiert, wenn die Sache doch bedenklich wird.

Eine neue Smartphone-App kann aufgrund dessen, wie Sie die sozialen Netzwerke gebrauchen, Ihre Stimmung und sogar die Art und Weise, wie Sie Ihren Touchscreen berühren, messen und gegebenenfalls professionelle Hilfe besorgen. Wenn ein fühlendes Zuhause lernt, was Sie für Gewohnheiten haben, und einen Einblick gewinnt, wie Ihr Körper funktioniert, kann es sich sogar noch aktiver um Hilfe und Unterstützung für Ihr leibliches und seelisches Wohlergehen kümmern. Die Entwicklung zunehmend ausgeklügelter Smart-Home-Systeme für Menschen mit Behinderungen sind sehr ins Zentrum des Interesses gerückt, besonders im Hinblick auf allenthalben überforderte Gesundheitssysteme und die Tatsache, dass man alten oder gebrechlichen Bürgern den Umzug in eine Einrichtung ersparen und ihnen ermöglichen möchte, so lange es geht, eigenständig zu Hause zu leben. Doch auch für diejenigen unter uns, die nicht behindert sind, hat ein Zuhause, das fühlen und auf uns reagieren kann, seinen Reiz. Jene stark ausgeprägte Neigung des Menschen, in simplen geometrischen Formen oder Linien das Leben und seine komplizierten emotionalen Gemengelagen zu sehen, könnte zu einer voll entwickelten emotionalen Prothese ausgebaut werden, die positive Gefühle verstärkt und negative abschwächt.

Die Vorteile eines fühlenden Heims sind also nicht von der Hand zu weisen. Doch in einer Kultur mit dystopischen Visionen von Computeraufsehern wie dem HAL 9000 aus Stanley Kubricks *2001: Odyssee im Weltraum* oder der MU-TH-UR 182 aus Ridley Scotts *Alien – Das unheimliche Wesen aus einer fremden Welt* sieht man auch die Schattenseiten. Die genannten Science-Fiction-Filme lehren uns nämlich, dass intelligente Computerschnittstellen Fehler machen, Anweisungen missverstehen oder zu üblen Zwecken gehackt werden können – die typischen Risiken und Nebenwirkungen jeder Technologie, von der unser Wohl und Überleben abhängt. Wirklich überlegen sollten wir vielleicht, welche Risiken es birgt, wenn unsere Technologie Aufgaben erledigt, die essentiell zu dem gehören, was menschlich ist und uns als Menschen ausmacht. Mehr oder weniger so, wie nach weit verbreiteter Meinung der ständige Gebrauch von GPS-Signalen unsere angeborenen Orientierungssinne zerstört und starke Suchmaschinen uns ein faules Gedächtnis bescheren, kann uns ein Haus, das uns von den realen Gefährdungen des Lebens abschottet, auch abstumpfen lassen gegen viele andere, wichtige Bereiche.

Das Aufkommen jeder Art von Technologie bewirkt einen Bruch zwischen unserem Sein und der Realität. Wir freuen uns über die technischen Neuheiten, weil wir Zeit und mentale Kapazitäten für andere Beschäftigungen, das heißt auch mehr Freiheit, gewinnen, sehen unter Umständen aber nicht, was wir im Gegenzug aufgeben. Wenn unser Leben aus verschiedenen Routineaufgaben besteht, die verhindern, dass wir uns von der Welt, voneinander und von unserem Selbstverständnis entfernen, was sind dann die Konsequenzen, wenn die voll ausgereiften Technologien sogar in den vertrautesten und privatesten Ort eindringen dürfen, den die meisten von uns je erleben werden? Und wenn unser Zuhause uns tatsächlich ein Leben wie im Mutterleib beschert – wollen wir überhaupt dorthin zurück?

Während neue Gestaltungskonzepte für Wohnräume das gigantische Potential der Informationstechnologie immer mehr einbeziehen und transformieren, was ein Zuhause ist, müssen wir uns weiter mit solcherlei Fragen beschäftigen. Auch wenn diese Konzepte vielleicht in mancher Hinsicht noch immer wie Science-Fiction anmuten, dringt die technisierte Welt stetig tiefer in unser Alltagsleben ein und sorgt dafür, dass zunehmend über die so genannte Krise der Authentizität diskutiert wird. Walter Benjamin hat diese Problematik in seinem einflussreichen Aufsatz *Das Kunstwerk im Zeitalter seiner technischen Reproduzierbarkeit* ausgearbeitet und dargelegt, dass akkurate und massenhafte Reproduktionen von Kunstwerken neue Wege des Denkens über das erfordern, was »Echtheit« noch bedeutet. Und wir schlagen uns nun aufgrund anderer Entwicklungen in Technologie und sozialen Netzwerken eben mit neuen Vorstellungen von Privatsphäre, Autonomie oder Kompetenz herum.[58]

Uns stehen Umwälzungen bevor, in deren Folge der Schauplatz unserer Lebensgeschichte weniger die passive Bühne bleibt, auf der wir spielen, als vielmehr ein aktiver Teilnehmer werden wird. Und wie bei allen epochalen Veränderungen können wir uns von den Ereignissen vereinnahmen lassen und einfach akzeptieren, was da auf uns zukommt, oder uns mit öffentlichen Debatten und Diskussionen, mit ergebnisoffenen Experimenten und hoffentlich ein wenig Optimismus den Herausforderungen stellen.

Der deutsche Philosoph Martin Heidegger arbeitete den Großteil seines Lebens in einer kleinen Hütte im Schwarzwald, nicht weit von seinem Geburtsort entfernt. Seine Hauptwerke, einschließlich des einschneidenden *Sein und Zeit*, schrieb er in dieser winzigen Behausung, in der er mit seiner Frau und seinen zwei Söhnen wohnte. Vielleicht sah er in dieser Abgeschiedenheit von der Welt, in den Hügeln und Bergen seiner Heimat, eine Metapher für seine Schwierigkeiten, eine Philosophie zu formulieren. Er verglich es damit, »von Berggipfel zu Berggipfel zu sprechen«. Mit der für deutsche Professoren der Zeit typischen Honorigkeit samt entsprechender Kleidung hatte er nichts im Sinn; er legte stets Wert auf eine bäuerliche Erscheinung und Redeweise, die ja auch perfekt zu seiner Umgebung passte. Seine berühmt eigentümliche (alt)deutsche Sprache mit vielen von ihm erdachten Wortschöpfungen und Umkehrungen vertrauter Begriffe scheint auch ein Nachhall zu sein auf die verwirrende Kompliziertheit der Wege in den Hügeln rings um sein Haus herum, auf denen er gern spazieren ging. Eines seiner Werke, eine Essaysammlung, heißt *Holzwege*, und auf denen gelangt man nicht immer, wohin man möchte. Man könnte sich zu der Behauptung verleiten lassen, dass Heideggers Beiträge zur Philosophie in keiner anderen Umgebung hätten verfasst werden können oder zumindest ganz anders ausgefallen wären. In gewisser Weise war *die Hütte* der Philosoph und der Philosoph *die Hütte*. Sein Sohn Hermann scheint das auch so zu sehen. Als er mit den Machern einer Fernsehdokumentation die Hütte besuchte, ging er in das »Studierzimmer« seines Vaters und sagte sehr anrührend: »Er lebt hier – für mich noch.«[59]

Können mit all der neuen Technologie ausgestattete und lebendig gewordene (Wohn-)Häuser eine so intensive, intime Beziehung zu ihren Bewohnern herstellen? Kann auch noch so viel Designerkunst und technologische Spitzfindigkeit das Gefühl echter Liebe ersetzen, das wir für ein Zuhause entwickeln können, das wir uns über lange Jahre des Überlegens, Mühens, Experimentierens und Erlebens eingerichtet haben? Oder ist es wahrscheinlicher, dass, ganz egal, wie klug das Simulacrum des responsiven Hauses als Mutterleib geplant wird, es sich falsch anfühlt, gespenstisch und irgendwie nicht im Lot – genauso wie mich die lockenden Farnwedel von Beesleys *Hylozoic Soil* an Empathie denken ließen, ich mich aber ein winziges bisschen bedroht und aus dem Gleichgewicht gebracht fühlte? Selbst wenn die Antworten auf diese

Fragen schlussendlich alle optimistisch ausfallen – wollen wir eine solche Zukunft?

Eine gleichermaßen sich aufdrängende Frage wäre, was wir durch die weit verbreitete Einführung von responsiven häuslichen Räumen eigentlich gewinnen. Welchen Gebrauch machen wir von den neu erworbenen Freiheiten, wenn der Prototyp unseres Butlers bei uns zu Hause auf absolut alle unsere Bedürfnisse eingeht und uns weitgehend von der banalen, langweiligen Realität des Alltags befreit? Schwingen wir uns in größere Höhen auf? Oder wird, wenn erst einmal die Ketten gesprengt sind, die uns als Menschen an unser Zuhause binden, letztlich die Liebe unmöglich?

DRITTES KAPITEL

Orte der Lust

Wir können ein Gebäude oder einen Ort ebenso lieben lernen wie einen Menschen. Dauerhafte Liebe entwickelt sich im Laufe der Zeit und infolge vieler positiver Erfahrungen. Ein langes Zusammenleben mit einem anderen Menschen fördert Vertrauen, Offenheit und Zuneigung. Weitgehend ähnlich können wir nach vielen Besuchen und mit den Erfahrungen, die wir an einem Ort machen, ein starkes Verbundenheitsgefühl zu ihm entwickeln. Und wie bei der Liebe zwischen den Menschen ist auch bei der ersten Begegnung mit einem Ort das wichtig, was wir aus der Vergangenheit mitbringen. Wenn wir zum ersten Mal auf dem Eiffelturm oder dem Empire State Building stehen, sind wir in unserer Wahrnehmung weniger beeinflusst von der bloßen Erscheinung des Ortes als vielmehr von dem Gemisch unserer spontanen Assoziationen damit und unserem Erleben im Moment.

Wenn wir einem Menschen begegnen, sind wir nicht immer auf der Suche nach Liebe. Manchmal sind wir an langfristigen amourösen Verbandelungen genauso wenig interessiert wie an Zuneigung und Kuscheleinheiten. Wir suchen stattdessen den heftigen, schnellen Kick, den kurzen Rausch, den spontanen menschlichen Intensivkontakt. Was uns antreibt, ist schlicht und ergreifend die Lust. Was aber ist das psychogeografische Äquivalent der Lust?

Derlei verwegene Fragen diskutierte ich beim Tee mit Brendan Walker in seinem Londoner Studio, das er sich mit seiner Gattin, einer Fotografin, und mehreren drahtigen Windhunden teilt. Walker begann sein Berufsleben als Luftfahrtingenieur, doch schon früh war er das Konstruieren von Militärflugzeugen leid und suchte den Kitzel in anderen Betätigungsfeldern. Er nennt sich nun »Thrill-Ingenieur« und verbringt seine Zeit damit zu erkunden, wo in der gebauten Umwelt Erregung entsteht. Er versucht zu lernen, wie er für Leute, die nach weichen Knien an einem solchen Ort lechzen, den »Thrill« maximieren kann.

Seine Ideen dafür, wie man Orte auf- und erregend machen kann, holte er sich anfangs aus einer eher aparten Quelle: Er las Berichte von Leuten darüber, was sie empfanden, wenn sie eine Straftat begingen. Diese Berichte und deren Analysen stammten von dem Kriminologen Jack Katz, der in seinem Buch *Seductions of Crime* die verschiedensten Gruppen von Gesetzesbrechern untersuchte, vom kleinen Ladendieb bis zum kaltblütigen Mörder. Viele Vergehen, insbesondere schwere wie Mord, werden bei Wutausbrüchen, im Affekt, verübt. Aber Eigentumsdelikte wie Vandalismus oder Ladendiebstähle werden nicht selten auch wegen der angenehmen Gefühle begangen, die sie den Tätern bereiten. Ja, manche Ladendiebe, besonders Frauen, berichteten von geradezu orgastischen Momenten kurz nach einem erfolgreichen Beutezug. Der Kick, erzählten sie, komme, wenn eine schnöde Alltagserfahrung (das Einkaufen) zu etwas Großartigem, Erhebendem werde und von großer Symbolkraft sei.[60]

Walker ging mit seinen Beobachtungen einen Schritt weiter

als Katz und begann mit einem Projekt namens *Chromo11*, für das er Leute bat, auf einer eigens eingerichteten Webseite ihre erregendsten Erfahrungen zu schildern.[61] Was für ein schillerndes Spektrum kam da zutage! Zu rechnen war natürlich mit erotisch hoch aufgeladenen Episoden von Exhibitionismus, Spanking und Gruppensex sowie Situationen, in denen Gefahr für Leib und Leben drohte, wie bei rücksichtslosem Fahren oder wenn jemand einen hochrisikoreichen Sport ausübte. Doch ein paar Geschichten waren einen Hauch unorthodoxer. So vertraute ein auskunftsfreudiger Webseitenbesucher der Community an, dass er höchste Erregung fand, als er seiner Mutter einmal im Streit ein Ei auf dem Kopf zerschlug.

Walker destillierte in seinem außergewöhnlichen Buch *The Taxonomy of Thrill* mit ähnlichen Methoden wie Jack Katz die wichtigsten Zutaten zu den nervenkitzligen Erlebnissen heraus.[62] Er unterschied mehrere separate Phasen, die mit der Vorfreude beginnen und mit dem »Nachglühen« aufhören, und reduzierte das Ganze zum Schluss auf eine Reihe schlauer Gleichungen (was sonst erwarten wir von einem Ingenieur, der den ultimativen Kick sucht?), die darauf verweisen, dass zum gelungenen Thrill nicht nur heftige physiologische Erregung und kaum überbietbare positive Gefühle gehören, sondern dass sich diese Gefühle oftmals auch im Verlauf der Zeit verändern.

Walker hat – was Wunder! – sich bei seiner Arbeit auch von Rummelplätzen inspirieren lassen, und da insbesondere von der Achterbahn. In seinem Thrill-Labor verkabelt er Teilnehmer mit Apparaten, die physiologische Reaktionen aufzeichnen und Herzfrequenz und Hautleitfähigkeit messen, und gewinnt so Einblick in das Innenleben des Körpers bei einer Achterbahnfahrt. Ein Ansteigen der Herzfrequenz und feuchte Hände zeigen zwar sicher an, dass ein Mensch erregt ist, man weiß aber nicht, ob er ein euphorisches Hoch oder niederschmetternde Furcht und Todesangst erlebt. Um zwischen den Gefühlszuständen zu unterscheiden, benutzt Walker kleine Kameras, die das Zucken in den Gesichtern aufzeichnen, wenn die Leute in den modernen Achterbahnen und in ähnlichen Fahrgeschäften mit höchster G-Kraft längs und quer durch die Luft geschleudert werden.

Und siehe da: Die Gleichungen, die Walker auf Grundlage der plastischen Schilderungen auf seiner Webseite erstellte – was empfindet jemand, wenn er um Mitternacht splitterfasernackt durch ein Vorortviertel rennt oder während einer Theatervorstellung hinter der Bühne an einer Orgie teilnimmt und sich mit einer Reitgerte auspeitschen lässt? –, konnte er ebenso gut zur Quantifizierung des Erregungspotenzials einer Achterbahnfahrt heranziehen. Seine Ergebnisse halfen wiederum der Vergnügungsindustrie, den »Thrillfaktor« zu finden, also eine Maßeinheit, mit Hilfe derer man nun vorhersagen kann, wie der durchschnittliche Benutzer reagiert, wenn er auf dem Rummel ordentlich durch die Gegend gewirbelt wird.

Warum sollten wir uns für den Thrill interessieren? Die Verbindung zwischen einer Achterbahnfahrt und unserem Thema wird deutlich, wenn wir genauer betrachten, wie wir die verschiedenen Räume in unserem Alltag erleben. Tag für Tag gehen wir dieselben Wege, kommen an denselben Zielorten an und verrichten, wie programmiert, an den Orten unseres Lebens immer die gleichen Tätigkeiten. Wir begeben uns an unseren Arbeitsplatz, um die Brötchen zu verdienen, kaufen unsere Lebensmittel im Supermarkt und fahren nach Hause, um uns zu erholen und unserem Privatleben zu frönen. Tagaus, tagein. Wenn unser ganzes Leben aus nichts weiter als diesen Tätigkeiten bestünde, könnten wir die Ödnis kaum ertragen. Unser Gehirn, das das ja alles wahrnimmt und reflektiert, würde bei einem solchen Entzug an sinnlichen Reizen zum Schlafwandler und schließlich komplett zumachen.

Denken Sie einmal an das, was Sie Freunden und Familie am Ende eines langen Tages erzählen. Da berichten Sie wahrscheinlich eher über das Besondere, das Neue, die Brüche im routinemäßigen Ablauf Ihres Daseins. Niemand will hören, dass Sie in ein Café gegangen sind und sich einen Cappuccino bestellt haben. Sehr wohl aber, wie die Kundin vor Ihnen einen Wutanfall kriegte, weil die Sojamilch alle war, und dann fluchend und Stühle umschmeißend von dannen gestürmt ist. Solche Besonderheiten bilden nicht etwa die Interpunktion des Lebens, sondern die Substantive und Verben. In den seltenen Momenten, wenn Reisende dem Unerwarteten begegnen, wenn die Reise nicht wie geplant weitergeht, Regeln außer Kraft gesetzt werden, dann wachen sie auf und werden aufmerksam. Und wenn auch solche Erlebnisse nicht unbedingt in Walkers »Thrill-Effekt«-Gleichung zu fassen sind, machen sie uns doch unserer Umgebung und deren Wirkung auf uns bewusst. Was die Achterbahn uns ein paar Sekunden lang an magenhüpfenden, Adrenalin-gesättigten Erlebnissen beschert, wird eigentlich zur Metapher für das, was wir alle so lieben – das Unerwartete.

Vergnügungsparks, wo die meisten Achterbahnen beheimatet sind, für die sich Walker interessiert, bieten geradezu Lehrbeispiele für die Verknüpfung von Orten und Lust. Die ersten Vergnügungsparks in den Vereinigten Staaten wurden auf Coney Island gebaut, und zwar nachdem der berühmte

Stadtplaner Robert Moses für Flächennutzungspläne sorgte und die Insel vor allem Erholung und Unterhaltung bieten sollte: als Refugium für Bewohner des dicht bevölkerten Manhattan. In *Delirious New York: Ein retroaktives Manifest für Manhattan*, einer brillanten Darstellung der Geschichte der Planung und Anlage von New York City, beschreibt Rem Koolhaas Coney Island als Proto-Manhattan, wo experimentelle Gebäude, manchmal fast nur aus Pappkarton, mit den damals neuesten technischen Errungenschaften zusammengeschustert wurden, damit man den Besuchern mit aufregenden Fahrten auf Karussells und bizarren Erlebnissen aufwarten konnte, die sogar zu voyeuristischem Verhalten einluden. Es war schon pervers: Lilliputia, ein Teil eines Vergnügungsparks mit Namen Dreamland, war eine Pappkopie der mittelalterlichen Stadt Nürnberg. Dreihundert kleine Menschen, unter Zirkuskünstlern per Anzeigen von nah und fern angeworben, bevölkerten die Stadt. Sie wurden angehalten, ihre Infrastruktur aufzubauen, ihr politisches System, eine Feuerwehr, Handel und Wandel einzurichten. Noch grotesker war, dass man sie auch zu wenig konventionellen sexuellen Praktiken anregte, ob homosexuell oder nymphomanisch, jeder sollte mit jedem, alles ging. Schamlos wurde die Einrichtung als »soziales Experiment« bezeichnet und war in Wirklichkeit nur der oberflächlich getarnte Versuch, Besucher nach Lilliputia zu locken und Profite zu machen.[63]

Im Grunde ganz ähnlich benutzte man die Technik im so genannten Tunnel of Love, einer sich bewegenden Röhre, in der die Besucher, einander Fremde beiderlei Geschlechts, den Halt verloren und aufeinander- und durcheinanderpurzelten. In der ihnen aufgezwungenen Intimität und wenn sie sich manchmal in durchaus erregenden, nicht unbedingt schicklichen Posen ineinander verhedderten, sollten sie ihre Hemmungen und konservativen Bedenken verlieren. Der Gebrauch relativ simpler Technik, kombiniert mit elementaren Bauteilen, brachte Leute zu einem Verhalten, das den traditionellen Werten der Zeit völlig zuwiderlief und sie im Grunde nötigte, geheime Wünsche und Phantasien auszuleben. Heute ist ein solcher Gebrauch der Technik in der angewandten Sozialwissenschaft in extrem ausgeklügelte Verfahren eingegangen, die quer durch alle Gesellschaftsschichten »angewandt« werden, damit wir in einer bestimmten Weise fühlen, handeln und vielleicht vor allem unser Geld ausgeben, obwohl wir, der Vernunft gehorchend, es eigentlich nicht tun und die Notbremse ziehen sollten.

Der Live Park in Südkorea ist als Vergnügungspark mit vielen technischen Sperenzchen zwar noch im Bau, aber das Neueste vom Neuen seiner Gattung. Und es sind schon weitere Live Parks in China, Singapur und einer noch festzulegenden Stadt in den Vereinigten Staaten geplant. Der Live Park ist so entworfen, dass Besucher von dem Moment an, in dem sie seine Tore durchschreiten, eine allumfassende immersive virtuelle Realität betreten. Sie bekommen ein RFID-Etikett – ein billiges kleines Utensil, mit dem Aufenthaltsort und zurückgelegte Wege auf dem gesamten Terrain verfolgt werden können – und werden gebeten, eine virtuelle Figur, einen Avatar, von sich selbst zu erschaffen, dessen äußere Erscheinung sie gestalten können. Dann nimmt die virtuelle Figur an den angebotenen Aktivitäten im Park teil. In einem gigantischen immersiven Theater mit hausgroßen Bildschirmen, auf denen Filme in 3-D samt ohrenbetäubendem Surroundsound dargeboten werden, können Besucher beobachten, wie ihre Avatare herumlaufen und miteinander interagieren. Ihre eigenen (die der Besucher) Bewegungen bestimmen Skript (und Ende) des VR-Dramas, das sie erleben. Die Grenzen zwischen Realem und Virtuellem existieren in diesem Park nicht mehr. Und für die Shows und Kulissen braucht man auch weder Pappe oder Holz noch andere stoffliche Materialien, sondern nur Pixel, die von den Computern gesteuert werden, die das gesamte Treiben der Besucherschwärme verfolgen, egal, zu welcher Zeit diese sich auf der Anlage tummeln. Vergnügungsparks, in denen physikalische Gesetze so vollkommen außer Kraft gesetzt werden, eröffnen eine große Palette neuer Möglichkeiten und bescheren den Besuchern phantastische Welten, jede Menge Vergnügen und Aufregung. Außerdem geben sie ihnen ein nie da gewesenes Maß an Kontrolle über das, was sie dort erleben wollen. In Live Parks werden die Besucher selbst zur Show.[64]

Rem Koolhaas wiederum behauptet in seinem Buch, dass sich die Vergnügungsparks auf Coney Island, gerade weil sie so beliebt und viel besucht waren, von einem Ferienort in ein Experiment zum Leben in städtischen Ballungszentren und zur »Technologie des Phantastischen« verwandelten. Letztendlich gewann man daraus viele Leitgedanken, die man in die großen Planungen für Manhattan aufnahm, wo man phantastische Erfindungen wie Wolkenkratzer und Aufzüge als unerlässlich erachtete für das Leben in einer dicht bevölkerten Stadt. Ähnliches gilt für die bekanntesten Vergnügungsparks der Welt, die für Räume der Imagination und Unterhaltung Maßstäbe gesetzt haben: für die Parks des Disney-Imperiums. Die beiden Disney-Parks in den Vereinigten Staaten, Disneyland in Kalifornien und das Magic Kingdom in Florida sowie die Disneylands in Paris und Tokio haben ein viel diskutiertes Merkmal gemeinsam: Im Guten wie im weniger Guten kann man die Disney-Unternehmen als erfolgreiche Laboratorien betrachten, in denen man sich intensiv damit beschäftigt, was uns dazu bringt, einen Ort zu mögen.

Alle diese Parks begrüßen ihre Besucher mit einer Main Street, die die Hauptgeschäftsstraße in einer US-amerikanischen Kleinstadt zu Beginn des letzten Jahrhunderts darstellen soll. Wenn man bedenkt, wie diese Straßen in Wirklichkeit ausgesehen haben müssen – ramschig, chaotisch, ungepflastert, staubig und höchstwahrscheinlich von Pferdeäpfeln übersät –, sind die Straßen in Disneyland vollkommene Fiktion. Trotzdem wecken sie in den meisten Besuchern ganz eindeutig Glücksgefühle. Sie fungieren nicht nur als Empfangsbereich für die Parks, sondern sind selbstverständlich auch der Treffpunkt, zu dem die Besucher immer wieder zurückkehren und – keineswegs unwesentlich – wo sie das meiste Geld verjubeln. US-amerikanische Besucher haben beim Anblick dieser Straßen vielleicht die Vision einer einfacheren und glücklicheren Zeit in ihrem Land als jener, die sie gerade erleben. Zusätzlich zu den angenehmen historischen Assoziationen besitzen diese ordentlichen Main Streets angenehme Dimensionen und Strukturen.[65]

Genau wie Koolhaas behauptet, dass die Technologie des Phantastischen auf Coney Island Rückwirkungen auf die reale Stadtplanung in Manhattan hatte, kann man argumentieren, dass das Design der disneyschen Main Street die Stadtplanung in den Vereinigten Staaten beeinflusst hat. Augenfällig wird das in der Stadt Celebration in Florida, die man nach den in der Main Street im nahen DisneyWorld so perfekt verwirklichten Disney-Prinzipien angelegt hat. Doch im Gegensatz zu einem Vergnügungspark, in dem man dem echten Leben entfliehen möchte und kann, soll Celebration als richtige Stadt funktionieren. Obwohl es sehr klein ist (derzeitige Einwohnerzahl ca. siebentausend), wurde es von unten bis oben so geplant, dass es den Bewohnern das gleiche wohlige Gefühl altmodischer Heimeligkeit wie die Main Streets in den Vergnügungsparks vermittelt. In den Wohnsiedlungen legte man die Bürgersteige breit an, damit die Leute dort spazieren gehen können, aber die Häuser stehen nicht so weit von der Straße zurückgesetzt, dass sie getrennt von ihr erlebt werden, und die Garagen für die Autos liegen hinter den Häusern. Alles ist sauber und adrett, auf Hochglanz poliert. Als Celebration erbaut wurde, waren die Häuser dort so begehrt, dass man durch Los entschied, wer überhaupt nur mit einem Makler sprechen durfte. Obwohl manche Besucher berichten, dass die Stadt mit ihrer Vollkommenheit den Eindruck von Authentizität gar nicht erst aufkommen lässt, kann man Celebration doch als Erfolg auf vielerlei Ebenen betrachten.[66]

■ Ein Besuch im Museum

Museen, in der Regel zumindest teilweise von öffentlichen Geldern abhängig, sollen Bildungsstätten sein, eine kulturelle Identität schaffen und den Narrativen eine Stimme verleihen, die unser Leben als Gemeinschaft definieren. Öffentliche Museen sind eine relativ junge Erfindung; ihre Vorgänger, die Sammlungen oder »Wunderkammern« mit allen möglichen Raritäten waren hauptsächlich zur Erbauung ihrer reichen und adligen Besitzer da. Selbst einige der moderneren ausdrücklich öffentlichen Museen wie das berühmte Britische Museum waren früher streng bewachte Bastionen für die Gutbetuchten, zugänglich nur nach einem formalen Begehr auf

Einlass. Heute schätzen die meisten Menschen zwar Museen als Aufbewahrungsorte für »Dinge aus unserer Historie«, aber nur wenige gehen hin. In einer groß angelegten Umfrage zum Besuch von Kunstmuseen durch die National Endowment for the Arts in the United States, die nationale Kunststiftung der USA, kam 2012 heraus, dass im Jahr zuvor nur etwa zwanzig Prozent der Amerikaner ein Kunstmuseum oder eine Kunstgalerie betreten hatten, während mehr als siebzig Prozent ihrer Lust auf Kultur mittels digitaler Medien gefrönt hatten. Obwohl sich die Befragung nur auf Kunstmuseen bezog, ergibt sich aus den optimistischsten Aussagen zum Besuch in anderen Museen, dass die Besucherzahlen entweder gleich geblieben oder seit 2009 leicht zurückgegangen sind.[67] Als Reaktion auf die Besucherkrise und besonders angesichts des riesigen Angebots im Internet, durch das man sich so manches Museumserlebnis bequem vom Wohnzimmersessel aus verschaffen kann, arbeiten Kuratoren eifrig daran, Besucher durch ihre Pforten zu locken. Zuweilen muten ihre Bemühungen an wie die von Vergnügungsparkerbauern. Museen sollen den Leuten nun einen Kitzel verschaffen!

An dieser Stelle drängt sich die Frage auf, seit wann und warum sie das nicht ohnehin tun. Als Schuljunge in Toronto habe ich mich auf kaum einen Ausflug so gefreut wie auf den jährlichen Besuch im Royal Ontario Museum. Wenn der gelbe Schulbus vor dem riesigen Portal des altehrwürdigen Gebäudes (von dem im fünften Kapitel noch einmal die Rede sein wird) hielt, sprangen die Kinder in Windeseile von den Sitzen und kabbelten sich lautstark, um als Erste am Eingang zu sein und dann gleich weiter zum »Alten Ägypten« zu rennen. Die Hauptattraktion bestand natürlich nicht darin, die gut erhaltenen, faszinierenden Hieroglyphen auf den zahlreichen

Amphoren zu enträtseln, sondern einen Blick auf die mumifizierten Reste eines menschlichen Körpers in einem Sarkophag zu werfen.

Was waren wir erpicht auf dieses Erlebnis! Selbst jung und ungebildet, wie wir waren, wussten wir ganz genau, dass wir hier vor etwas sehr, sehr Realem standen und mit Zeiten, Gedanken und Orten, die wir auf keinem anderen Wege hätten erreichen können, in Kontakt kamen, wenn wir die unvorstellbar alten Schnitzarbeiten, den Schmuck und die Keramik in den Glaskabinetten betrachteten. Und uns natürlich diebisch freuten, wenn die Museumswärter mal nicht hinschauten und wir die Hände durch ein Schutzgeländer oder über eine sonstige Absperrung stecken und das Altertum quasi mit Händen greifen konnten! Ich hoffe nur, dass wir mit diesen kleinen Verstößen gegen die Museumsordnung ein wenig mehr als nur den Schauder oder Nervenkitzel suchten, wie sie in Brendan Walkers *Chromo11* beschrieben werden. Nein, ich bin sicher, wir wollten die Jahrtausende überwinden und mit unseren Fingerspitzen eine Verbindung zu uralten großen Zivilisationen herstellen.

Vergleichen Sie das mit dem, was ich mit meinen Kindern erlebe, die jetzt ungefähr so alt sind wie ich bei den aufregenden Abenteuern in den Museen meiner Kindheit und Jugend. Einmal ging ich mit meinen Sprösslingen in ein kleineres Naturkundemuseum, das als eines seiner tollsten Besitztümer ein echtes Felsstückchen vom Mond präsentierte. Auf dem Weg dorthin war ich ein bisschen aufgeregt, aber weniger, weil ich selbst Vorfreude verspürte, als vielmehr um der meines Nachwuchses willen. Ich stellte mir vor, wie es für ein Kind sein musste, vor einem Gegenstand zu stehen, den Astronauten wirklich und wahrhaftig aus dem Weltall mitgebracht hatten. Die Reaktion meiner Kinder war – enttäuschend. Sie betrachteten den grauen Klumpen durch die Scheibe, als hätten sie nun doch ein wenig mehr erwartet. Die bloße Echtheit des Teils beeindruckte sie offenbar überhaupt nicht, und als ich sie erst neulich nach ihrem schönsten Museumserlebnis fragte, erzählten sie mir, wie viel Spaß ihnen die Plastikrekonstruktionen von Tierskeletten und die AR-Bildschirme gemacht hätten, auf denen gezeigt wurde, wie Dinosaurier, deren echte versteinerte Knochen vor ihrer Nase lagen, wohl ausgesehen hatten, als sie lebten. Sorgfältig darauf achtend, keine Suggestivfragen zu stellen, erkundigte ich mich, ob sie die Authentizität eines Gegenstandes wichtig fänden. Ob es ihnen zum Beispiel beim Anblick eines Haufens Knochen egal sei, ob es die versteinerten Überreste eines Tiers waren, das vor Jahrtausenden gelebt hatte, oder nicht? Ich begegnete Unverständnis und Schulterzucken. Offenbar hatte sich in einer kurzen Zeitspanne etwas verändert – und das wahrscheinlich nicht nur für meine Kinder. Anscheinend haben wir eine Vorliebe für das Authentische in eine Vorliebe für das Werkgetreue verwandelt. Wir interessieren uns mehr dafür, ob Dinge echt aussehen, als dafür, dass sie echt sind. Dieser bedeutende Perspektivwechsel hat nicht nur weitreichende Konsequenzen dafür, wie toll wir die Gebeine eines Wollhaarmammuts finden, sondern in einem allgemeineren Sinne auch dafür, wie wir Orte und Ereignisse verstehen und darauf reagieren.

Viele Museumsdirektoren wissen, dass man die Uhr nicht zu einer Zeit zurückdrehen kann, in der man noch keine aufregenden 3-D-Rekonstruktionen von Velociraptoren herumtollen sehen oder Virtual-Reality-Fahrten in Echtgeschwindigkeit durch Regenwälder machen konnte. Wenn Museen uns einen

Kick verschaffen wollen, müssen sie wohl unweigerlich zu den gleichen Methoden greifen, wie Brendan Walker sie als Pionier für Achterbahnen und andere sie für Vergnügungsparks entwickelt haben.

Jüngst erlebte ich in der hochgelobten Museumsausstellung »David Bowie Is«, wie sehr die multimedialen Aspekte das Erlebnis einer Ausstellung intensivieren. Damit die Besucher das Dargebotene voll auskosten konnten, wurden sie mehr oder weniger genötigt, ein Headset mit Standorterkennung zu tragen, auf das man ihnen Ausschnitte aus Interviews, Musik sowie Hintergrundgeräusche zu den einzelnen Exponaten übertrug. Die Ausstellung funktionierte sozusagen personenbezogen und verschaffte mir ein Hörvergnügen, das nahtlos mit dem Video oder Gegenstand einherging, vor dem ich jeweils stand. Kurzum, sie wurde durch die Technik, die sich meinem persönlichen Verhalten anpasste, für mich tatsächlich erlebnisintensiver. Gleichzeitig empfand ich etwas Eigenartiges: Obwohl es brechend voll war, war ich einerseits relativ losgelöst von meinen Mitbesuchern – zum Beispiel, als ich allein und mir ihrer kaum bewusst David Bowie als munteren Schuljungen betrachtete –, und gleichzeitig empfand ich eine mit Hunderten anderen »geteilte Freude«, als wir auf einem Bildschirm selten gezeigte Konzertmitschnitte verfolgten.

Das kunstvolle Vermischen von echten Artefakten mit digitalen Kopien in einer Ausstellung, die dann auch noch persönlich auf mich zugeschnitten war, bescherte mir nicht nur neues Wissen über Bowies wunderbar reiches Leben, sondern auch Gefühle, die von Begeisterung und neuer Energie bis zu Hochachtung reichten. Am wichtigsten bei all dem ist aber vielleicht, dass die wechselnden Empfindungen und Erwartungen der Besucher solcher Ausstellungen und die aufkommenden Technologien zur Bewegungsverfolgung und zum Herausfinden ihrer Präferenzen allmählich das Erlebnis »Museum« vollkommen transformieren. Die beiden Entwicklungen – unsere veränderten Ansprüche an eine Ausstellung und die durch die neuen Technologien sich bietenden Möglichkeiten – münden in eine positive Rückkopplungsschleife. Während wir also zunehmend weniger empfänglich für die schlichte Wirkung eines Monet-Gemäldes oder eines ausnehmend schön gearbeiteten Goldschmucks aus dem antiken Rom sind, erwarten wir zusätzlich zu unseren kurzen Einsichten in die Narrative sowohl der alten wie der modernen Zivilisation immer mehr eine Gestaltung, die uns das Adrenalin durch den Körper jagt und heftige Gefühle auslöst. Das Wissen, wie die positiven Rückkopplungsschleifen wirksam eingesetzt werden können, um Museumsbesuche eindrücklicher und nachhaltiger zu machen, wird aus der Entwicklung und Theorie des Museums nicht mehr wegzudenken sein.

In dem ehrgeizigsten Versuch, den Seelenzustand eines Museumsbesuchers zu messen, benutzte man in dem von Dr. Martin Tröndle geleiteten Forschungsprojekt des Schweizerischen Nationalfonds *eMotion* am Institut für Design- und Kunstforschung der Baseler Hochschule für Gestaltung und Kunst ein ähnlich hochmodernes Instrumentarium wie Brendan Walker in seinem Thrill Laboratory, um die Wege, die Blicke und die physiologische Erregtheit von Besuchern in einem Kunstmuseum zu erfassen.[68]

Besucher einer auf ihre Bedürfnisse zugeschnittenen Ausstellung wurden gebeten, einen Spezialhandschuh zu tragen, mit dem bei ihrem Gang durch die Galerie ihre Verweilorte verfolgt wurden. Annäherungssensoren in jedem Raum zeichneten ihre Wege auf, ihre Gehgeschwindigkeit und wie lange sie vor einzelnen Exponaten stehen blieben. Mit den Handschuhen konnte man auch Einzelheiten des Gefühlszustandes ihrer Träger verfolgen; dazu maß man die Hautleitfähigkeit und die Herzfrequenz. Außerdem sammelten die Experimentatoren demografische Daten von den Besuchern und interviewten sie, um den Einfluss von Variablen wie deren Interesse und ihre Erfahrung mit Kunst auf ihre Reaktion auf die Ausstellung einschätzen zu können. Die Ergebnisse des Experiments wurden in einer Reihe von faszinierenden Visualisierungen gezeigt, in denen Bewegungspfade durch die Räume mit Aufzeichnungen der physiologischen Reaktion überblendet wurden.

Die erste Untersuchung zeigte, wie brauchbar die angewandten Methoden waren, um die psychologischen Reaktionen auf Museumskunstwerke zu messen, es ergaben sich aber auch einige interessante und handfeste Schlüsse dazu, was bei einem Gang durch eine Kunstgalerie mit uns passiert. Zum einen korrelierten die physiologischen Messungen und die ästhetischen Urteile der Besucher deutlich, was heißt, dass Messungen am Körper einen Voraussagewert zum Verstehen ästhetischer Bewertungen haben. Für Museumskuratoren vielleicht wichtiger: Bei den Experimenten entdeckte man auch einige überzeugende Unterschiede zwischen dem Erleben einzelner Besucher und solcher, die zu zweit oder in Gruppen durch die Räume liefen. Ganz allgemein erlebten die Einzelbesucher häufigere und tiefer empfundene Momente, in denen sie sich der Gegenwart der Kunstwerke bewusst wurden und sich auf sie einließen. Es mag nur logisch sein, dass Besucher, die nicht von ihrer Begleitung und durch Gespräche abgelenkt werden, sich intensiver auf die Ausstellung einlassen, aber Museumsdirektoren, die möchten, dass alle ihre Besucher genau das tun, können die Quantifizierung des beobachteten Verhaltens zusammen mit einer Anzahl sorgfältig gemessener Variablen als Richtlinie benutzen.

Als ich in der Bowie-Ausstellung war, konnte ich, durch Kopfhörer von den Besuchermassen gut abgepuffert, unmittelbar von einer intensiv verspürten, intimen Beziehung zu einem Exponat übergehen zur Begeisterung bei einem simulierten Rockkonzert. Da stand ich inmitten einer Zuschauermenge, die alle zu dem Konzert hochschauten und dazu tanzten, und war mir, nicht unwichtig, durchaus bewusst, dass ich Teil einer größeren Gruppe war. Die Entwicklung eines Instrumentariums, mit dem sich die steigenden und fallenden Kurven solcher Erfahrungen, wie bei dem eMotion-Projekt, präzise erfassen lassen, kann nur dazu beitragen, die Thrill-Faktoren noch raffinierter und verführerischer zu gestalten, die bei kulturellen Einrichtungen wie Museen und Galerien eine zunehmende Rolle spielen.

▪ Auf den Erfolg setzen

Mein Büronachbar an der University of Waterloo ist Dr. Mike Dixon, ein großer, sanfter Mann der leisen Töne mit einer langen Erfahrung als Forscher. Gearbeitet hat er beispielsweise mit Menschen, die nach einer Hirnschädigung Sehprobleme hatten, oder im Zusammenhang mit dem frappierenden Phänomen der Synästhesie, bei der eigentümliche Kopplungen von Sinnesreizen stattfinden, etwa wenn Menschen Zahlen als farbige Objekte wahrnehmen. Dixon, der in beiden Bereichen bahnbrechende Entdeckungen gemacht hat, widmet sich nun der Spielsucht. Besucher von Spielkasinos oder Leute, die an Bildschirmgeräten in Kneipen spielen, suchen den billigen Kick in einem lauten, glitzernden Automaten, denn der könnte ja vielleicht, vielleicht einen Haufen Bargeld ausschütten. Diese Automaten sind außergewöhnlich effizient, wenn es gilt, den Spielern das Geld aus der Tasche zu ziehen. Manche Leute werden sogar so süchtig nach dem Kick, dass sie ihr Hab und Gut, ihre Ehepartner und manchmal sogar ihr Leben verspielen – in ihrer Haltlosigkeit und Verzweiflung geraten sie in eine Abwärtsspirale bis zum Selbstmord. Die Selbstmordhäufigkeit ist bei Spielsüchtigen weitaus höher als bei allen anderen Süchtigen.

Dixon hat also diverse Aspekte von Spielsucht untersucht und dabei meist das von mir bereits beschriebene Instrumentarium zur Messung der Aktivität von Gehirn und Körper benutzt. Die Teilnehmer an seinen Experimenten wurden verkabelt, damit man Hautleitfähigkeit, Augenbewegungen und Herzfrequenz messen konnte, und mussten sich – an echten elektronischen einarmigen Banditen – in verschiedene Spielsituationen begeben. Wenn man Dixons Labor besucht, taucht man gleich in ein verrücktes Ambiente ein – es sieht aus wie ein echtes Kasino und hört sich auch so an, und die Experimente dort sind bei den Freiwilligen unter den Psychologiestudenten an unserem Fachbereich natürlich außerordentlich beliebt. Dixon befasst sich sehr viel mit dem in allen Kasinos bekannten und beliebten Trick des »Verlusts in Form von Gewinn«. Die elektronischen Automaten sind so programmiert, dass sie den Spielern ständig vorgaukeln, sie hätten gewonnen, obwohl sie in Wirklichkeit über einen etwas längeren Zeitraum Geld verlieren. Dixon hat gezeigt, dass bei diesem Immer-ums-Haar-Gewinnen die Herzfrequenz und die Werte für die Hautleitfähigkeit der Spieler nach oben schießen, das Gehirn in eine unwiderstehliche Suppe aus bestärkenden Chemikalien getaucht wird und die Spieler angestachelt werden, immer mehr Geld zu setzen.[69]

Meine persönlichen Erfahrungen mit Kasinos erschöpfen sich in einem Besuch mit meinem Bruder in Las Vegas vor ein paar Jahren. Ich saß vor einem Spielautomaten, fütterte ihn mit Dollarscheinen und versuchte den blitzenden Bildern und Klimpermelodien, die anzeigten, wo ich stand, einen Sinn zu entlocken. Nach etwa einem Dutzend Runden sagte mir der Automat, ich hätte eine beträchtliche Summe »gewonnen«, gab mir meinen Gewinn aber als die Anzahl der Chips an, mit denen ich weiterspielen konnte. Meine unmittelbare Reaktion bestand darin, mich auf meinem Stuhl zurückzulehnen und zu freuen, dass ich jetzt bestimmt noch vierzig Mal spielen konnte. Da schaltete sich mein Bruder ein, der hinter mich getreten war und mich kurz beobachtet hatte. »Was machst du da?«, sagte er. »Du hast gewonnen.« »Weiß ich«, erwiderte ich. »Toll, was? Jetzt kann ich noch stundenlang weiterspielen.« »Aber dir ist klar, dass du rund zweihundert Dollar hast, wenn du jetzt aufhörst und dich auszahlen lässt?«, sagte er.

Dass ich die Zahl auf dem Automaten in eine reale Geldsumme verwandeln und damit nach Hause gehen konnte, war mir überhaupt nicht aufgefallen. Wenn mein Bruder nicht interveniert hätte, wäre ich sitzen geblieben und hätte weitergezockt, bis sich das Kasino meine zweihundert Dollar wieder einverleibt hätte. (Der Vollständigkeit halber sollte ich erwähnen, dass mein Bruder Steuerberater ist.) Ich verließ den Automaten, ließ mir meine Chips in echtem Geld auszahlen und trollte mich. Auf Nimmerwiedersehen.

Wie clever mir das Kasino in Las Vegas die Kohle aus der

Tasche zog, indem es mich von der Wirklichkeit von Dollars und Cents (oder von meinem Verstand) trennte, ist nur eine kleine Kostprobe von dem größeren Spiel, das an solchen Orten der Lust gespielt wird. Dieses Spiel geht weit über die Programmierung der Einarmigen Banditen und deren Gewinnquoten hinaus und reicht bis in die letzten Einzelheiten der Planung von Räumen und Gebäuden. Dixon konzentriert sich in seinen Untersuchungen lediglich darauf, wie einzelne Spielautomaten funktionieren und das Handeln der Spieler beeinflussen, es wird jedoch schon seit geraumer Zeit erforscht, wie man ein ganzes Kasino planen und einrichten sollte. Natürlich auch und gerade von denen, deren Job es ist, »bessere« Kasinos zu errichten. Forscher, die sich schwerpunktmäßig mit dem Verhalten von Spielsüchtigen beschäftigen, werden, wenn sie in die Kasinos wollen, natürlich mit Argwohn beäugt, und die Kasinobetreiber zögern doch eher zu verraten, wie sie die Gewinnquoten zum Nachteil ihrer Kunden gestalten. Eine kanadische Forscherin, die erhebliche staatliche Mittel bekommen hatte, um Spielsucht zu erforschen, wurde gar nicht erst in die kanadischen Spielkasinos hineingelassen und behalf sich damit, Spieler vor den Gebäuden abzufangen und sie um ein Interview zu bitten.

Das Aufkommen elektronischer Spielterminals wie die, die von Dixon untersucht wurden, hat in der Anlage und Einrichtung von Kasinos zu wichtigen Veränderungen geführt. Ursprünglich hatte man die Spielautomaten, die einst nur für »Kasino-Außenseiter« gedacht waren, vulgo Frauen, sozial Schwächere und Anfänger, immer an den Rändern aufgestellt, weit außerhalb der Bereiche mit den Spieltischen, wo bei Roulette und Blackjack ernsthaft gezockt, also richtiges Geld gewonnen oder, wahrscheinlicher noch, verloren wurde. Inzwischen sind die schicken elektronischen Automaten jedoch zum Herzstück und zur Haupteinnahmequelle geworden.[70] Mehr noch, in die Phasen, nach denen ein Kasinobesuch ablaufen soll, wird bei den Planungen auch der Zeitabschnitt mit einbezogen, in dem der Spieler noch nicht auf seinem Stuhl vor dem Display Platz genommen hat. Jahrzehntelange Forschungen im Kasinobau, zum Teil von ganz normalen Architekten und Planern, aber zum (größeren) Teil von Veteranen des Kasinogewerbes, und fast ebenso ausgiebige Beobachtungen haben ergeben, dass die Einhaltung mehrerer wichtiger Prinzipien den Spieler zum Automaten bringen.

Menschen lieben, wie schon einmal erwähnt, runde Formen. Sanfte wellige Rundungen ziehen uns an, scharfe, kantige Linien stoßen uns ab (und ängstigen uns vielleicht sogar). Diese in unsere DNA eingeschriebenen Vorlieben sind älter als unsere frühesten persönlichen Erfahrungen. Wir gehen viel lieber auf einem weit ausholenden, bogenförmigen Weg in ein Gebäude oder ein Zimmer hinein als auf einem geradlinigen, insbesondere wenn der geradlinige uns nötigt, abrupt die Richtung zu wechseln. Es ist zwar nicht endgültig geklärt, woher solche Präferenzen stammen, aber bemerkenswert ist es doch, dass wir Menschen offenbar nicht die einzigen Tiere sind, die vom Verlauf der Geh-Wege emotional beeinflusst werden.

Temple Grandin ist eine renommierte Autorin und Tierverhaltensforscherin, die zudem autistisch ist. Sie sagt, dass sie aufgrund ihrer eigenen psychischen Besonderheit besondere Einsichten in die Psyche bestimmter anderer Tiere gewinnt, unter anderem von Nutztieren in der Landwirtschaft. Grandin hat sowohl in ihren populären Darstellungen als auch in ihrer Forschung darauf hingewiesen, dass in Schlachthöfe geführte Tiere weniger gestresst sind, wenn sie gewundenen Wegen und nicht schnurgeraden folgen müssen.[71] Ihre Resultate haben auf breiter Front zu Veränderungen in der Anlage von US-amerikanischen Schlachthöfen geführt, in denen Fragen der Tiergerechtigkeit und die psychische Befindlichkeit von landwirtschaftlich genutzten Tieren berücksichtigt werden. Grandin sagt, der veränderte Weg in den Tod wirke beruhigend, weil die Tiere nicht sehen, was auf sie zukomme. Der Vergleich mit dem Spieler, der in ein Kasino geht, mag durchaus tauglich sein.

Der große Guru im Kasinobau ist ein Mann namens Bill Friedman. Selbst ehemals spielsüchtig, hat er über Jahrzehnte penibel beobachtet, was erfolgreichen Kasinobau ausmacht, und die Ergebnisse in einer regelrechten Bibel mit dem eindrucksvollen Titel *Designing Casinos to Dominate the Competition* dargelegt.[72] Er beschreibt nicht nur die mächtige Wirkung des bogenförmigen Eingangs, sondern plädiert auch für andere wichtige bauliche Elemente, die, so prophezeit er, die Geldausbeute maximieren. Zum einen legt er also den Kasinos dringend nahe, etwas zu nutzen, das »Geheimnis« genannt wird und von dem Umweltpsychologen schon lange wissen, dass es den Reiz eines Schauplatzes oder Ortes erhöht. Früher definierte man »Geheimnis« als die Verheißung, dass der Besucher durch weiteres Erkunden eines Ortes neue Informationen bekommen würde. Das klassische Beispiel für ein solches Geheimnis ist ein plötzlich sich öffnender gewundener Waldweg, der den Betrachter weiter in den Wald lockt, weil er ihm immer wieder verspricht, dass ihm hinter der nächsten Kurve neue Ausblicke geboten würden. Wenn auch der Gang ins Kasino – heute mit etlichen teilweise verborgenen Orten, die den Besucher ins Innere einladen – nicht gerade die bukolische Lust eines Landspaziergangs bietet, kann er doch, so Friedman, die gleiche magnetische Anziehungskraft ausüben. Was wiederum die Wahrscheinlichkeit erhöht, dass man bald vor einem Bildschirm hockt und Geld in einen Schlitz steckt. Und siehe da, in vielen von Friedmans Empfehlungen, zu denen er natürlich durch persönliche Erfahrung sowie das sorgfältige Beobachten von Kasinobesuchern gelangt ist, verbirgt sich eine Menge Wissen darüber, was allgemein zur menschlichen Präferenz von bestimmten Arten von Umgebungen bekannt ist. Man nimmt ja auch an, dass uns diese Vorlieben seit Urzeiten angeboren sind: Wie schon ausgeführt, haben wir gelernt, Orten, an denen wir »Prospect and Refuge« fanden, den Vorzug zu geben, weil wir die Vorteile von Habitaten erkannt haben, die gleichzeitig Schutz vor Raubtieren und Invasoren sowie einen guten Überblick über die Gegend bieten. Friedman meint, genau darum gehe es eigentlich immer noch, wenn sich Spieler an einem Spielautomaten eher in eine Nische setzen, die sie von dem größeren Raum des Kasinos zwar ein wenig abschirmt, aber nicht davon trennt. Beweise für Friedmans These findet man in Hülle und Fülle nicht nur in den Kasinos in Las Vegas, sondern auch woanders. Spielautomaten stehen viel wahrscheinlicher in kleinen Bereichen nebeneinander aufgereiht als im Zentrum eines großen, offenen Raumes.

Friedman empfiehlt in vielen seiner Arbeiten, ein Kasino so anzulegen, dass die Zeitspanne maximiert wird, während derer ein Spieler seine Aufmerksamkeit auf die Automaten und nicht auf die weitere Umgebung richtet. Solange er Wände, Böden oder Decken betrachtet, bringt er keinen Profit. Neuerdings setzt sich in manchen Kasinos aber eine neue Design-Philosophie durch. Die so genannten Spielplatzkasinos verwöhnen uns mit reizvollen Anblicken und Geräuschen, oft in Gestalt von Simulationen weltberühmter Orte, und sind extra so geplant und eingerichtet, dass wir uns wohlfühlen. Auf dem Weg zu den Einarmigen Banditen oder manchmal sogar, wenn man daran spielt, kann man einen Blick auf einen venezianischen Kanal werfen, in einem französischen Straßencafé sitzen oder sich am Anblick eines prächtigen grünen Waldes ergötzen. Das Konzept folgt der Idee, dass wir durch diese Kulissen positiver gestimmt und verleitet werden, länger im Kasino zu bleiben bzw. häufiger dorthin zurückzukehren. Großzügige Räume, ein angenehmes Gleichmaß, dezente Farbgebung und Elemente aus der Natur sorgen obendrein dafür, dass sich die Spieler von den intellektuell anspruchsvollen Anforderungen ihrer Tätigkeit erholen können – ganz ähnlich wie stressgeplagte Städter im Stadtpark. Ergebnisse aus Untersuchungen in Kasinosimulationen stützen diese Überlegungen. Ja, viele (in Spielplatzkasinos mittlerweile ganz normale) Designelemente sorgen wirklich dafür, dass die Besucher sich amüsieren und erholen, und Teilnehmer an diesbezüglichen Simulationen erwidern auf entsprechende Fragen, dass sie wahrscheinlich an solchen Orten länger verweilen würden. Allgemein gesagt, ist die Kombination von Makro-Designelementen, die Spaß und Erholung fördern, mit so genannten Mikro-Designelementen (funkelnde Lichter, viele ganz unterschiedlich aussehende Automaten), die immer wieder Neues verheißen, am wirkungsvollsten. Interessanterweise gibt es signifikante Unterschiede zwischen den Geschlechtern hinsichtlich dessen, wie die verschiedenen Designelemente zum Suchtspielen verleiten. Während Frauen zum Beispiel länger in weniger stark frequentierten Umgebungen spielen (vielleicht weil sie sich da weniger beobachtet fühlen), zocken Männer mehr oder weniger ungerührt davon, ob sich um sie herum die »Mit-Spieler« drängeln.[73]

Insgesamt verweisen die Untersuchungen von Spielverhalten an simulierten Orten darauf, dass die Umgebung, in der die Menschen spielen, einen starken, aber sehr nuancierten Einfluss auf ihren Gefühlszustand ausübt und dass sich solche Einflüsse höchstwahrscheinlich in höheren Gewinnmargen für die Kasinos niederschlagen. Im Gegensatz zu Friedmans eher grober Herangehensweise, bei der die Spieler wie verhungernde Laborratten behandelt werden, die manisch auf einen Knopf drücken, um die Belohnung zu bekommen, nutzt der modernere Spielplatzansatz voll aus, was man über die Psychologie der Gefühle in einer bestimmten Umgebung weiß. Falls ein Spieler überhaupt irgendwann zögert, ob er für ein paar weitere Runden die nächste Rate für die Abzahlung der Wohnung riskieren soll, kann man ihm an vielen psychologischen Fronten beikommen.

■ Die Lust nach Waren

Wir gehen in Kasinos, weil wir Unterhaltung und Nervenkitzel suchen und ganz eventuell einen Haufen Bares gewinnen können, der unser Leben verändern wird. Die Betreiber der entsprechenden Etablissements sind Experten darin, sowohl die Räumlichkeiten und Ausstattung zu liefern, die unseren Wünschen entgegenkommen, als auch sicherzustellen, dass sie einen größtmöglichen Batzen von unserem Geld ergattern. Eigentlich findet an diesen Spielplätzen nichts weiter statt als der Austausch von Geld gegen einen Abklatsch von

Lust. Es gibt aber auch andere Orte, bei denen wir zuerst vielleicht eher an Notwendigkeiten denn an Lust und Laune denken, die aber trotzdem perfekt ausgestaltet sind, um die Profite zu maximieren: die Einkaufszentren. In sie hinein gehen wir vielleicht nur mit der Absicht, günstig ein Paar Schuhe oder ein Computerspiel zu erstehen, trotzdem ist das Bestreben, uns durch die Gestaltung der Anlage dazu zu bringen, dass wir länger verweilen und mehr Geld ausgeben, in vieler Hinsicht nicht weniger stark als in einem Kasino.

Einkaufen an sich ist ja durchaus ein ehrbares Unterfangen, das es gibt, seit wir materielle Dinge brauchen und etwas haben, das wir im Tausch dafür hergeben können. In den antiken Zivilisationen gehörten die Marktplätze zu den wichtigsten Treffpunkten der Menschen und dienten weit mehr als dem Tausch von Gütern. Fast überall auf der Welt wird der Marktplatz als der wichtigste öffentliche Raum in einer Ansiedlung oder einer Stadt betrachtet, als ihr soziales Kapital. (Aus dem Grund betonen Stadtaktivisten, die die öffentlichen Räume der Stadt wieder aufwerten wollen, wie wichtig der städtische Marktplatz ist.) Dass man zum Spaß und zum Zeitvertreib einkaufen geht und sein verfügbares Einkommen nicht für Dinge ausgibt, die man braucht, sondern für die, die man haben möchte, ist ein viel jüngeres Phänomen, das sich so richtig erst im achtzehnten Jahrhundert durchsetzte. Die strukturellen wirtschaftlichen Veränderungen hatten Gesellschaften hervorgebracht, in denen viele Mitglieder mehr Geld hatten, als sie für ihre elementaren Bedürfnisse, Essen und ein Dach über dem Kopf, brauchten. Diejenigen, die etwas zu verkaufen hatten, begriffen sehr bald, dass man den einen oder anderen Gedanken daran verschwenden sollte, wie man im Wettkampf um den Geldbeutel der Käufer die Nase vorn haben könnte.

Wichtig – auch global – wurde die Schlacht um die Emotionen der Käufer und wie man die Zuneigung und Begierde nach allem, was glitzert, anfachen und befriedigen konnte.

Eine bedeutsame Phase in der Entwicklung des Einzelhandels begann mit der Erfindung der Kaufhäuser – eines einzigen großen Gebäudes, in dem man alles anbieten konnte, von Kleidung über Lebensmittel bis zu Haushaltsgeräten. Harry Gordon Selfridges gleichnamiges Kaufhaus Selfridge & Co. in der Londoner Oxford Street war zwar nicht das erste seiner Art (Le Bon Marché in Paris und Marshall Field's in Chicago waren älter), aber es war das erste, bei dessen Planung ausdrücklich im Mittelpunkt stand, dass der Kunde seinen Spaß haben sollte. Selfridges Credo war, dass Käufer und Waren möglichst direkten Kontakt miteinander hatten, die Waren in Glasvitrinen überall leicht in Augenschein zu nehmen waren, der Kundendienst vorzüglich, die Einrichtungen (wie Sitzgelegenheiten) bequem und die Dekorationen aufregend sein mussten. (Einmal stellte man ein ganzes Flugzeug aus.) Alles, und damit erinnert es an moderne Kasinos, war darauf ausgerichtet, dass der Kunde so lange wie möglich im Kaufhaus blieb.

Einige der Kaufhaus-Designprinzipien wurden auch in den ersten Einkaufszentren befolgt – sie waren ja eine sehr US-amerikanische Erfindung und hatten dem Architekturbüro und der Architekturtheorie eines außergewöhnlichen Mannes, dem österreichischen Architekten Victor Gruen, viel zu verdanken. Gruen flüchtete vor dem Zweiten Weltkrieg aus Wien nach New York, wo er eine Zeitlang als Kabarettist arbeitete. Von einem Bekannten, der ein Lederwarengeschäft auf der Fifth Avenue besaß, bekam er einen ersten kleinen Planungsauftrag, für den er sogleich die feste Form durchbrach, in der Mode damals präsentiert wurde: riesige, undurchdringliche Fassaden zur Straße hin, die eher den heutigen Bankzentralen ähnelten als verlockenden Einzelhandelsgeschäften. Gruens Ideen waren ein durchschlagender Erfolg. Nach ein paar weiteren Ladengestaltungen ging er nach Los Angeles, wo er sein eigenes Planungsbüro aufmachte und später die Möglichkeit nutzte, in großem Stil zu bauen, nämlich das erste geschlossene Einkaufszentrum der Welt, das Southdale Center in Edina, Minnesota.

Gruen, der sich von den wunderschönen öffentlichen Arkaden seiner Heimatstadt Wien inspirieren ließ, sollte in der Hauptsache eine neue Innenstadt gestalten, welche die Planungsfehler, die sich in amerikanischen Städten eingeschlichen hatten, eben nicht besaß. Der Bereich mit den Läden – der idealisierten Main Street aus Disneyland eng verwandt – war das Herz seiner Entwürfe. Darum herum sollten Büros, Wohnsiedlungen und Orte der Erholung entstehen. Leider wurde Gruens Vision weder in Southdale noch in einer anderen Stadt, wo ein Einkaufszentrum gebaut wurde, ganz verwirklicht. Das Southdale Center und die meisten Malls mit der gleichen DNA waren von dort aus, wo die Leute wohnten und arbeiteten, nur mit dem Auto zu erreichen und folglich von weiträumigen Parkplätzen umgeben. Trotzdem kopierte man Gruens Mall nicht nur in den Vereinigten Staaten, sondern auch in vielen anderen Ländern auf der ganzen Welt. Malcolm Gladwell hat ihn den einflussreichsten Architekten des zwanzigsten Jahrhunderts genannt.[74]

Wesentliche Merkmale haben die meisten Einkaufszentren gemeinsam. Verankert werden sie an den Enden mit großen Mietern wie Kaufhäusern oder Discountern, die wiederum durch eine Kette kleinerer spezialisierter Läden miteinander verbunden sind. Das nennt man Hanteldesign. Speisen finden die Besucher der Malls in »Höfen«, die meist als große, laute Scheunen mit Fastfood-Ständen daherkommen. Diese »Fresshöfe« sind eher für kurze Boxenstopps zum Auftanken gedacht als zum gemütlichen Speisen, bei dem doch nur wertvolle Einkaufszeit verfuttert würde. Die ersten Einkaufszentren waren klein und übersichtlich, sodass ein Durchschnittskunde bei einem einzigen Besuch alles abklappern und sich psychisch und intellektuell mitnichten verausgaben musste. Einkaufszentren jüngeren Datums sind aber so riesig und komplex, dass Neulinge manchmal den Überblick verlieren und nicht mehr wissen, wo sie sind. Von außen sehen Einkaufszentren im Allgemeinen öde und unzugänglich aus; die Wunder im Inneren bleiben der Außenwelt verborgen. Wenn aber der Kunde erst einmal darin ist, findet er sich in einer sorgsam ausgeheckten, vollkommen abgeschotteten Umwelt mit eigenem Klima und eigener Belüftung wieder. Unzählige Spiegel und andere reflektierende Flächen laden dazu ein, das eigene Spiegelbild zu betrachten, ergo langsamer zu gehen. Auch gewundene Wege sind üblich, und die Kreuzungen werden oftmals schräg zu den Ladenreihen angelegt. Beides macht die Orientierung hinsichtlich der Gesamtanlage der Mall schwerer. Die sanften Windungen sollen obendrein die gleiche angenehme Vorfreude wie bei Kasinos auslösen. Alle diese Tricks, die Marketingleute manchmal »gewollte Desorientierung« und manchmal sogar den Gruen-Transfer nennen (Gruen, der engagierte Sozialist, hätte sich im Grabe umgedreht), sollen den Kunden den Kopf verdrehen. So kommt es, dass man ein Einkaufszentrum betritt, um ein Paar Schuhe zu kaufen, und im Handumdrehen zum Bummelnden wird, der erwägt, alle möglichen Dinge zu kaufen, die gar nicht auf der Besorgungsliste stehen.

Aber was ist jetzt mit der Lust? Wenn wir uns in Erinnerung rufen, dass vom Ladenbesitzer aus gesehen Sinn und Zweck unseres Kauferlebnisses darin bestehen, sich eines Anteils von unserem verfügbaren Einkommen zu bemächtigen, dann ist das Nonplusultra des Marketings der Spontankauf. Unabhängig davon, wie das Einkaufszentrum oder der Laden eingerichtet sind – wenn meine Schuhe abgelaufen sind, finde ich schon einen Weg, mir ein Paar neue zu kaufen. Aber mit den meisten Einkäufen, die in Malls getätigt werden (Schätzungen belaufen sich auf vierzig bis siebzig Prozent), erwerben die Leute Dinge, an die sie beim Betreten der Mall gar nicht gedacht haben. Genau da übt offensichtlich das Design des Einkaufsraumes einen mächtigen Einfluss aus. Und wie? Indem man den *Gefühlszustand* des Kunden manipuliert!

Wissenschaftliche Untersuchungen zum Spontan- oder Impulskauf zeigen, dass sich Menschen viel wahrscheinlicher dazu hinreißen lassen, wenn sie in positiven Gefühlen schwelgen.[75] Ja, psychologische Studien zur Impulsivität (übrigens ein wichtiger Forschungsbereich, in dem viele verschiedene Verhaltensstörungen ergründet werden, wie Drogenmissbrauch, Esssucht, Spielsucht und ungeschützte Sexualpraktiken) haben gezeigt, dass wir eher impulsiv handeln, wenn wir uns wohlfühlen. Kunden, die man dazu bringt, länger in Läden zu verweilen, fühlen sich wohl und lassen sich leicht zum Kauf verführen. Ladenbesitzer tun deshalb alles Erdenkliche, um die positiven Gefühle zu verstärken. In manchen Läden verlockt man die Kunden durch geschicktes Platzieren wunderschöner großer Werbefotos dazu, dass sie sich in traumhafte Geschichten hineinphantasieren, in denen sie teure Kleidung und kostbaren Schmuck tragen. In sehr großen Einkaufszentren, die wie Vergnügungsparks angelegt sind – man denke an die berühmte West Edmonton Mall in Kanada –, versetzt man die Kunden in einen Kaufrausch, indem man die unglaublichsten, aufwändigsten Dinge zusammenstellt, also die Waren mit tollen Nachbauten berühmter Orte wie der Bourbon Street in New Orleans präsentiert oder mit spektakulären, echten Achterbahnen, lebendigen Pinguinen und voll funktionsfähigen U-Booten. In diesen gigantischen Einkaufszentren gibt es oft auch Themenhotels, sodass die Kunden, wenn sie wollen, ein Wochenende oder länger dort bleiben können.

Weil impulsives Handeln bei so vielen verschiedenen Formen pathologischen Verhaltens eine Rolle spielt, verfügen wir über ein reiches Wissen zum geistigen Zustand des Handelnden und über die Aktivitäten seines Gehirns. Bei einer Aufgabe im Labor, die man sowohl Ratten als auch Menschen gestellt hat, gab man den Teilnehmern die Wahl, entweder eine kleine, aber sofortige Belohnung anzunehmen oder eine größere, die erst nach einer Weile gewährt würde. Wenig überraschend wählten die Probanden mit Pathologien, zu denen auch Impulsivität gehört, viel eher die sofortige Belohnung, und in ihren Hirnen zeigte sich heftige Aktivität in Bereichen, die schon lange mit Suchtverhalten in Zusammenhang gebracht werden: in der Amygdala, dem Mandelkern, im ventralen Striatum und im Orbitofrontalkortex.[76] Wenn auch die meisten Kunden in einer Shopping Mall wohl nicht im klinischen Sinne kaufsüchtig sind, ist doch sehr wahrscheinlich dieses Netzwerk von Hirnstrukturen für die Entscheidungen bei einem Trip dorthin verantwortlich. Und die Besitzer und Betreiber der Läden und Einkaufszentren nutzen deren Gestaltung, um dessen Reaktionen so zu manipulieren, dass nicht notwendige Einkäufe zahlreicher werden.

Als reichten die bisherigen Instrumente zur grundsätzlichen Anlage von Einkaufszentren nicht aus, um die Häufigkeit von Spontankäufen zu erhöhen, bieten neue Technologien zum noch sorgfältigeren Auskundschaften der inneren Befindlichkeiten und der Präferenzen des Kunden den Marketingleuten weitere Betätigungsfelder. Am schnellsten entwickelt sich der Gebrauch von ortungsfähigen Technologien in unseren Smartphones, die die Kunden auf ihren Wegen verfolgen. Apple ist berühmt dafür, dass es jedes Mal, wenn ein iPhone-Benutzer einen seiner Läden betritt, den Besuch aufzeichnet und die Informationen dazu mit der Kaufgeschichte des Kunden zusammenbringt.

Das ist allerdings Kinderkram verglichen mit anderen Tools, die online verwendet werden. Handy-Anbieter in den Vereinigten Staaten und Kanada können ihre Kundendaten an Firmen verkaufen, die diese nach nützlichen Infos zum Konsumverhalten der Besitzer abfischen. Dazu gehören die Wege, die sie durch die Stadt machen, die Orte, an denen sie anhalten, und selbst das, was sie mit ihren Telefonen machen, wenn diese gar nicht an sind. Manchmal tragen die Konsumenten zu dieser Datenmenge bei, ohne sich dessen bewusst zu sein – »freiwillig«. Fitness-Apps sammeln zum Beispiel detaillierte Informationen darüber, wann wir gehen, rennen, Fahrrad oder Auto fahren. Das Geschäft mit dem Kauf und der Nutzung dieser Daten blüht und gedeiht.

Aber es sind nicht nur die Muster unserer Bewegungen, die den großen Datenhändlern zugänglich sind. Seit entsprechenden Untersuchungen von Psychologen in den 1960ern wissen wir jede Menge über die Beziehung zwischen unserer Mimik und unseren Gefühlszuständen. In Paul Ekmans bahnbrechender Arbeit zeigte sich zum Beispiel, dass viele Gesichtsausdrücke über die Kulturen hinweg universell sind und über die Beobachtung der Gesichtsmuskelbewegungen exakt quantifiziert werden können; viele dieser Muskeln sind insofern im menschlichen Körper einzigartig, als ihre Funktion offenbar allein in der Mitteilung von Gefühlen besteht. Der jeweilige Gefühlsausdruck erfolgt in einer festgelegten Reihenfolge von Kontraktionen, die manchmal nur wenige Millisekunden andauern und nur für gut ausgebildete Beobachter wahrnehmbar sind. Seit Kurzem allerdings speist man die Messungen solcher Gesichtsausdrücke in Computer ein. Ekmans Gruppe, die mit Fachleuten des maschinellen Lernens zusammenarbeitet, hat eine Software entwickelt, mit deren Hilfe man auf normalen PCs und Webcams menschliche Gesichtsausdrücke erkennen, lesen und interpretieren kann. Die Marketingwelt ist hell entzückt von dieser Software. Im Moment wird sie meist zu Untersuchungszwecken verwendet, doch sicherlich taucht sie bald auch an Orten auf, wo etwas verkauft wird. In Russland hat zum Beispiel eine Firma namens Synqera eine solche Technologie für den Gebrauch an Kassenschlangen in Supermärkten entwickelt. Kunden, die ihre Einkäufe an SB-Kassen bezahlen, werden von einer Webcam ins Visier genommen, die ihr Mienenspiel liest, überprüft, was sie bisher gekauft haben, und ihnen prompt und an Ort und Stelle ihrer Stimmung entsprechende Sonderangebote anbietet.[77]

Insgesamt bringen solche Technologien, die das bisherige und derzeitige Kaufverhalten von Käufern ausspähen und deren Befindlichkeit auslesen, einen Wandel in unserem Verhältnis mit der gebauten Umwelt mit sich, der symptomatisch ist für sehr viel größere Veränderungen. Bis zum Aufkommen des Internets bestand das größte Problem der Händler darin, den Kunden in ihr Geschäft zu locken und einen Weg zu finden, ihn dort so lange wie möglich festzuhalten. Dieses

Modell zur Gewinnmaximierung wird jetzt insofern in den Hintergrund gedrängt, als dass die Kunden über Online-Portale einkaufen können, wann und wo immer sie wollen. Im Gefolge dieser Veränderung sehen wir in vielen Teilen der Welt einen starken Rückgang beim Bau von Einkaufszentren und Kaufhäusern. Dank der mobilen Technologien und hier besonders von Technologien, die aufzeichnen, wo wir hingehen, können Händler uns jetzt quasi überallhin folgen. Sie sitzen sozusagen Tag und Nacht in unseren Taschen und Portemonnaies und werfen manchmal sogar einen raschen Blick auf unseren Seelenzustand. Deshalb sind wir, selbst wenn wir das Haus verlassen und uns zum Shoppen in die Welt hinaus begeben, einer Vielfalt von Mechanismen ausgesetzt, die unsere Kauf- und Konsumlust so recht anheizen sollen.

Wie bei sexueller Lust ist es nicht immer angenehm, wenn wir uns zu den verlockenden Orten in unserer näheren und weiteren Umgebung zwanghaft hingezogen fühlen. Aber wir können diesen Zwang zu etwas Schönem ummodeln: uns in einem Vergnügungspark aus der langweiligen Alltagsroutine reißen lassen, in einem Museum in Kontakt mit Kulturen und authentischen Dingen treten, die es im Wettstreit mit der nach uns schreienden grellen Warenwelt schwer hätten.

Trotzdem können uns die unleugbaren Verlockungen der Orts-Lust in den Abgrund reißen, aus dem Zustand der Vernunft regelrecht in den Wahnsinn treiben. Dann geben wir in den gewaltigen Shoppingcentern mehr aus, als wir sollten (und wir wissen es), oder wir geraten gar vor einem Spielautomaten in einem Kasino in einen selbstzerstörerischen Spielrausch. Seit es Marktplätze und Spielhallen gibt, haben schlaue Händler davon profitiert, dass sie die grundsätzliche

Psychologie des Konsumenten und der Umgebung, in der konsumiert wird, analysieren. Ja, es wird sogar behauptet, dass im letzten Jahrhundert in vielen Teilen der Welt die Schauplätze dergestalt verändert worden sind, dass nur die Gutbetuchten noch zu Spontankäufen verleitet und diejenigen ausgeschlossen werden, die wenig oder gar kein Geld auszugeben haben. Unsere Lebenswelt, und mithin fast aller öffentlicher Raum, ist zur Ware geworden wie alles andere auch.

Mit den neuen, immer raffinierteren Technologien, die Informationen zu unseren persönlichen Gewohnheiten und Gefühlen sammeln und speichern können, haben wir eine Umwelt geschaffen, die uns auf Schritt und Tritt folgen und tief in unser Allerinnerstes eindringen kann. Ob mit oder ohne Absicht winden sich einige dieser im Dienste des Kommerzes erfundenen Neuerungen erfolgreich in unser Hirn und verschaffen sich Zugang zu primitiven neuronalen Schaltkreisen, die sich ursprünglich einmal entwickelt haben, damit wir in einer gefährlichen Umwelt überleben können. In einer Umwelt des Überflusses fällt es uns schwer, jenen archaischen Impuls zu unterdrücken, der uns dazu antreibt, auch über unseren wirklichen Bedarf hinaus zu konsumieren. Wir gehen Risiken ein, die uns am Ende ins Unheil stürzen können.

Wie andere Komponenten der Psychogeografie findet man die Wurzeln zu unserer lustvollen Bindung an Orte in den adaptiven Reaktionen, die wir in Tausenden von Jahren entwickelt haben: als wir gelernt haben, Ereignisse vorherzusehen und zu unserem Vorteil zu nutzen. Neu ist die Entwicklung sowohl des Wissens als auch der technischen Werkzeuge, mit denen diese uralte Prägung mit atemberaubender Geschwindigkeit und außerordentlich präzise ausgenutzt werden kann.

VIERTES KAPITEL

Orte der Langeweile

2007 baute Whole Foods Market, eine Supermarktkette im oberen Preissegment, eine seiner größten Filialen in New Yorks Bowery, in der geschichtsträchtigen Lower East Side. Der Supermarkt bildet das Zentrum eines größeren Bauprojekts namens Avalonbay Communities, zu dem auch teure Eigentumswohnungen gehören, und belegt von der Bowery bis zur Christie Street einen ganzen Block in der East Houston Street. Wenn man bedenkt, wie lange schon gegen die offenbar unaufhaltsame Gentrifizierung New Yorks und vieler anderer großer Städte auf der Welt protestiert wird – und seit es den Kapitalismus gibt, wird in der einen oder anderen Form dagegen gekämpft –, ist es kein Wunder, dass die Bewohner der Lower East Side das Projekt nicht klaglos hingenommen haben. Für die Wohlhabenden bedeutet es einen willkommenen Zugewinn zu ihrem Stadtviertel – nun können sie nach Herzenslust Bio- und gentechnikfreie Lebensmittel kaufen –, aber für die Mehrzahl der Leute, die in diesem Teil New Yorks wohnen und deren Wurzeln vielfach weit zurück in die Immigrantenanfänge der Stadt reichen, symbolisiert das schiere Ausmaß des neuen Supermarktes mit einem Angebot, das sie sich kaum leisten können, einen Affront gegenüber den historischen Werten und Traditionen dieses Teils der Stadt.

Als ich 2012 dort geforscht habe, war mein Interesse an dem Gebäude zwar auch nicht frei von Empörung über die Gentrifizierung, aber insgesamt doch nüchterner. Zwecks Planung einer Reihe von psychogeografischen Studien in Zusammenarbeit mit dem Guggenheim Museum in New York interessierte ich mich bei meinem ersten Besuch auf der Baustelle hauptsächlich dafür, wie dieses Megaprojekt, das man mitten in ein Viertel mit winzigen Bars und Restaurants, Bodegas, versteckten kleinen Parks, Spielplätzen und vielen verschiedenen Wohnbauten knallte, den Gemütszustand der Passanten beeinflussen würde. Was passiert im Kopf eines Städters, der sich in einem winzigen traditionellen Speiselokal den Bauch mit köstlichen Knishes vollgeschlagen hat und dann auf einen leeren Bürgersteig tritt, zur Rechten eine Milchglasfassade, die einen ganzen Straßenblock lang ist, zur Linken der stetige Strom hupender Taxis?

Zur Beantwortung dieser Frage entwarf ich eine Studie, für die ich Besucher eines nahen Pop-up-Museums, dem Eröffnungsort des reisenden BMW-Guggenheim-Labors, zu einem Stadtrundgang mit mir einlud. Ich hatte die Route sorgfältig so geplant, dass wir eine Reihe städtischer Kontraste erkunden konnten. Während ich meine kleinen Gruppen von Ort zu Ort führte, bat ich sie dort jedes Mal, mir Fragen zu beantworten, die ihnen als App auf ihr Smartphone geschickt wurden. Wissen wollte ich meist nur, wie sie ihre Gefühlslage und das Ausmaß ihrer Begeisterung selbst einschätzten. Ein paar Antworten, ihr Urteil zu dem Bauprojekt, entlockte ich ihnen mündlich und ließ sie außerdem kleine Armbänder tragen, mit denen ihre Hautleitfähigkeit gemessen wurde. Darüber kann man direkt erfahren, wie es um die vegetative Erregung der Träger, um ihre Wachheit und ihre Bereitschaft zu handeln oder auf eine Bedrohung zu reagieren bestellt ist.

Eine Station unseres Rundgangs befand sich ungefähr in der Mitte der langen, leeren Fassade des Whole Foods Market und eine andere zum Vergleich ein paar Schritte weiter, ein wenig mehr nach Osten auf der East Houston Street. Dort herrschte vor einer kleinen, aber lebendigen Häuserreihe voller Restaurants und Läden mit vielen einladenden Türen und Fenstern fröhliches Treiben, es wurde gegessen und getrunken, Fußgänger flanierten entspannt vorbei.

Einige Ergebnisse meiner Untersuchung waren vorhersehbar. Als die Teilnehmer vor dem Biosupermarkt anhalten sollten, standen sie betreten herum und suchten nach etwas Interessantem, mit dem sie etwas anfangen und über das sie hätten reden können. Ihren Gefühlszustand beurteilten sie als das Gegenteil von »fröhlich«, ihr Erregungszustand war auf so niedrigem Niveau, wie ich es an keiner anderen Stelle auf dem Rundgang erlebte. Die Armbänder deuteten auf ein ähnliches Muster: Die Leute waren gelangweilt und unzufrieden. Als ich sie aufforderte, das Gebäude zu beschreiben, führten »öde, monoton, seelenlos« die Hitliste der Begriffe an.

Im Gegensatz dazu fühlten sich die Leute, die an dem anderen Testort standen – weniger als einen Straßenblock von Whole Foods entfernt und immer noch auf derselben Seite der Houston Street –, lebendig und einbezogen. Ihre Erregung beurteilten sie als hoch und ihre Stimmung als positiv. Auch ihre physiologische Erregung war entsprechend. Die Worte, die ihnen unmittelbar in den Sinn kamen, lauteten »von jedem etwas, lebendig, munter, gesellig – sicherlich schön, hier essen zu gehen« (und recht hatten sie). Obwohl dermaßen viele Fußgänger herumliefen, dass die Versuchspersonen kaum Platz hatten, um in Ruhe über unsere Fragen nachzudenken, war das Ganze in vielerlei Hinsicht sehr nach ihrem Geschmack. Man konnte ihre Zufriedenheit (wie eben auch das Unwohlsein der anderen) deutlich an ihren körperlichen Reaktionen ablesen. Vor der leeren Fassade waren die Leute still, passiv und schlaff. An dem trubeligen Ort waren sie animiert und in Plauderlaune. Ja, wir hatten sogar einige Schwierigkeiten, sie in ihrer Begeisterung zu bremsen, und die Regeln für unser Experiment, dass die Teilnehmer zum Beispiel nicht miteinander reden sollten, wenn sie ihre Reaktionen notierten, wurden bald fröhlich missachtet. Viele hätten den Rundgang sogar gern an dem angenehmen Ort beendet und sich ins Gewühl gestürzt.[78]

Obwohl vor uns noch niemand auf die Idee gekommen war, in die Körper und Köpfe von Fußgängern vor verschiedenen Straßenfassaden hineinzuspähen, ist die Wirkung von Anlage und Design einer Stadtstraße auf das Verhalten der Menschen altbekannt. Der berühmte dänische Stadtplaner und Architekt Jan Gehl hat sich auf einfache, kluge und nicht invasive Beobachtungen des Verhaltens an öffentlichen Orten in der Stadt spezialisiert. Er fand zum Beispiel heraus, dass die Leute vor leeren Fassaden schneller laufen und seltener stehen bleiben und sich umsehen als vor einer offenen, abwechslungsreichen. Sie gehen einfach einen Tick flotter, versuchen, die ihnen unangenehme Monotonie der Straße so rasch wie möglich hinter sich zu bringen, und hoffen, am anderen Ende etwas Interessanteres zu finden.[79]

Für Stadtplaner, die die Straßen in einer Stadt zugänglicher und fußgängerfreundlicher machen möchten, haben solche Befunde enorme Wichtigkeit. Sie weisen nämlich darauf hin, dass man schon dann die Nutzung einer Straße drastisch beeinflussen kann, wenn man einfach nur das Aussehen und die bauliche Struktur der unteren drei Meter einer Fassade verändert. Nicht nur flanieren Menschen in Stadtvierteln mit offenen und lebendigen Fassaden viel lieber, sondern auch ihr Verhalten dabei ändert sich. Sie bleiben stehen, schauen sich um und nehmen ihre Umgebung wahr, denn sie sind in einem Zustand wohltuend positiver Gefühle; ihr Nervensystem ist angeregt und aufmerksam.

Aufgrund dieser Erkenntnisse haben nun viele Städte für neue Gebäude sorgfältig ausgearbeitete Bauverordnungen erlassen, in denen etwa festgelegt wurde, dass die Fassade fröhlich und lebendig wirken soll. In Städten wie Stockholm, Melbourne oder Amsterdam kann man neue Gebäude nicht mehr einfach an einer bestimmten Stelle hinklatschen. Verlangt wird nun, dass sie zu den anderen Gebäuden in der Nachbarschaft passen, dass eine strenge untere Grenze zu Anzahl der Türen pro Bürgersteigabschnitt und genaue Regeln zur Durchlässigkeit zwischen Gebäude und Straße beachtet werden – in Form von Fenstern, durch die man in beide Richtungen schauen kann. Um mit Jan Gehl zu sprechen, sollte eine gute Stadtstraße dem durchschnittlichen Fußgänger, der mit einer Geschwindigkeit von circa fünf Kilometern pro Stunde läuft, alle fünf Sekunden eine interessante Abwechslung bieten. Davon kann bei Whole Foods natürlich nicht die Rede sein, und auch nicht bei anderen großen monolithischen Bauten wie Banken, Gerichtsgebäuden und Bürotürmen, wie sie in Städten auf dem gesamten Globus gang und gäbe sind.

Ein Stadtplaner will in der Hauptsache das Seine dafür tun, dass, im weitesten Sinne, eine städtische Umgebung gut funktioniert. Dazu konzentriert er sich in seiner Arbeit auf die wesentlichen Systeme einer Stadt, das Verkehrsnetz, alles, was Sicherheit und öffentlicher Gesundheit und Fußgängerfreundlichkeit dient. Ästhetisch ansprechend soll es natürlich auch sein. Mit anderen Worten, Stadtplaner wollen Straßen so entwerfen, dass zufriedene, gesunde Bürger sich darauf zurechtfinden und ihren Beschäftigungen nachgehen können, ohne ständig auf Hindernisse zu stoßen. Vom psychogeografischen Gesichtspunkt aus können wir aber über diese simplen zweckgerichteten Ziele hinausgehen und fragen, wie sich Anlage und Einrichtung eines urbanen Ortes auf die psychische Befindlichkeit seiner Benutzer auswirken.

Oder umgekehrt: Welche psychologischen Auswirkungen beim Stadtbewohner zeigen, dass etwas falsch gemacht worden ist? Wenn die Straßen von endlosen abgeschlossenen Fassaden wie denen an Supermärkten und Bankzentralen gesäumt sind, gehen die Leute vielleicht schneller und bleiben seltener stehen und sind überhaupt nicht recht glücklich, aber um was geht es wirklich? Die große Gefahr von schlechter Planung liegt vielleicht weniger in traurigen Straßen voller Autos mit Leuten, die keinerlei Anreiz haben, mal zu Fuß zu gehen, oder Fußgängern, die keinen leckeren Kaffee in einem netten Café trinken können, als vielmehr darin, dass sich unter immer mehr Bürgern einer Stadt die Langeweile geradezu seuchenartig ausbreitet.

In der sporadischen Langeweile-Forschung innerhalb der allgemeinen Psychologie gibt es so manchen, der dieses Gefühl ganz besonders widerwärtig fand. William James, einer der Begründer der modernen Psychologie, sagte zu der Beziehung zwischen Langeweile und dem Verstreichen der Zeit, dass »Stimulation unverzichtbar ist, wenn man ein Erlebnis angenehm finden soll«.[80] In jüngerer Zeit werden

Zustände der Langeweile und Stimulation ernstlich erst seit den Arbeiten des Psychologen Daniel Berlyne von der University of Toronto diskutiert und vermessen. Berlynes Interesse erwuchs aus seinen Erfahrungen als junger Soldat im Zweiten Weltkrieg. Weil er Fremdsprachen studierte, übertrug man ihm in der Entschlüsselungsabteilung des Nachrichtendienstes des Heeres die grauenhaft langweilige Aufgabe, die feindlichen Codes zu knacken. Von dieser Erfahrung motiviert, kehrte er nach dem Krieg in den Wissenschaftsbetrieb in Cambridge zurück und beschloss, was ihm nicht leichtfiel, sein Fremdsprachenstudium abzubrechen und Psychologie zu studieren.

In der ersten Phase seiner kurzen Berufslaufbahn (er starb jung, mit zweiundfünfzig Jahren) trug Berlyne viel zur Erforschung der Motivation bei Mensch und Tier bei. Später wandte er sich der Experimentellen Ästhetik zu. Auf den ersten Blick scheinen diese beiden Bereiche gar nichts miteinander zu tun zu haben, aber Berlyne sah eine Verbindung, weil er glaubte, einer der Urtriebe des Menschen und gleichbedeutend mit dem Trieb nach Nahrung und Sex sei das Bedürfnis nach Information. Kurzum, Berlyne behauptete, dass unser Verhalten weitgehend allein von Neugier motiviert wird und dass wir unseren nie erlöschenden Durst nach Neuem stillen wollen und müssen. Das treibt uns sowohl an, neue Orte zu erkunden als auch Kunstwerke zu betrachten; doch unser angeborener Drang, Informationen zu sammeln, bestimmt darüber hinaus auch, was uns, wenn wir das tun, daran gefällt.[81]

Um seine These zu untermauern wandte sich Berlyne zuerst der Informationstheorie zu, einem Zweig der angewandten Mathematik. Dieses einflussreiche Ideengebäude entstand in den 1940er-Jahren in den Labors der Bell Telephone Company und sollte eigentlich dabei helfen, die Übertragung von Signalen durch Kabel zu verstehen, insbesondere die Grundlagen einer Kommunikation unter unsicheren Bedingungen, wenn zum Beispiel ein Signal per Kabel übertragen, aber beschädigt wird und nur Teile der Nachricht erhalten bleiben. Die Einheit der Information wurde als Bit bezeichnet, und genau wie ein Computerbit konnte ein Informationsbit den Wert null haben, also keine Information enthalten, und den Wert eins, also volle Information. Mit ein paar schlauen mathematischen Schachzügen kann man mit der Informationstheorie die Menge an Information bestimmen – ausgedrückt in Bits –, die in einer Nachricht enthalten ist.

Wesentlich an der Theorie ist, dass man, um die Information zu quantifizieren, die Wahrscheinlichkeit abschätzen können muss, mit der individuelle Elemente in der Nachricht vorkommen. Elemente, die nicht sehr oft vorkommen, liefern mehr Information als die, die oft vorkommen. Die Summe aller Elemente in der gesamten Nachricht kann eine Anzahl in Bits liefern, die den Informationsgehalt rein formal angibt. Der Anschaulichkeit halber wollen wir ein Beispiel heranziehen. Stellen Sie sich vor, Sie hören eine Nachricht auf Ihrer Mailbox ab. Die Nachricht ist ziemlich verstümmelt, aber Sie können einige Worte verstehen. Wenn Sie »... das ... zu ... und ... du ...« hören, erfahren Sie sehr wenig Neues. Der Bit-Wert der Nachricht wäre fast null. Wenn Sie aber »... bin ... noch ... Abendessen ... später« hören, können Sie sich vermutlich ganz gut zumindest einen Teil der Nachricht zusammenreimen. Beide Äußerungen enthalten gleich viele Wörter. Sie unterscheiden sich nur darin, dass die erste Nachricht aus Wörtern besteht, die sehr, sehr häufig vorkommen und sehr wenige Informationsbits enthalten, und die zweite aus solchen mit geringerer Häufigkeit (und deshalb geringerer Auftretenswahrscheinlichkeit) und folglich mehr Information.

Von den Feinheiten von Telefonleitungen zum Verständnis der Informationspsychologie ist es sicher ein weiter Weg, aber es gibt eine entscheidende Verbindung. Laut Berlyne kann man nicht nur durch Kabel übertragene Signale in puncto Informationsgehalt beschreiben, sondern eigentlich jedes Objekt, das wir wahrnehmen, einschließlich optischer Darstellungen wie Bilder, dreidimensionale Objekte und sogar Straßenfluchten. Die Stärke des informationstheoretischen Ansatzes bei der Vermessung unseres Bedürfnisses nach Stimulation besteht darin, dass wir damit eine allgemein anwendbare Methode an die Hand bekommen, mit der wir herausfinden können, wie viele Informationen ein Schauplatz enthält.

Wie also benutzen wir die Informationstheorie, um das Erscheinungsbild einer Straße wie der vor dem Whole Foods-Supermarkt in New York zu quantifizieren? Stellen Sie sich vor, Sie gehen durch eine solche Straße. Beim ersten Schritt sehen Sie rechts eine endlos lange Wand aus Milchglas und links die dicht befahrene Straße. Machen Sie noch einen Schritt. Nichts Neues. Schritt Nummer drei. Dito. Über etwa zweihundert Schritte könnten Sie vorhersagen, was Sie als Nächstes sehen, und das würden Sie auf Grundlage dessen beurteilen, was Sie bereits gesehen haben. Nichts hat sich geändert. Ihnen ist keinerlei Information gegeben worden, Ihr Nervensystem ist absolut nicht erregt und nicht informiert, ganz wie das des Empfängers einer telefonischen Nachricht, die nur Worte wie »und« oder »der, die, das« enthält. Sie müssten an der Whole-Foods-Passage nicht einmal entlanggehen, um das zu verstehen. Sie könnten auf der anderen Straßenseite stehen, das ganze Ding auf einen Blick in sich aufnehmen und begreifen, dass dieser Bau aus einer einzigen monolithischen Platte besteht und überall gleich aussieht. Eine verschwindend geringe Anzahl identifizierbarer Elemente wird immer und immer wiederholt.

Jetzt sollte es ein wenig klarer sein, warum die Teilnehmer, die vor leeren Fassaden stehen, so trübsinnige Aussagen zu ihren (nicht vorhandenen) Glücksgefühlen und ihrer (ebenfalls nicht vorhandenen) Erregung machen. Solche Bauten funktionieren auf psychologischer Ebene eben deshalb nicht, weil wir uns von Natur aus gern an Orten aufhalten, die ein wenig komplex sind und ein wenig spannend, an Orten also, die uns Informationen der einen oder anderen Art geben. Dieser Wunsch liegt viel tiefer als unsere schlichte Vorliebe für ästhetische Vielfalt. Der Wunsch, unser Wissen zu vermehren, ist auf einer sehr primitiven Ebene in uns eingeschrieben; wir haben ihn gemeinsam mit jedem anderen Tier, dessen Verhalten untersucht worden ist.

Berlyne hat viele seiner frühen Studien zum Einfluss von Komplexität auf Erregung und Motivation nicht mit Menschen, sondern mit Ratten durchgeführt. Wenn Ratten die Freiheit haben, ihre Umgebung im Labor zu erkunden, entscheiden sie sich – wie wir! – durchweg für Pfade, die sie zu immer komplexeren oder zumindest neuen Bereichen führen. Selbst in schlichtesten Laboreinrichtungen wie dem Y-Labyrinth, in dem Ratten in einen geraden Gang entlassen werden, der sich dann wie ein Y verzweigt, wechseln sie, wenn sie wiederholt getestet werden, spontan zwischen der Abbiegung nach links und der nach rechts ab. Und dabei gibt es meist nur den einen Grund, dass es der Weg ist, der »noch nicht begangen« worden ist. In ähnlichen Versuchen haben selbst Kakerlaken solche Verhaltensweisen gezeigt.

Berlynes Beobachtungen der Bedürfnisse von Ratten und Menschen sind aber differenzierter als die Feststellung, dass wir auf ewig dazu verdammt sind, nach größerer Komplexität, nach Chaos und Neuerungen zu suchen. Wer sich einmal in die grellen Lichter, den Verkehrslärm und das Gehupe auf dem Times Square in New York, der Shibuya-Kreuzung in Tokio oder manchen Abschnitten des Las Vegas Strip begeben hat, versteht schnell, was ich meine. Es gibt nämlich einen idealen Punkt für Komplexität, den schon Berlyne beobachtet hat und der in vielen weiteren Experimenten erhärtet worden ist. Sosehr wir uns in endlos langen Null-Bit-Straßen in städtischen Vororten oder im Bankenviertel großer Städte langweilen, sind wir doch schnell auch überlastet, wenn wir zu viel des Guten erleben.

Wir Psychologen interessieren uns schon lange für Langeweile. Zwar können wir uns nicht auf eine präzise Definition einigen, aber ein paar Anzeichen sind uns wohl bekannt: ein übersteigertes Empfinden vom langsamem Verstreichen der Zeit; eine Rastlosigkeit, die sich sowohl als unangenehmer, widerwilliger seelischer Zustand als auch durch äußerlich sichtbare körperliche Symptome wie Herumzappeln äußert; ein ständiges Verändern der Körperhaltung, rastloses Umherschauen, Gähnen. Aber wie kategorisieren wir Langeweile als psychologischen Zustand? Ist sie ein Gefühl? Ein kognitiver Zustand? Etwas Drittes? Und wie passt Langeweile zu Erregung? Manche Forscher meinen, dass Langeweile durch den Zustand niedrigerer Erregung charakterisiert (und vielleicht definiert) wird, und in manchen Langeweile-Experimenten sieht es tatsächlch danach aus, dass das Ausmaß der physiologischen Erregung bei Menschen geringer wird, wenn man sie bittet, sich still hinzusetzen und nichts Besonderes zu tun, was vermutlich Langeweile auslöst. Aber Berlyne und seit Neuestem auch andere Forscher meinen, dass Langeweile manchmal von Zuständen hoher Erregtheit und sogar Stress begleitet sein kann.[82]

In jüngeren Experimenten des kognitiven Neurowissenschaftlers James Danckert und seiner Mitarbeiterin, der Studentin Colleen Merrifield, von der University Waterloo wurden die Probanden ins Labor geführt, an Gerätschaften angeschlossen, die ihre Herzfrequenz und Hautleitfähigkeit maßen, und gebeten, ein paar Videos anzuschauen. Die Videos waren so ausgesucht, dass sie alle möglichen emotionalen Zustände hervorrufen konnten. In dem Video *The Champ* wurde eine herzzerreißende Szene gezeigt, um Traurigkeit zu evozieren. In einem anderen sah man nur, wie zwei Männer Wäsche auf eine Leine hängten, und das sollte für Langeweile sorgen. Die Männer taten nichts anderes, als sich Klammern anzureichen und Sachen aufzuhängen.

Nicht überraschend berichteten die Teilnehmer, dass sie von dem Ausschnitt aus *The Champ* traurig geworden seien und sich bei dem Wäsche-Video gelangweilt hätten (und manchmal verwirrt gewesen seien). Interessanter war natürlich, dass die beiden Videos zu zwei verschiedenen Mustern psychophysiologisch charakteristischer Symptome führten. Anders als Traurigkeit führte Langeweile zu erhöhter Herzfrequenz und abnehmender Hautleitfähigkeit. Normalerweise hätte man, wie in anderen Studien, die die Hautleitfähigkeit maßen, die niedrigeren Werte dahingehend interpretiert, dass gelangweilte Teilnehmer eine niedrigere Erregung verspürten. Merrifield und Danckert maßen aber noch etwas. In bestimmten Phasen des Experiments baten sie die Teilnehmer Speichelproben abzugeben, die später auf Cortisol untersucht wurden, ein wichtiges Stresshormon, dessen Pegel im Körper eine Aktivität in einem Gehirnsystem anzeigt, das als HPA, die Hypothalamus-Hypophysen-Nebennierenrinden-Achse, bekannt ist. Und was kam heraus? Der Pegel von Speichelcortisol stieg bei den Probanden auch dann, wenn sie nur drei Minuten lang ein langweiliges Video anschauten, und zwar deutlicher, als wenn sie ein trauriges Video angeschaut hätten.[83] Chronisch hohe Cortisol-Pegel werden mit einer ganzen Reihe von stressbedingten Krankheiten beim Menschen in Verbindung gebracht: Schlaganfall, Herzleiden und Diabetes.

Die Entdeckung, dass selbst kurze monotone Episoden das Niveau von belastendem Stress erhöhen können, passt gut zu anderen neueren Hypothesen, dass es sogar eine Beziehung zwischen Langeweile und Sterberaten gibt. In einer großen Langzeitstudie, die in den 1970er-Jahren im Vereinigten Königreich begonnen wurde, bat man die Teilnehmer, Fragebögen auszufüllen, in denen sie nach dem Ausmaß der Langeweile in ihrem Leben und bei ihrer Arbeit befragt wurden. In der Folgestudie, die 2010 beendet wurde, zeigte sich, dass die Teilnehmer, die in den früheren Untersuchungen von höheren Levels von Langeweile berichtet hatten, mit signifikant größerer Häufigkeit vor der zweiten Studie gestorben waren.[84]

Langeweile zwingt uns nicht nur dazu, dass wir dämlich herumhampeln oder mit einem erhöhten Stresshormonpegel im Körper zurechtkommen müssen, sondern sie kann uns auch zu sehr riskantem Verhalten verleiten. Umfragen bei Süchtigen, sowohl Spiel- als auch Drogensüchtigen, erbrachten, dass in diesen Gruppen das Niveau von Langeweile im

Allgemeinen hoch ist und dass Phasen der Langeweile am häufigsten Rückfälle nach sich ziehen oder zu riskantem Verhalten wie dem leichtsinnigen Gebrauch von Spritzen oder zu gefährlichen Sexualpraktiken führen.

Die Befunde von Merrifield und Danckert verweisen darauf, dass selbst kurze Erfahrungen von Langweile die chemischen Vorgänge im Gehirn und im Körper so verändern können, dass Stress entsteht. Schon das Ergebnis verleiht dem Hinweis einiger Neurowissenschaftler Nachdruck, dass die Planer unserer gebauten Umwelt auf alles achten sollten, was zu Langeweile führen könnte, und dass die Auswirkungen einer komplexen Umgebung sogar die Organisation und Arbeitsweise unseres Gehirns beeinflussen könnten. Diese Zusammenhänge hat Berlyne mit seinen Experimenten mit Ratten und Menschen schon vor Jahrzehnten gezeigt. Natürlich gehe ich nicht so weit, eine kurze Begegnung mit einem langweiligen Gebäude als ernsthaftes Gesundheitsrisiko darzustellen, aber wie verhält es sich mit der kumulativen Wirkung, wenn man Tag für Tag in dieselbe bedrückende Umgebung hineingezwängt wird?

Diese Frage interessiert die Psychologen schon lange, besonders nach der ersten Entdeckung des kanadischen Psychologen Donald Hebb, dass Laborratten, die in einer informationsreichen Umgebung leben, Laborratten in spartanischen Verhältnissen intellektuell deutlich überlegen sind. Hebbs bessergestellte Ratten konnten kompliziertere Labyrinthprobleme in kürzerer Zeit lösen als ihre unterprivilegierten Genossen im Labor. Seine ersten Entdeckungen machte er übrigens, indem er Ratten, die seine Kinder als Haustiere aufgezogen hatten, mit Ratten verglich, die in seinem Labor lebten. Kontrollstudien, in denen das Verhalten von Ratten, die im Labor in veritablen Luxuswohnungen lebten, mit dem von solchen verglichen wurde, die in standardmäßigen »Schuhkarton«-Käfigen ihr Dasein fristen mussten, haben die Ergebnisse bestätigt. Spätere Arbeiten von Mark Rosenzweig von der Universität Berkeley erbrachten, dass die luxurierenden Ratten nicht nur bessere Leistungen ablieferten, sondern auch einen dickeren Neokortex mit reicher entwickelten synaptischen Verbindungen zwischen den Hirnzellen besaßen. Diese Entdeckung war auch ein Grundpfeiler der moderneren Anschauung in den Neurowissenschaften, dass das Gehirn eines Erwachsenen bei Weitem kein voll ausgebildetes, sich nicht mehr veränderndes Organ ist, sondern dass es während der gesamten Lebenszeit des Menschen dramatische physische Reaktionen auf Umgebungsveränderungen zeigen kann.[85] Deshalb setzen nun so viele von uns derart große Hoffnungen darauf, dass sich unser Gehirn durch das Lösen von Kreuzworträtseln und durch Gehirntrainingsspiele immer weiter entwickelt und der kognitive Niedergang im Alter aufgehalten wird.

Die von Hebb, Rosenzweig und unendlich vielen anderen entdeckten Mechanismen im Gehirn, die die Wirkung der angereicherten Umgebung registrieren, sind so elementar, dass es schon sehr erstaunlich wäre, wenn nur Laborratten sie aufwiesen, nicht aber wir. Und tatsächlich haben verschiedene Experimente zum Einfluss der Ausbildung von bestimmten Fertigkeiten auf die Organisation des Gehirns gezeigt, dass dieser Teil unseres Körpers ein frappierendes Maß an Plastizität besitzt. Ein Beispiel: Musiker, die die manuellen Fertigkeiten, die sie zum Ausüben ihres Berufs brauchen, durch stetiges Üben verbessern, zeigten messbar größere Hirnaktivität und Verbindungen in Arealen, die etwas mit den entsprechenden Fertigkeiten zu tun haben.

Zum Glück kann man wenige neurowissenschaftliche Experimente, die den Menschen betreffen, mit den Erfahrungen von Hebbs Ratten vergleichen – die ja in winzigen Käfigen lebten und immer nur vor vier Gefängniswänden aus Stahl hockten. »Natürliche« Beispiele für Letzteres entdeckt man freilich immer wieder, wenn etwa Kinder von ihren Missbrauchseltern über eine lange Zeitspanne eingekerkert worden sind. Aber diese Kinder haben zusätzlich zur Umweltdeprivation meist unter enormem emotionalem Stress und unter Mangelernährung gelitten, und man kann sie nicht zum Vergleich heranziehen. Wenn man das Leben eines Menschen mit dem einer typischen Laborratte in den 1940er-Jahren vergleichen will, muss man einen Gefangenen in Isolationshaft nehmen. (Heute werden Laborratten im Allgemeinen in einer Umgebung untergebracht, in der es ein paar »Bereicherungen« gibt im Vergleich zu denen, die von Hebb, Rosenzweig und anderen verwendet wurden. Die Erkenntnisse aus diesen frühen Studien haben überhaupt zu einem »humanen Wandel« in der Behandlung von Versuchstieren geführt.) Selbst nach kurzen Phasen der Isolation geraten Gefangene auch ohne bisher sichtbare psychische Auffälligkeiten in lang andauernde Delirien und entwickeln klinisch impulsives und autodestruktives Verhalten. Aber hier spielt ja weit mehr als nur eine simple Verringerung der Umgebungsvielfalt eine Rolle. Gefangene in Isolationshaft sind dem vollkommenen Entzug sozialer Reize unterworfen, was vermutlich mindestens so schädlich ist wie die vier undurchdringlichen Wände der Gefängniszelle.[86]

Einen besseren Orientierungswert für die Effekte von Umweltdeprivation auf das menschliche Verhalten und die Hirnfunktionen gewinnt man wahrscheinlich aus den Studien zu den Ursachen der Aufmerksamkeitsdefizit-/Hyperaktivitätsstörung, ADHS. Hier haben umfangreiche Untersuchungen der häuslichen Situation von Kindern ergeben, dass mangelnde Bereicherungen dort, also wenig Gelegenheiten zum Spielen und keine anregenden Bilder an den Wänden und Bilderbücher in den Regalen am ehesten zu Symptomen von ADHS führen.[87] Dieser Befund passt interessanterweise gut zu den Ergebnissen von Merrifield und Danckert, denn die von ihnen festgestellten psychophysiologischen Symptome von Langeweile wurden auch bei Kindern festgestellt, die schon mit ADHS diagnostiziert worden waren.

Insgesamt liefern Studien sowohl zu extremen als auch moderateren Formen von Umweltdeprivation schlüssige Beweise dafür, dass eine langweilige Umgebung zu Stress, Impulsivität, einem geringen Anteil an positiven Affekten und steigender Wahrscheinlichkeit maladaptiven, risikanten Verhaltens führt. In welchem Ausmaß solche Wirkungen vom schlichten täglichen Aufenthalt in schlecht angelegten städtischen Umgebungen oder Innenräumen in Gebäuden erzeugt werden, wissen wir noch nicht, weil bisher keine Studien dazu durchgeführt wurden. Dank der sehr gut erforschten Prinzipien der neuronalen Plastizität und unserem Wissen über die Auswirkungen von Deprivation beziehungsweise der Bereicherung in anderen, extremeren Situationen sowie durch Studien wie die von Jan Gehl und meiner Gruppe in weltweit mehreren Städten besteht indes aller Grund zu der Annahme, dass sterile, eintönige Umgebungen eine messbare Wirkung auf unser Verhalten und höchstwahrscheinlich auch auf unser Gehirn haben. Und genau deshalb geht es bei wohlüberlegt geplanten Straßen und Bauten in Städten, die ein optimales Maß an visueller Komplexität bieten, um weit mehr als nur um schlichte Fußgängerfreundlichkeit und aktive, lebendige Innenstadtviertel. Es geht um die Volksgesundheit – vor allem die seelische!

Selbst ohne die Befunde ausgeklügelter psychologischer Experimente und Untersuchungen zum gelangweilten Gehirn wissen wir alle aus persönlicher Erfahrung, wie unerquicklich langweilige Umgebungen sein können. Warum gibt es sie aber dann? Warum findet es jemand eine prima Idee, ein großes Gebäude zu bauen, dass auf Erdgeschossniveau bar jeder Abwechslung ist? Was bringt Bauherren dazu, am Stadtrand endlose Reihenhaussiedlungen zu errichten, in denen ein Haus wie das andere aussieht und die zusammen einen schrecklich niedrigen Informationsgehalt haben (um den Begriff aus der Informationstheorie zu verwenden)?

Es gibt zahlreiche Antworten auf diese Fragen, und sie sind kompliziert und auch nicht nur in psychologischen Theorien zu suchen. Sondern – logisch! – im Bereich der Wirtschaftlichkeit. Das gilt vor allem bei den Stadtrandsiedlungen: Es ist viel billiger, nur drei oder vier verschiedene Haustypen, vielleicht mit ein paar Varianten, zu entwerfen, als den Käufern eine reiche Kollektion unterschiedlicher Entwürfe anzubieten. Das Bauen soll erschwinglich bleiben, was ja auch ein löbliches Ziel ist. Sicherlich würden die Käufer ihre Feld-, Wald- und Wiesenhäuser gern individuell gestalten, mittels eines schwungvollen Designs oder einer kunstreichen Gartengestaltung, wenn nur ihr Budget dafür ausreichte. Aber gerade das ist bei neuen Hausbesitzern oft nicht der Fall, weil sie schon bis an die Grenze ihrer finanziellen Möglichkeiten gegangen sind, um das Eigentum überhaupt zu erwerben.

Was ist mit größeren Gebäuden, Amtsgebäuden zum Beispiel? Warum baut man eine undurchdringliche Erdgeschossfassade, die jeden langweilt, der daran entlanggeht? Das Argument mit der Wirtschaftlichkeit greift hier nicht, denn viele der größten Sünder in dieser Hinsicht haben für ihre Bauvorhaben mehr als ausreichend Geld und könnten die unteren Geschosse leicht als reizvolle Straßenseiten gestalten. Aber vielleicht meinen sie ja, dass es ihnen eigentlich nichts bringt. So hat eine große Bank wohl kein gesteigertes Interesse daran, Scharen fröhlicher Flaneure anzulocken. Sie wollen seriöse Kunden, die ihre Geschäfte tätigen und weiter nichts. Eine freundliche Fassade passt womöglich weniger zu dem Image, das ein Bankunternehmen seinen Kunden bieten will. Uns ist vielleicht auch lieber, dass sich die Bank, die sich hoffentlich gut um unser Vermögen kümmert, als große, ruhige, uneinnehmbare Festung präsentiert denn als Stand auf einem launigen, lebendigen Straßenmarkt.

Überlegungen zu Wirtschaftlichkeit, Image und Baumerkmalen, die den Funktionen (meist der Sicherheit und Zweckmäßigkeit) des Gebäudes nicht zuwiderlaufen sollen, liefern ein paar einleuchtende Argumente, warum die Straßen unserer Städte nicht immer mit optimaler Komplexität aufwarten. Aus zumindest zweierlei Gründen aber entsprechen sie nicht unseren psychologischen Bedürfnissen.

Einer hat mit dem radikalen Wandel in der Architektur zu tun, der zur Folge hat, dass ganze Gebäudehüllen zu Zeichen werden. Zum ersten Mal wurde dieser Trend in Robert Venturis umstrittenen Untersuchungen am Las Vegas Strip festgestellt. Dort sind die Gebäudefassaden bekanntlich zu Reklameflächen für das geworden, was sich hinter ihnen verbirgt. Aber dergleichen sieht man überall.[88] Denken Sie an die Fassade einer McDonald's-Filiale. Da erkennen wir den Markennamen leicht schon aus der Ferne, selbst bei großer

Geschwindigkeit (wichtig, wenn man im Auto fährt), und zweifellos soll das auch so sein. Manch müder oder kulturgeschockter Reisender (wie ich) mag nach einem schweren Reisetag in unbekanntem Terrain beim Anblick eines solchen Markenzeichens mit anhängendem Gebäude spürbar erleichtert sein. Um Kundschaft besser anzulocken, sind bereits ganze Typen von Gebäuden im Vertrauen auf die sofortige Erkennbarkeit geplant worden. Supermärkte, Banken, Restaurants, Kaufhäuser und viele andere Einzelhandelsgeschäfte verlassen sich nicht nur auf ihre weithin sichtbaren Firmenlogos, sondern gestalten sogar das gesamte Äußere ihrer Bauten so, dass sie überall leicht zu erkennen sind. Meine Kinder und ich spielen oft ein Spiel, bei dem wir schon beim Anblick der ersten Anzeichen von Form und Größe eines aus einer Baugrube erwachsenden Gebäudes zu erraten versuchen, wer dort einzieht.

Ein anderer Grund, warum unsere gebaute Umgebung immer eintöniger wird, liegt an den Kunden und Konsumenten, worauf die Architekturhistorikerin Sarah Goldhagen hingewiesen hat.[89] Besonders uns in Nordamerika fehlt es am Verständnis für gute Architektur, ganz zu schweigen von der Liebe zu ihr, und das ist mangelhafter Bildung geschuldet. Wir klagen, wenn der Kunstunterricht in den Lehrplänen der Schulen – oft als erstes Opfer von Sparmaßnahmen – gestrichen wird, haben aber kein Problem damit, dass nie ernsthaft daran gedacht worden ist, das Unterrichtsfach Architektur in die Lehrpläne aufzunehmen. Dabei wären wir uns in unserer Mehrheit sicher alle einig, dass gerade die Architektur einen gewaltigen Einfluss auf unser Alltagsleben hat. Wir schütteln entsetzt den Kopf, wenn wieder einmal irgendwo ein grässliches neues öffentliches Gebäude aus dem Boden schießt, und die große Kluft, die offenbar zwischen dem Geschmack der Architekten und dem der gemeinen Nutzer klafft, bekommt auch reichlich Sendezeit im Radio. Aber die eigentlichen Ursachen für diese Kluft werden selten angesprochen: das Versagen des Durchschnittsbürgers, sich am Dialog zum Städtebau zu beteiligen. Er versteht zu wenig davon, weil er in der Schule nichts darüber gelernt hat.

Ein letzter Grund für die Gentrifizierung urbaner Orte liegt darin, dass wir uns immer mehr auf digitale Technologien und Informationen verlassen, die unsere Beziehungen mit der gebauten Umwelt vermitteln. Diese Technologien erzeugen eine Verbundenheit ohne Nähe und betonen unter Umständen das Virtuelle gegenüber dem Realen. Um zu verstehen, was das mit langweiligen Innenstadtstraßen zu tun haben mag, muss man nur ein paar Minuten lang an einer x-beliebigen Straßenecke in einer Stadt stehen. Die Menschen richten ihre Aufmerksamkeit sichtbar mehr nach unten, auf die Displays ihrer Handys und weg von ihrer konkreten Umgebung. Tatsächlich ist das Problem so akut geworden, dass die Verkehrsplanerin Janette Sadik-Khan an den belebtesten und gefährlichsten Straßenkreuzungen in New York große, die Aufmerksamkeit weckende Zeichen auf die Bürgersteige hat malen lassen, um die Fußgänger daran zu erinnern, dass sie von ihren Mobiltelefonen aufschauen sollten, um nicht gleich unter die Räder eines Autos zu geraten.[90]

Wenn auch unser neues Verhalten nicht mehr sein mag als nur eine andere Haltung, ein anderer Blick, so hat es doch die Art und Weise verändert, in der wir Stadtstraßen benutzen. Unser Verhalten ist symptomatisch für einen profunderen Wandel: Vielleicht kümmern wir uns nicht mehr so sehr darum, wie unsere Umgebung ausschaut, weil wir ihr nicht mehr so viel

Aufmerksamkeit widmen wie früher. In einem sehr realen Sinn sind wir nicht mehr so sehr *da* wie früher, und unsere konkrete Umwelt ist nicht mehr so *real*, wie sie es einmal war.

Der Trend zur Mischung realer und virtueller Räume in der städtischen Umgebung hat aber auch ideologische Wurzeln. Die Trends zur verkabelten Stadt und zur allgegenwärtigen Vernetzung werden als Beginn einer neuartigen Verbindung von Informationstechnologien und Architektur gepriesen, doch die Entwicklung ist schon seit geraumer Zeit im Gange. Genau wie die elektronische Verbundenheit die Globalisierung ermöglicht und die Bedeutung des physischen Raums und der physischen Dimensionen in vielen unserer alltäglichen Handlungen tendenziell hinfällig wird, macht die Homogenisierung der Architekturplanung die Bauerei mit Backsteinen, Stahl und Beton obsolet. Rem Koolhaas und Bruce Mau rühmen und befürworten in ihrem Buch *S, M, L, XL* die »empty-box designs« für die von ihnen so genannte »generic city«.[91] Die Autoren meinen, dass jede architektonische Ornamentik, sei es ein besonderes Fassadendesign, ein spezifischer Straßenverlauf oder eine bestimmte kulturelle Ikonografie, per definitionem in gewissem Sinne etwas Ausschließendes habe. In einer Welt, in der wir uns in Gruppen wiederfänden, deren Zusammensetzung über die alten kulturellen Grenzen hinausgehe, verprelle jeder Entwurf, der historische Assoziationen enthalte, unweigerlich die Menschen, deren Historie sich nicht darin spiegele. In einem Interview im *Spiegel* äußerte sich Koolhaas wie folgt:

> Die traditionelle Stadt ist sehr von Regeln und Verhaltenscodes besetzt. Die Stadt ohne Eigenschaften aber ist frei von eingefahrenen Mustern und Erwartungen. Es sind Städte, die keine Forderungen stellen und dadurch Freiheit schaffen. Eine Stadt

> wie Dubai hat achtzig Prozent Einwanderer, Amsterdam vierzig Prozent: Ich glaube, für diese Bevölkerungsgruppen ist es einfacher, durch Dubai, Singapur oder die HafenCity zu laufen als durch schöne mittelalterliche Stadtkerne. Denn die strahlen für diese Menschen nichts als Ausschluss und Zurückweisung aus. In einem Zeitalter der massenhaften Immigration muss es vielleicht auch zu einer massenhaften Ähnlichkeit der Städte kommen. Diese Städte funktionieren wie Flughäfen: Die immer gleichen Geschäfte sind an den immer gleichen Stellen.[92]

Koolhaas' Argument, dass die kulturellen Zeichen, die traditionelle Städte natürlich haben, mobilen multikulturellen Bewohnern der modernen Stadt eher fremd sind, ist nicht von der Hand zu weisen. Vielleicht hat er recht damit, dass generisches, funktionales Bauen im Zeitalter der Globalisierung, der Instant-Kommunikation und der allgegenwärtigen Vernetztheit das Gebot der Stunde ist. Aber wenn unsere elektronischen Verbindungen mit der Welt und miteinander, ermöglicht durch die ganze Palette der nun für Kommunikation und Simulation verfügbaren Technologien, unsere konkrete Umwelt nicht vollkommen ersetzen, dann hat die Ausbreitung globalen, universalen, funktionalen Bauens psychologische Auswirkungen der Art, wie ich sie in diesem Kapitel beschrieben habe. Dass generisch entworfene Räume an Vielfalt, Interessantheit und Komplexität verlieren, ist ja erwiesen.

Die Menschen haben sich evolutionär so entwickelt, dass sie in verschiedenen Umwelten leben können, die einen optimalen und letztlich auf ihre Biologie abgestimmten Level an Komplexität besitzen. Wir suchen uns solche Umgebungen mit den Augen, dem Körper, mit Händen und Füßen aus, und im Gegenzug wirken Gestaltung und Erscheinungsbild dieser Orte auf unseren Körper und verbinden sich direkt mit den uralten Schaltkreisen, die unsere adaptiven Gefühlsreaktionen und Emotionen hervorrufen. In einer generisch angelegten Umgebung, in der alle unsere Interaktionen mit ihr vollkommen artifiziell vermittelt sind, also durch eingebaute Intelligenz und sorgfältig konstruierte Schnittstellen, die alle Eventualitäten einer Umwelt simulieren können, an die wir uns in unserer Entwicklung angepasst haben, können wir *vielleicht* alles richtig machen und die perfekte menschliche Umgebung schaffen. Aber wenn man bedenkt, wie schwer es ist, all diese komplizierten Zusammenhänge zu verstehen und zu simulieren, ist es wahrscheinlicher, dass wir sehr viel falsch machen und vom Regen in die Traufe kommen.

FÜNFTES KAPITEL

Räume der Angst

Am 28. November 1942 starben 492 Menschen im Cocoanut Grove, einem Nachtclub in Boston. Ein Hilfskellner, dem eine Glühbirne hingefallen war, hatte ein Streichholz angezündet, um sie aufzuheben, und ein Feuer brach aus. In der darauf folgenden Panik rannten die Gäste zu dem einzigen Ausgang, einer Drehtür am Haupteingang, die durch den Andrang der Fliehenden bald blockiert war. Gemessen an den Opferzahlen war das Desaster im Cocoanut Grove der schlimmste Nachtclubbrand, den es bis dahin gegeben hatte. Aber er steht beileibe nicht allein da als katastrophale Folge des Aufeinandertreffens von menschlichen Emotionen und der Beschaffenheit eines Schauplatzes.[93]

Jedes Jahr werden beim Haddsch, der gewaltigen Pilgerfahrt nach Mekka mit über fünf Millionen Teilnehmern, mehrere Hundert Menschen zertrampelt. Immer wieder stellen die euphorisierten Massen die Belastbarkeit des Ortes auf die Probe. Auch Sportveranstaltungen, Straßenfeste, Paraden und Umzüge sowie Demonstrationen enden manchmal in menschlichen Tragödien. Die vielen Fälle von Massenversammlungen mit todbringenden Folgen haben zu einer Reihe von Vorbeugemaßnahmen geführt, die von Baugesetzen, die

Obergrenzen bei der Besucherzahl und eine Mindestzahl an Ausgängen vorschreiben, bis zu ausgeklügelter Modellsoftware reichen, mit der die Bewegungen von Menschenmengen antizipiert und in den Planungen berücksichtigt werden können. Trotz solcher Maßnahmen wirkt sich aber auch das Ausmaß der Besorgnis, die Besucher jeden Gebäudes oder Platzes befällt, auf ihr Verhalten sowohl auf individueller Ebene als auch in der Masse aus.

Wenn wir uns bedroht fühlen, wollen wir uns instinktiv so schnell wie möglich vom Schauplatz der Bedrohung entfernen. Mit anderen Worten, wir versuchen sofort, den direktesten Weg zum nächsten uns bekannten Ausgang zu finden. Auch wenn ich einige der dramatischsten und erschreckendsten Konsequenzen von Angst und Panik im gebauten Raum genannt habe, erleben wir die gleichen Auswirkungen – nur mit weniger furchtbaren Konsequenzen – in einem fort, wenn wir uns von Ort zu Ort in Gebäuden oder Gegenden einer Stadt bewegen. Diese Reaktionen kann man als Gegensatz zu denen betrachten, die uns an anderen Orten glücklich und angeregt stimmen und zu ihnen hinziehen.

Angst kann normal und absolut angemessen sein. Psychologisch entsteht sie, wenn wir ein wie auch immer geartetes, unangenehmes Ereignis vorhersehen. Und das kann von einer körperlichen Verletzung bis zur Bloßstellung unseres Innenlebens alles sein. Genauso, wie es eine gesunde Reaktion ist, wenn wir unsere Hand rasch von einem heißen Ofen wegziehen, um uns keine schmerzhafte Verbrennung einzuhandeln, haben wir logischerweise auch angeborene Mechanismen, aufgrund derer wir reagieren, wenn wir kompliziertere Bedrohungen aus der Umwelt antizipieren und uns auf sie einstellen müssen. In Gebäuden wird es dann brenzlig, wenn wir –

warum auch immer – nicht auf eine Bedrohung reagieren können. Das löst eine Kaskade von neuronalen und endokrinologischen Reaktionen aus, die zu psychischen Krankheiten oder Beeinträchtigungen unserer körperlichen Gesundheit führen können.

Psychopathologien der Stadt

Aus bisher nicht gut erforschten Gründen gibt es psychiatrische Krankheiten häufiger in einer städtischen Umgebung als auf dem Land; Fälle von Angststörungen, klinischer Depression und Schizophrenie werden dort häufiger diagnostiziert. Verantwortlich gemacht für diesen Befund wurden Unterschiede im sozioökonomischen Status, der möglichen Belastung durch Giftstoffe oder Krankheitserreger und viele andere, für urbane Umwelten typische Gefahren. Überzeugend war nichts davon. In manchen Untersuchungen wurde vermutet, dass soziologische Faktoren wie der Zusammenhalt der Nachbarschaft (genauer gesagt, der Mangel daran) eine Rolle spielen, und da war die Beweislage schon eindeutiger. Eine eingehendere Untersuchung dieses Faktors, einschließlich der Statistiken zur Fluktuation, der Anzahl der Haushalte mit Alleinerziehenden und der Größe der Familien erbrachten, dass Menschen in Nachbarschaften mit einem stärkeren Zusammenhalt weniger anfällig für Angstzustände und Depression sind.[94] Solche Befunde sind wichtig, denn sie weisen darauf hin, dass Dinge, die zu diesen Erkrankungen beitragen, durch stadtplanerische Maßnahmen modifiziert werden können. Besonders interessant war, dass Naturräume in einer städtischen Umwelt das Risiko psychiatrischer Störungen verringern können, was natürlich wieder ein Hinweis darauf ist, dass die Instrumente, mit denen man den psychischen Tribut, den das Stadtleben fordert, verringern kann, vielleicht in Händen der Architekten und Stadtplaner liegen.[95] Bis wir allerdings mehr davon verstehen, wie das Stadtleben psychiatrische Leiden auslöst, zielen Eingriffe zur Minimierung dieser Risiken doch sehr ins Blaue.

In einer Studie zu den Auswirkungen der Verstädterung auf die Hirntätigkeit machte ein deutsch-kanadisches Team von Neurowissenschaftlern unter Leitung von Dr. Andreas Meyer-Lindenberg von der Universität Heidelberg eine alarmierende Entdeckung.[96] Sie stellten den Teilnehmern eines Experiments schwierige mathematische Fragen und bildeten dabei deren Hirnaktivität mit bildgebenden Verfahren ab. Gleichzeitig – und das war die entscheidende Variable – unterwarfen sie die Leute negativem sozialem Stress, indem sie ihnen erzählten, dass ihre Leistungen bei den Mathematikaufgaben wider Erwarten schlecht seien. Mit anderen Worten: Die Probanden erhielten ein falsches Feedback zu ihrer Leistung, denn in Wirklichkeit schlugen sie sich wacker, zeigten aber – was Wunder – starke Anzeichen stressvoller Erregung, die man an ihrer Schweißdrüsenaktivität messen konnte. Die Ursache ist klar: Es war ihnen peinlich, dass ein wichtiger Teil ihres Inneren bloßgestellt worden war, nämlich eine Schwäche in Mathematik.

Am interessantesten freilich war, dass sich das Muster der Hirntätigkeit, die bei diesem Experiment in Gang gesetzt wurde, je nach Wohnhintergrund und -verhältnissen der Probanden unterschied. Bei den in großen Städten Lebenden zeigte sich eine stärkere Aktivierung der Amygdala als bei denen, die in kleineren Orten wohnten. Wer obendrein in großen

Städten aufgewachsen war, zeigte stärkere Reaktionen im zingulären Kortex als derjenige, der in ländlichen Gefilden groß geworden war. Die aktuellen Lebensumstände spielten keine Rolle.

Beide Hirnbereiche, die Amygdala und der zinguläre Kortex, stellen wichtige Teile der neuronalen Bahnen dar, auf denen wir auf emotionale, insbesondere bedrohliche Ereignisse reagieren und lernen, deren mutmaßliche Folgen einzuschätzen. Die Bedeutung dieser Befunde besteht darin, dass Leute, die in einer großen Stadt aufgewachsen sind oder dort leben, im Vergleich zu Menschen, die auf dem Land leben, größere Gehirnreaktionen auf soziale Angstauslöser zeigen. Das ist ein wichtiger Hinweis auf den Bereich im Gehirn, wo Effekte des Stadtlebens möglicherweise virulent werden. Die Resultate besagen auch, dass bei einem engen Zusammenleben mit vielen, vielen Fremden eine Reihe von sozialen Belastungen entstehen, weil wir natürlich immer versuchen, unser eigenes Verhalten auf das der Menschen um uns herum abzustimmen. Die Bilder des Gehirns zeigen zudem, dass solche meist chronischen sozialen Belastungen sogar die Art und Weise ändern können, wie entscheidende Gehirnbereiche, die zwischen Affekten und Belastungen vermitteln, auf akute soziale Stressoren reagieren.

Geotracking und Psychologie

Letztendlich bedarf es allerdings zum Verständnis der komplexen Beziehungen zwischen städtischer Umgebung und menschlichem Verhalten viel detaillierterer Kenntnisse der Tätigkeiten, die Städter als normalen Teil ihres Lebens tagtäglich verrichten. Und an die kommt man heutzutage mit Hilfe der geotrackenden Smartphones. So benutzt auch Jim van Os von der Universität Maastricht Telefone, mit denen Teilnehmer bei den Gängen durch ihre Stadt jederzeit geortet werden können. Die Forscher erfahren, wann die Probanden einen Punkt mit potentiell viel Stress erreichen, wie etwa einen lauten, überfüllten Bahnsteig oder einen gut besuchten Marktplatz, und können sie sofort befragen und sich ihre Gefühle schildern lassen.[97] Man kann sogar ein paar Tests ihrer kognitiven Befindlichkeit mit ihnen veranstalten und so an Ort und Stelle ihre Fähigkeit beurteilen, wie sie mit den jeweiligen Bedingungen fertigwerden. Diese Methoden zusammen mit den bildgebenden Verfahren für das Gehirn, die Meyer-Lindenberg benutzte, können nun minutiös anzeigen, wie sich stressreiche Erfahrungen in der Stadt auf die Psyche des Individuums im Einzelnen auswirken.

Die von Meyer-Lindenbergs Gruppe angestoßene Arbeit wird wahrscheinlich dazu beitragen, dass man mit einer fast mikroskopischen Detailvielfalt erklären kann, wie Stadtkrankheiten von unseren unnatürlichen Lebensumständen in verstopften Städten ausgelöst werden. Verlockender aber ist vielleicht die Aussicht, dass in dem Ausmaß, in dem die Arbeit die detaillierte Struktur der Beziehung von Umgebung und Gehirn beschreibt, wir möglicherweise auch unsere Stadtgewohnheiten so zurückentwickeln können, dass daraus eine Antistress-Therapie für geplagte Städter entsteht.

Einige Smartphones können jetzt schon Geozäune errichten, geografisch festgelegte Zonen, in denen unsere Telefone einfache Befehle ausführen. Geofencing wird meist dazu benutzt, sich an Dinge erinnern zu lassen. Das Telefon merkt zum Beispiel, wann man das Büro verlässt, und sagt einem, dass man Lebensmittel auf dem Markt besorgen wollte. Wenn man eine individuelle Stresskarte der Zielorte in einer Stadt, die man regelmäßig aufsucht, anfertigen könnte, ließe sich das Telefon so einstellen, dass es einen jedes Mal warnt, wenn die empfohlene tägliche Belastungsgrenze erreicht ist. Es würde so arbeiten wie die Strahlenschutzplaketten, die in einem radioaktiven Umfeld Beschäftigten anzeigen, wann sie ihre pro Tag erlaubte Dosis an Gammastrahlen abbekommen haben. In unserem Fall allerdings würden die Geräte so programmiert, dass sie unsere Gewohnheiten und Schwachstellen kennen und uns warnen, wenn es Zeit ist, unserer Gesundheit zuliebe in ruhigere Regionen oder auf eine erholsame Grünfläche zu entfleuchen.

Kürzlich habe ich mich mit Ed Parsons unterhalten, der mit fortgeschrittenen Geoinformationssystemen arbeitet und sich selbst als »Botschafter des guten Willens« für den europäischen Zweig von Google bezeichnet. Er machte kein Hehl aus der Tatsache, dass es das Hauptziel seines Unternehmens ist, unsere Beziehungen zu den geografischen Gegebenheiten individuell so zuzuschneiden, dass uns unser Smartphone eine Welt entsprechend unseren eigenen Gewohnheiten präsentiert.[98] Wenn ich auch bei der Aussicht auf den weit verbreiteten Einsatz solcher individualisierten Karten und Pläne und dem daraus resultierenden eventuellen Verlust an Gemeinschaftlichkeit und gemeinsam Erlebtem erbleiche, kann ich andererseits den Reiz einer solchen emotionalen Prothese kaum leugnen, wenn ernsthaft psychisch kranke Menschen mit ihrer Hilfe Umgebungen meiden können, die ihr Leiden verschlimmern. Die Allgemeinheit ist jedoch mehrheitlich robust genug, den städtischen Trubel zu ertragen und sich einigermaßen unbeschadet durch typische Tage in der Stadt zu mogeln, und nachdenklich macht mich deshalb die Frage, was der gesunde Teil der Bevölkerung von einem Gerät zu erwarten hat, mit dem wir uns vor den Erfahrungen dieser Welt schützen können. Wann wird eine Prothese, die Leiden lindern und der Bewältigung schädlicher psychologischer Belastung dienen soll, eine überflüssige Krücke, mit der wir uns gegen die unerwarteten Ereignisse des Lebens allzu sehr abschotten?

Ein Skeptiker würde vielleicht einwenden, dass wir schon von selbst merken, wenn wir allzu gestresst sind. Ich persönlich muss in diesem Zusammenhang an die psychogeografischen Messungen denken, die ich in Mumbai vorgenommen habe und bei denen ich erstaunt war, was für komplizierte Tänze die Fußgänger hinlegen mussten (eine Mischung aus Ballett und Parcours), wenn sie heil und gesund eine viel befahrene Straße überqueren wollten. Die Autos hielten selten an, und die Fahrer hörten selten auf zu hupen. Als ich Ortsansässige fragte, wie sie mit solchen täglichen Adrenalinbädern zurechtkämen, reagierten sie durch die Bank mit fragenden Blicken und Schulterzucken. »Ach, nicht weiter schlimm, da gewöhnt man sich dran«, war der Tenor.

Um die Probe aufs Exempel zu machen, bat ich einige Gruppen von Fußgängern, sich in die Mitte von Kreuzungen mit viel Verkehr zu stellen, und maß ihren physiologischen Zustand. Obwohl ich an meinen Messungen ablesen konnte, dass meine Teilnehmer sich anders als vorher in einem Garten, in dem sie gewesen waren, nicht sehr wohlfühlten, war der Grad ihrer Erregung, über den sie selbst berichteten, nicht außergewöhnlich – er passte sehr gut zu dem, was sie mir geschildert hatten. Aber ihre Schweißdrüsenreaktionen waren jenseits von Gut und Böse, was anzeigte, dass sie es zwar für nicht sonderlich ungewöhnlich oder belastend hielten, von allen Seiten von heranbrausenden Autos und Motorrädern bedrängt zu werden, dass aber ihre Körper deutliche Stressreaktionen zeigten. Wir Menschen sind zäh. Wir vermögen uns an ein breites Spektrum von Umweltbedingungen anzupassen, selbst an solche, die extrem unangenehm sind. Aber nur weil wir psychologisch so widerständig sind, heißt das nicht, dass hinter den Kulissen die Teile unseres Körpers und unser zentrales Nervensystem, die auf Stress reagieren, nicht doch ihre Arbeit machen. Und die besteht darin, dass sie unseren Blutdruck erhöhen, unsere Blutbahn mit Cortisol füllen und uns eventuell sogar anfälliger für körperliche und seelische Krankheiten machen.

Obwohl die Verbindung zwischen den unangenehmen Seiten städtischen Lebens und unseren Reaktionen auf sozialen Stress in Laborexperimenten evident geworden ist, leidet zum Glück nur eine Minderheit von Stadtbewohnern an ausgeprägten psychischen Krankheiten. Was natürlich bedeutet, dass mehr als nur das tägliche Menschengedränge, der Lärm von Autohupen und die gelegentliche wüste Beleidigung eines Fremden dazugehört, um sich tiefe Depressionen, allgemeine Angstzustände oder eine Psychose einzufangen.

Da nun schon seit Längerem bekannt ist, dass psychische Störungen zu einem gewissen Grad erblich sind, müssen wir also auch nach genetischen Ursprüngen für Stadtneurosen suchen. Aber sogar hier konzentrieren sich Forscher mittlerweile auf einige entscheidende Wechselbeziehungen zwischen Genen und Umgebung. Besonders für ein Gen, das die Blaupause für einen Typ von Rezeptor für einen Neurotransmitter mit dem Namen Neuropeptid S abgibt, zeigt sich eine Beziehung mit der Genese von stressbezogenen psychischen

Erkrankungen. Nicht nur besteht eine Verbindung zwischen dem Vorhandensein dieses Gens und der größeren Anfälligkeit für pathologische Reaktionen auf Stress (wie zum Beispiel akute Angst), sondern in Experimenten, ähnlich denen der vergleichenden bildgebenden Untersuchungen des Gehirns von Stadt- und Landbewohnern, erweist sich, dass Individuen, die die verdächtige Form des Neuropeptid-S-Rezeptors haben, auch stärkere Reaktionen auf sozialen Stress in der Amygdala zeigen, eben wie die langjährigen Stadtbewohner in den vorgenannten Studien.[99] Diese interessante Übereinstimmung spricht noch deutlicher für eine Verbindung zwischen dem Leben in großen Städten und psychiatrischen Krankheiten.

Wenn weitere Forschungen diese Ergebnisse bestätigen, könnten neue Möglichkeiten dafür gesucht werden, wie wir mittels für uns persönlich erstellter Stress-Karten in unseren mobilen Geräten unserem Aufenthalt in schädlichen städtischen Umgebungen etwas von seiner Schädlichkeit nehmen können. Eine aufgrund unserer genetischen Anfälligkeit erstellte Stresskarte könnte eine empirische Stresskarte ergänzen, auf der unsere Reaktionen auf das Umfeld verzeichnet werden, in dem wir uns am meisten aufhalten. In einer Zeit, in der Konsumenten zunehmend Zugriff auf personalisierte genetische Fingerabdrücke haben – auch, weil sie billiger werden –, sind solche Vorstellungen beileibe keine Science-Fiction mehr. Wichtiger vielleicht ist allerdings die Frage, inwieweit eine solch detaillierte, sowohl auf unseren Gewohnheiten als auch auf unserem Erbgut basierende Karte fortan unsere Schritte durch die Welt leiten sollten!

■ Und die Form ist doch wichtig

Die bisher von uns einbezogene Forschung deutet darauf hin, dass Dinge in unserer gebauten Umgebung womöglich Angst in uns auslösen und – wenn wir uns häufig in ihrer Nähe aufhalten – in unserem Gehirn Veränderungen bewirken, die uns heftiger auf Stress reagieren lassen. Manche von uns, vielleicht diejenigen mit der genetischen Disposition zu pathologisch hohen Erregungsreaktionen auf stressvolle Ereignisse, entwickeln als Folge dessen womöglich ernsthafte psychische Störungen. Bisher haben wir noch nicht genau identifiziert, welche Merkmale und Faktoren einer städtischen Umgebung solche Resultate zeitigen. Ein paar offensichtliche Probleme gibt es jedoch, wie zum Beispiel extrem hohe Lärmbelastung; denn dass Lärm an den unterschiedlichsten Schauplätzen, von Fabrikhallen bis zu verkehrsreichen Straßenecken, die kognitive Leistung und den seelischen Zustand beeinflusst, weiß man schon lange. Und logisch ist auch, dass wir häufiger und stärker Angst empfinden, wenn wir stets und ständig Risiken im Alltag ausgesetzt sind, beispielsweise gefährlichem Straßenverkehr. Und abgesehen von diesen offensichtlichen Attacken auf das seelische Gleichgewicht tragen wahrscheinlich gerade auch die Formen der uns umgebenden Gebäude dazu bei, dass wir uns in Städten unwohl fühlen.

Im Jahre 2007 wurde der umstrittene neue Anbau zum Royal Ontario Museum in Toronto (ja, dem, in dem ich so gern als Schuljunge war) vollendet, einem stattlichen, im italienischen Stil im Jahre 1914 errichteten Bau, der in den 1930ern, stilistisch die Tradition wahrend, erweitert worden war. Die jüngste Ergänzung des dekonstruktivistischen

Architekten Daniel Libeskind bekam zu Ehren eines der Hauptsponsoren den Namen »Lee-Chin Crystal« und besteht aus einem voluminösen, von Glas und Stahl umschlossenen Raum mit scharfen Konturen und einem buchstäblich schwindelerregenden Mangel an Ausgewogenheit und Orientierungsmöglichkeit. Obwohl von manchen Kritikern als Meisterwerk gelobt, das ein neues Zeitalter von Avantgarde-Architektur im spießigen viktorianischen Stadtbild von Toronto einläutet, wurde es von vielen anderen lautstark als Scheußlichkeit verdammt, die nur aus dem irregeleiteten Wunsch entstanden sei, sich mit dem Werk eines international gefeierten »Starchitekten« als Stadt mit Weltniveau zu etablieren. Mit drastischen Worten beklagten normale Passanten die Verschandelung des freien, öffentlichen Raums um das Museum herum, und ein Kommentator fand, dass ein »Alien einen bizarren Haufen dorthin gesetzt« habe. Fußgänger mieden den offenen, ständig windigen Platz unter dem Crystal, das zusätzlich von oben herunterzuschwanken schien. Viele äußerten ihre Befürchtung – und zwar keineswegs unberechtigt –, dass im heftigen kanadischen Winter gefährliche Eiszapfen von den scharfen Ecken und Kanten fallen könnten. Manch langjähriger Freund des Museums sagte, er werde es nie wieder betreten.

2009 wurde das Crystal von den Betreibern von virtualtourist.com, einem großen Online-Portal mit Informationen für Weltreisende, zum achthässlichsten Gebäude der Welt gekürt, und im selben Jahr nannte die *Washington Post* es das hässlichste Gebäude des Jahrzehnts. Strengere Kritiker führten sogar seine Nutzlosigkeit ins Feld, obwohl zahllose, bisher in den Magazinen schmorende Exponate nun ausgestellt werden können. Nur wenige Kommentatoren konnten ihre

Abscheu vor der äußeren Gestalt des Anbaus überwinden und anerkennen, dass das riesige, elegante Foyer und die geradezu überwältigenden neuen Wandelhallen, wo nun die berühmte Sammlung von Dinosaurierskeletten gezeigt wird, durchaus ihre Meriten haben. Die negativen Reaktionen auf die Spitzen und Kanten der äußeren Erscheinung waren offenbar stärker als das Lob für die Vorzüge des Anbaus. Wodurch um alles in der Welt wurden die gehässigen Angriffe auf Libeskinds Werk ausgelöst?

In einer langen psychologischen und kunstästhetischen Forschungsgeschichte hat man festgestellt, dass wir Menschen runde Konturen am allerliebsten mögen. Das hat sich in vielen verschiedenen Dingen gezeigt, in einfachen Formen – sogar in der Typografie – bis hin zu Inneneinrichtungen. Wir sehen Bögen als sanft, einladend und schön, und wir empfinden Spitzen und Zacken als hart, abstoßend und sogar bedrohlich. Unsere gegensätzliche Reaktion auf diese zwei Typen von Konturen deutet aber auch darauf hin, dass schon schwach wahrzunehmende Merkmale der gebauten Umgebung starke Reaktionen hervorrufen können, weil sie uralte Schaltkreise ansteuern, die sich in unserem Gehirn entwickelt haben und uns vor Gefahren in unserer Umgebung warnen sollen.

Der Neurowissenschaftler Oshin Vartanian von der University of Toronto hat herausgefunden, dass sich in unserem Gehirn beim Aufenthalt in Innenräumen von Gebäuden mit runden oder zackigen Konturen Verschiedenes abspielt.[100] Rundungen führen zu heftiger Aktivität in einigen Hirnbereichen wie dem Orbitofrontalkortex und dem zingulären Kortex – Arealen unseres Gehirns, die mit Belohnung und Behagen assoziiert werden. Spitzen und Zacken können dagegen eine erhöhte Aktivität in der Amygdala erzeugen – einem wichtigen Bereich, der zu unseren Systemen der Entdeckung und Reaktion auf Angstmachendes gehört. Unter architektonischen ebenso wie psychologischen oder neurowissenschaftlichen Gesichtspunkten können die eleganten Bögen des Guggenheim-Museums Bilbao von Frank Gehry seinen berühmten Architektenkollegen Philip Johnson also sehr wohl zu Tränen gerührt haben, als er das Gebäude zum ersten Mal sah. Im Gegensatz dazu haben die heftigen Reaktionen auf Libeskinds Bau in Toronto, die denen auf den neuen Eingang zum Louvre des Architekten I. M. Pei auffallend ähneln, vielleicht ihren Ursprung in Mustern von Gehirnreaktionen, die mit der uns angeborenen Notwendigkeit zu tun haben, furchterregende Umweltrisiken zu erkennen.

Gerade Linien und scharfe Spitzen sind nicht nur unbeliebter und werden seltener als schön empfunden, es wirkt sich zudem stark auf unser Verhalten aus, wenn wir in ihnen leben. Ein internationales Forscherteam von der Humboldt-Universität in Berlin und der University of Haifa führte ein Experiment zu sozialem Urteilen durch, bei dem die Teilnehmer das Porträt einer ihnen nicht bekannten Person aus Puzzleteilen, die entweder rund oder eckig waren, zusammensetzen sollten. Die Gesichter aus den eckigen Puzzleteilen wurden als kälter und aggressiver beurteilt als die aus den runden.

In einer aufschlussreichen Folgestudie wurden die Teilnehmer gebeten, bei einem Spiel mitzumachen, bei dem sie ökonomische Entscheidungen treffen mussten. Sie konnten wählen, ob sie sich mit jemandem zusammentun und die Gewinne teilen oder als Einzelkämpfer ins Gefecht ziehen wollten, der den gesamten Profit für sich behalten durfte. Gespielt wurde in zwei verschiedenen Räumen, deren Wände jeweils mit Collagen abstrakter Formen dekoriert waren: der eine Raum mit spitzen, eckigen, der andere mit runden. Die Teilnehmer in der Umgebung mit der »spitzen, eckigen Kunst« neigten zu aggressiverem Handeln als die in den Räumen mit der »runden«. Insgesamt zeigten die Experimente, dass die Form der uns umgebenden Konturen uns glücklich und zufrieden, aber auch ängstlich und furchtsam stimmen kann und außerdem Auswirkungen darauf hat, wie wir andere behandeln.[101]

Entwicklungsgeschichtlich gesehen ist es auch vollkommen sinnvoll, dass wir harte, scharfe Kanten und spitze Ecken nicht mögen. Solche Formen gemahnen an Zähne, Krallen oder andere gefährliche Zacken, denen wir ausweichen mussten, während weichere Formen in der Regel auf weniger Risiken hindeuteten. Der Indikator, dass der Aufenthalt in der Nähe solcher Formen unser komplexes Verhalten beeinflussen kann wie zum Beispiel unser soziales Urteilen und kooperatives Gruppenverhalten, passt zu modernen Ansichten von im Körper sich manifestierenden Wahrnehmungen, bei denen sich auch Faktoren wie Temperatur und Helligkeit offenbar auf unsere Meinung zu menschlichen Beziehungen und unsere Geneigtheit zu sozialem und ethischem Verhalten auswirken.

▪ Furcht vor dem anderen

Über die in der modernen gebauten Umwelt potentiell Angst auslösenden Faktoren wie Formen, Lautstärke, sinnliche Überfrachtung und Gefährlichkeit hinaus gibt es einen Aspekt, der uns am stärksten beeinflusst: der zwischenmenschliche.

Anders gesagt, die moderne Stadt zwingt uns zu einem Leben in nächster Nähe zu Fremden, und im Verhältnis dazu, wie wir im Verlauf unserer langen Evolution gelebt haben, ist das völlig unnatürlich. Unser biologisches Erbe und die Lebensweise, an die wir mit unserer mentalen Ausrüstung hauptsächlich angepasst sind, sieht kleine Gruppen vor, die meist aus Verwandten und weniger als einhundert Mitmenschen bestehen und deren Äußeres sowie Persönlichkeiten und Angewohnheiten uns vertraut waren. Und wenn wir vor Urzeiten überhaupt in Gebäuden lebten, dann wahrscheinlich in primitiven Schuppen, die wir eher zum Aufbewahren von Besitz benutzten denn als Schutzräume.

Der Übergang von einem Leben, in dem wir uns den Blicken der Verwandten offen zeigten, zur modernen Daseinsweise, in der wir eng beieinander in einer wuselnden Menge von Menschen leben und gleichzeitig absolut nichts von ihnen wissen, ist nicht reibungslos und gemächlich verlaufen. Im Gegenteil, das ständige Leben unter den Blicken des Fremden ist vermutlich für einen Großteil des sozialen Stress verantwortlich, den Meyer-Lindenbergs Gruppe ausgemacht hat. Bevor wir unter Fremden lebten, waren die Auffassungen von Vertrauen und Privatheit radikal anders als heute und im Prinzip vermutlich überflüssig. Kleine landwirtschaftlich arbeitende Gruppen, die ihr Leben zumeist in voller Sichtweite all der anderen verbrachten, kümmerten sich gewiss herzlich wenig um ihre Privatsphäre, und auch die Vorstellung, dass es ein inneres, von der Gruppe separates Leben gebe, war ihnen wohl eher fremd. Deshalb hat vermutlich Vertrauen – und wir halten uns ja oft für so vertraut mit der inneren Befindlichkeit des anderen, dass wir uns darauf verlassen, dass er auf vorhersehbare Weise handelt – eine viel geringere Rolle gespielt als bei modernen

Menschen, die den Großteil ihres Lebens hinter Mauern und Wänden verbringen – echten und metaphorischen.

Jüngere Diskussionen über die Art und Weise, wie gebaute Schauplätze zwischenmenschliche Beziehungen beeinflussen können, thematisieren vor allem, wie deren konkretes Äußeres unser Zusammengehörigkeitsgefühl und in der Folge viele Facetten unseres Verhaltens beeinflusst. Das reicht von unserem Wunsch, uns an offenen, öffentlichen Plätzen aufzuhalten, bis hin zu der Tatsache, dass wir keine Mühen scheuen, um anderen zu helfen. Oft werden unsere Besitzgefühle und unser Territorialverhalten in den Brennpunkt gerückt. Der amerikanische Architekt Oscar Newman stellte zum Beispiel die These auf, dass Bauweise und Anlage des im zweiten Kapitel erwähnten Pruitt-Igoe-Komplexes in St. Louis das Entstehen von Besitzgefühlen verhindert hätten und für das berühmte katastrophale Scheitern verantwortlich gewesen seien. Pruitt-Igoe, das als großes Projekt im sozialen Wohnungsbau Unterprivilegierten Wohnraum bieten und dabei insbesondere allein erziehende Mütter berücksichtigen sollte, verfiel im Grunde schon unmittelbar nach der Fertigstellung und wurde zu einem Zentrum schwerer Kriminalität. Unter starker öffentlicher Beachtung wurde es schließlich abgerissen. Newmans Analyse dieses Scheiterns stieß wichtige neue Überlegungen an, wie man durch Platzierung von Wänden, Türen und öffentlichen Räumen in sozialen Wohnungsbauprojekten sichere, vertrauenerweckende Umgebungen schaffen könnte. In seiner bereits zitierten Publikation *Defensible Space* beschrieb er eine Reihe einfacher baulicher Merkmale, die seiner Meinung nach unter den Bewohnern Gefühle von Gemeinschaft und allgemeine Achtsamkeit gefördert und Pruitt-Igoe hätten retten können.

Andere Studien haben gezeigt, wie – weniger dramatisch – Bauweise und Aufteilung des Inneren von Gebäuden oder die Nachbarschaft unsere Gefühle und dann auch unser Verhalten gegenüber den Fremden, die um uns sind, beeinflussen können. In einem klug ausgedachten Experiment testeten die Forscher soziales Verhalten. In mehreren extrem unterschiedlichen Studentenwohnheimen verstreuten sie mit Porto und Adresse versehene Briefe auf dem Boden und notierten dann, mit welcher Wahrscheinlichkeit Fremde diese Briefe aufhoben und zur Post brachten oder in Briefkästen warfen. In Hochhäusern wohnte eine große Zahl von Studenten, die sich im Laufe eines durchschnittlichen Tages selten über den Weg liefen. Die Studenten in weniger hohen Gebäuden, die nicht so eng beieinanderstanden, sowie in Stadthäusern – beide mit mehr Gemeinschaftseinrichtungen – sahen sich normalerweise mindestens einmal am Tag, etwa im Speisesaal. Es stellte sich heraus, dass die Anzahl der Briefe, die weiterbefördert wurden, stark von den Wohnverhältnissen abhing. Dort, wo die Bebauungsdichte gering war, wurden mehr – nämlich alle! – zur Post getragen, wohingegen es in den Hochhäusern nur knapp über sechzig Prozent waren.[102]

Verwandte Forschungen ergaben, dass Studenten, die in den unteren Stockwerken von Hochhauswohnheimen wohnten, dort reichere soziale Netzwerke hatten als die auf den höheren Stockwerken. Das liegt wahrscheinlich daran, dass die Bewohner unten eher die Gemeinschaftsräume benutzten, die sich meist im Erdgeschoss befinden, und ihren Mitbewohnern öfter begegneten. Sie hatten offenbar auch viel mehr Vertrauen in ihre Nachbarn und fühlten sich in ihren Zimmern wohler als die in den luftigen Höhen.

Diese Studien und viele ähnliche unterstreichen, dass je

nach Organisation unserer gebauten Umgebung und deren Auswirkungen auf unsere tagtäglichen Interaktionen mit anderen Menschen unsere Gefühle von Vertrauen, die Bereitschaft, Fremden zu helfen, und unsere Zufriedenheit mit unseren Wohnbedingungen merklich beeinflusst werden. Die Forschungen bergen damit nicht nur wertvolle Lektionen für Stadtplaner und Architekten, die interessiert sind, unser gemeinsames Leben mitzugestalten, sondern sie weisen auch den Weg zu einem tieferen Verständnis der Beziehung zwischen Ort und Angst. Um diese Beziehung zu sehen, müssen wir nur fragen, was genau uns, wenn wir ständig in einer Masse von Fremden leben, daran *hindert*, uns freundlich und sozial zu verhalten. Antworten gibt es en masse. Aber die meisten laufen auf eine simple Idee hinaus: Wir halten zu Fremden sicheren Abstand, weil wir Angst haben, sie könnten uns ein Leid antun. Diese Schlussfolgerung mutet vielleicht extrem an. Denn wenn auch die meisten von uns gegenüber Fremden eine gewisse Zurückhaltung bewahren, scheint es doch grob übertrieben zu meinen, der Grund dafür könne die Furcht vor einer Ohrfeige sein. Plausibler finde ich, dass wir einen Fremden deshalb nicht grüßen, weil wir befürchten, dass etwas von unserem Innenleben dem prüfenden Blick eines Unbekannten preisgegeben wird. Man könnte sogar argumentieren, dass es sich schlicht um eine andere Art von Risiko handelt, aber um eines, das zu vermeiden wir biologisch gepolt sind. Auf beengtem Raum mit Fremden zu leben setzt ein ganzes Spektrum von Schutzimpulsen frei, und die reichen von unserem schlichten Zögern, uns mit der Person, die in einem städtischen Bus neben uns sitzt, auf einen Plausch einzulassen, bis zu dem Widerstreben, nach Einbruch der Dunkelheit einen Spaziergang durch unser Viertel zu machen. All diese Reaktionen sind auf die eine oder andere Weise Anpassungen an unnatürliche Lebensumstände, sie warnen uns vor Gefahren und erzeugen dabei ein gewisses Maß an Furcht oder Ängstlichkeit.

Angst vor Kriminalität

Im Jahre 1969 führte der Sozialpsychologe Philip Zimbardo von der Stanford University ein simples, aber kühnes Experiment durch. Er parkte an zwei verschiedenen Orten ein Auto; eins in einer zwielichtigen Gegend in der Bronx in New York, das andere in Palo Alto, Kalifornien, unweit seiner Universität. Die Nummernschilder hatte man entfernt und die Motorhauben hochgeklappt, damit es so aussah, als hätte man die Autos stehen lassen, weil sie nicht mehr fahrtüchtig waren. Zimbardos Forschungsassistenten bezogen nicht weit davon entfernt Stellung und filmten, was geschah. In der Bronx wurde das verlassene Auto schnell ausgeschlachtet. Ja, die mutwillige Zerstörung begann beinahe schon, bevor die Assistenten die Kamera aufgebaut hatten. In Palo Alto aber wurde das Auto viele Tage lang nicht angetastet. Ein Passant schloss sogar die Motorhaube, damit es nicht hineinregnete. Zimbardo interpretierte das Ganze als schlagenden Beweis dafür, wie unterschiedlich das Gefühl für die Gemeinschaft und das wechselseitige Geben und Nehmen in den beiden Vierteln war. Genau wie die Flure von Pruitt-Igoe anscheinend niemandem gehörten, betrachtete man die Straßen in der Bronx nicht als Teil des gemeinsamen Raums, also die Gemeinschaft auch nicht als verpflichtet, ein Auge auf das zu halten, was sich dort befand oder abspielte.

In der zweiten Phase des Experiments ging Zimbardo einen

Schritt weiter. Er schlug die Windschutzscheibe des Autos in Palo Alto ein. Und sah prompt das Gleiche wie in der Bronx: Es wurde ausgeweidet und mutwillig zerstört. Der Politikwissenschaftler James Wilson und der Kriminologe George Kelling benutzten diese schlichte Beobachtung, die nicht lang nach dem Experiment in der *Time* geschildert wurde, als Grundpfeiler einer bedeutenden neuen Theorie zu den Ursachen städtischer Kriminalität. In ihrer so genannten Broken-Windows-Theorie nannten sie als entscheidenden Punkt, dass konkrete Zeichen von Verwahrlosung – zerbrochene Fensterscheiben, mit Brettern vernagelte Fenster, herumliegender Müll oder Graffiti – eindeutig so verstanden werden, dass sich niemand um die Umgebung kümmert, und dass das zu kriminellem Handeln anregt. Wenn Wilson und Kelling recht haben, dann bedeutet es im Umkehrschluss, dass Bemühungen, Vermüllung und Verwahrlosung gering zu halten, zu weniger kriminellem Verhalten führen.

Diese Theorie mit ihren einfachen Rezepten, der Kriminalität zu Leibe zu rücken, wurde von etlichen Stadtvätern begeistert aufgenommen: zuerst von William Bratton, dem Sicherheitschef für die öffentlichen Verkehrsmittel in New York City, der mit ungeheurem Aufwand die U-Bahnen wieder ordentlich und sauber machen ließ, und später vom New Yorker Bürgermeister Rudy Giuliani, der mit Hilfe von Bratton, mittlerweile Polizeipräsident von Big Apple, nun auch die *soziale* Ordnung in das Delikt »Störung der öffentlichen Ordnung« einbezog – also Bagatelldelikte wie Trunkenheit und Urinieren in der Öffentlichkeit, Schwarzfahren und Straßenbettelei. Bei allen Formen der Störung dieser neu definierten öffentlichen Ordnung wurde nun rigoros durchgegriffen, darunter auch mit der umstrittenen Maßnahme, dass Polizisten ihnen bloß verdächtige Personen auf der Straße anhalten, befragen und durchsuchen durften. Prompt und messbar sank die schwere Kriminalität in New York und an anderen Orten in den Vereinigten Staaten und über deren Grenzen hinaus, und die Anwendung der Broken-Windows-Theorie bei der Bekämpfung der städtischen Kriminalität wurde als Erfolg gefeiert.[103]

Forschungen und Diskussionen zu dieser Theorie gehen unvermindert und einigermaßen hitzig weiter. Kritiker behaupten, dass der Rückgang der Kriminalität in New York während der Amtszeit von Bürgermeister Giuliani einem allgemein steigenden Lebensstandard der New Yorker und insbesondere einem jähen Rückgang der Arbeitslosenzahlen geschuldet sei und dass solche ökonomischen Faktoren höchstwahrscheinlich viele verschiedene Arten von Kriminalität eindämmten. Kriminalstatistiken, geografisch analysiert, bestätigten zwar ganz allgemein den Zusammenhang zwischen sorgfältig vermessener Verwahrlosung und Kriminalitätsraten, seien aber nicht so zwingend, wie in Wilsons und Kellings Theorie behauptet. Darüber hinaus diskriminierten Maßnahmen zur »Säuberung« von unordentlichen Stadtvierteln Arme und Unterprivilegierte. Aber ganz unabhängig davon, ob man nur die Verwahrlosung messen muss und schon die Kriminalitätsraten vorhersagen kann und ob sie durch mehr Ordnung und Sauberkeit tatsächlich gedrückt werden, gibt es hinsichtlich des Einflusses von vernachlässigten Umgebungen einen zweiten interessanten und wichtigen Punkt. Der ist zwar selten direkt im Blick der Kriminologen, hat aber doch mit der Qualität unseres Gefühlslebens in der Stadt zu tun. Dieser zweite Faktor ist die *Angst* vor Kriminalität.

In einer Untersuchung zu dieser Angst in zahlreichen europäischen Ländern berichteten etwa zwei Drittel der Befragten, dass sie aus Furcht um ihre eigene Sicherheit ihr gewohntes Verhalten manchmal änderten: bestimmte Stadtteile mieden, andere Spazierwege wählten, Termine änderten.[104] In einer großen Umfrage in den Vereinigten Staaten erzählten sage und schreibe vierzig Prozent der Befragten, dass sie Angst hätten, nachts weiter als eine Meile von ihrem Zuhause entfernt einen Spaziergang zu machen. Selbst wenn sie zu Hause seien, berichtete eine erhebliche Anzahl (vor allem Frauen), seien sie nicht frei von Furcht vor Einbrüchen.[105] Die Zahlen stehen in krassem Gegensatz zu den jährlichen Statistiken bezüglich der tatsächlich vermerkten Delikte: Selbst im schlimmsten Falle zeigen nur zwischen ein und zwei Prozent der Bevölkerung eines Landes solche Vergehen an.

Zwischen dem Vorkommen echter Kriminalität und unserer Angst davor besteht oft nur eine lose Beziehung. Zum Beispiel hat Schweden eine der höchsten Kriminalitätsraten in Westeuropa und Skandinavien, die Angst vor Kriminalität ist aber ebenso wie in anderen nordischen Staaten extrem gering. Vermutlich gibt es komplizierte soziologische Gründe für diese Disproportionalität zwischen unseren Ängsten und der Gefahr, die tatsächlich von unserer Umgebung ausgeht. Unsere Furcht vor den schlimmsten Verbrechen wie Mord passt am wenigsten zur Realität, aber das liegt wahrscheinlich daran, dass solche Verbrechen von den Medien stets breitgetreten werden. Unser allgemeines Ausmaß an Furcht kann sowohl von unserem Leben in der Gemeinschaft, also den guten Beziehungen zu unseren Nachbarn, als auch von unserem Vertrauen in die Polizei kleingehalten werden; mit sozialpolitischen Maßnahmen sowie staatlichen und städtischen Verordnungen kann man also sehr viel ausrichten.

Zu Beginn meiner Berufslaufbahn habe ich Verhaltensforschung bei Tieren betrieben. Wie organisieren Tiere ihr Leben, um ihren biologisch wichtigsten Auftrag zu erfüllen, sich fortzupflanzen und sicherzustellen, dass Kopien ihrer Gene auf zukünftige Generationen übergehen? Ich beschäftigte mich vor allem damit, welche Maßnahmen Beutetiere ergreifen, um gerade nicht zur Beute zu werden. Für meine Arbeiten, die ich hauptsächlich im Labor durchführte, hatte ich kunstreiche Vorrichtungen gebaut, wie zum Beispiel fliegende Papphabichte, vor denen Versuchstiere wie Ratten und Mäuse wegrennen und Schutz suchen sollten. Um Erkenntnisse zu den Interaktionen von Beute und Erbeuter an den lebenden Objekten zu sammeln (und meine beruflichen Interessen als willkommene Ausrede benutzend), begab ich mich auf Abenteuertour nach Kenia. (Mein Chef sprach dann auch, scharfsichtig, wie er war, von »Ellards krummer Tour«.) Und weil meine Kenntnisse der afrikanischen Tierwelt überwiegend aus Alan Roots berühmten Naturfilmen stammten, wollte auch ich Zeuge dramatischer Verfolgungsjagden zwischen Raubkatzen und springenden Gazellen werden.

Auf dem Rücksitz eines Jeeps, durch die Masai Mara gesteuert von meinem Guide, der großen Spaß daran hatte, uns mit Vollgas mitten in eine Herde erboster Gnus oder Elefanten zu manövrieren, hegte ich, wie gesagt, nicht nur die naive Erwartung, lauernde Katzen zu sehen, die sich an unachtsame Beutetiere schlichen und sich dann Wahnsinnsjagden mit ihnen lieferten, sondern auch die traumtänzerische Vorstellung, dass ich irgendwann erkennen würde, wodurch sich die erfolgreiche Flucht eines verfolgten Tieres von einer nicht erfolgreichen unterschied. Welche Zauberformel würde es anwenden, damit es nicht gefressen wurde? Lange musste ich nicht warten, bis ich meine erste und wichtigste Lektion zur Beutetier-Raubtier-Interaktion bekam. Es ist nämlich weniger ein Spiel von List und Schläue, Verstecken und Jagen als vielmehr eines der drögen Effektivität. Auf dem offenen, weiten Gelände der Savanne erschöpft sich die normale Wechselbeziehung zwischen Beutetier und Raubtier in einer ruhigen Pattsituation – in einem sorgsam kalkulierten Kosten-Nutzen-Verhalten.

Die in einer Herde äsenden Gazellen sehen zum Beispiel einen einsamen Geparden. Der Gepard beobachtet die Herde. Beide wissen genau, was Sache ist, aber die Gazellen geraten nicht in Panik und ergreifen auch nicht die Massenflucht über den nächsten Berg. Sie wollen so lange fressen wie möglich. Die Fluchtdistanz – also die Distanz, die ein Gepard zurücklegen muss, um ein Opfer zu packen – wird sorgfältig immer wieder berechnet. Solange die Gazellen außerhalb dieser Distanz bleiben, sind sie einigermaßen sicher und können weiterfuttern. Was man hier lernen kann, ist Folgendes: Mit unnötigem Alarm und unnötiger Flucht sind Kosten verbunden, und Beutetiere sind so an die Situation angepasst, dass sie die Kosten nur auf sich nehmen, wenn es auch sinnvoll ist. Das langfristige Ergebnis des Spiels hängt also weitgehend von der akkuraten Berechnung der Kosten ab.

Kehren wir aus den Ebenen Ostafrikas zurück und wenden uns wieder dem Stadtleben zu. Immer wenn wir wegen unserer Ängstlichkeit eine Entscheidung treffen – auf innere Alarmglocken reagieren, die uns anzeigen, dass in unserer Nähe eine potentielle Gefahr lauert –, verhalten wir uns im Grunde so wie eine grasende Gazelle, der gegenüber ein Gepard die Fluchtdistanz bereits unterschritten hat. Wir entscheiden uns vielleicht dafür, nachts lieber mit dem Auto zu fahren, als zu Fuß zu gehen, oder wir sehen gänzlich von etwas ab, das wir eigentlich tun wollten. Wir nehmen einen längeren Weg auf uns, um eine Gegend zu meiden, die wir als riskant einschätzen. Wir gehen auf die andere Straßenseite oder machen eine Kehrtwendung, damit wir nicht in zu nahen Kontakt mit den Leuten kommen, die dort herumlungern. Solche Entscheidungen sind ökonomisch sinnvoll und beruhen darauf, dass wir den Gewinn aus dem, was wir eigentlich vorhatten, gegen das Risiko abwägen, dass wir zu Schaden kommen könnten. Wenn wir solchermaßen adaptiv handeln, empfinden wir die Berechnung der Risiken und Vorteile tatsächlich in unserem Körper als das Ausmaß unserer Angst. Bedenkt man, dass wir Risiken im Allgemeinen wahrscheinlich überschätzen, könnte man einwenden, dass wir uns unnötig Wünsche versagen. Aber denkt man so wie die Gazellen, sind die Kosten einer Entscheidung für sichereres Verhalten insgesamt vielleicht sehr niedrig verglichen mit dem, was wir zahlen müssten, wenn wir unsere Angstgefühle ignorierten. Der evolutionäre Psychologe Robert Ornstein stellt das Ganze, mathematisch ausgedrückt, folgendermaßen dar:

> Versäumt man es, auf eine Gefahr zu reagieren, selbst wenn es sich dabei nur in einem von 10 000 Fällen um eine tatsächliche Gefahr handelt, ist man tot. Vom Standpunkt der Evolution aus gesehen, ist man ein paar Jahre später noch »toter«, weil es dann weniger Gene von einem gibt. Eine Überreaktion auf Gefahr aber führt nur zu einer leichten Hysterie (…), aber wahrscheinlich zu einem geringen bis gar keinem Verlust der Fortpflanzungsfähigkeit. (…) Wenn über alle Fälle hinweg eine Panikreaktion auf eine drohende Gefahr die Überlebenswahrscheinlichkeit auch nur um ein Zehntausendstel erhöht, dann

> wären die, die in Panik geraten, fortpflanzungsmäßig 484 Millionen mal erfolg- und damit volk-reicher als jene, die die Ruhe bewahrten.[106]

So wie es evolutionär Vorteile bringt, sich wie eine übernervöse Gazelle zu gerieren, haben wir offenbar auch ein paar direkte Auslöser in unserer Umgebung, die zu Erregung, Angst, Furcht und Vermeidungsstrategien führen, und die sind in ihrer Mehrheit wahrscheinlich uralten Ursprungs. Die wichtigsten haben in empirischen Studien zur Furcht in Stadtumgebungen mit deren räumlichen Eigenschaften tun. Zum Beispiel halten wir uns ungern in Umgebungen auf, in denen potentielle Fluchtwege versperrt sind. Wir gehen auch nicht gern durch Gegenden, in denen jede Menge Unholde an jeder Menge dunkler Stellen lauern könnten. Wir meiden Wege, bei denen man nicht recht sehen kann, was um die nächste Ecke liegt, und wir scheuen Gegenden, in denen überhaupt keine Menschen sind. Wenn wir sehen, dass eine Gegend physisch und sozial verwahrlost ist, löst auch das Angst bei uns aus, und wenn wir (aus eigener Erfahrung oder aus Medienberichten) wissen, dass Gewalt dort an der Tagesordnung ist, hält uns natürlich auch das davon ab, dorthin zu gehen.

Auch weitere vollkommen plausible Variablen, die mit uns selbst oder mit anderen Umständen zu tun haben, beeinflussen unsere Besorgnis um unser Leib und Leben. So sind wir zum Beispiel nachts viel vorsichtiger als tagsüber. Und Frauen und ältere Menschen haben niedrigere Hemmschwellen für Angst und Vermeidungsverhalten, was ihrer größeren Verletzlichkeit durchaus entspricht. Die Divergenz zwischen den Geschlechtern sowohl in der Wahrnehmung von Gefahren als auch in der Anfälligkeit dafür sollte man keineswegs unterschätzen, und sie sollte bei einer gelungenen Stadtplanung eine Schlüsselrolle spielen.

1991 stellte sich bei einer Umfrage in Wien heraus, dass sich die täglichen Wege von Männern und Frauen durch die Stadt signifikant unterschieden. Männer benutzten in der Regel den öffentlichen Nahverkehr zweimal am Tag, einmal auf dem Hinweg zur Arbeit und einmal zurück. Frauen dagegen gingen verschiedene Wege, weil sie sich um die Kinder kümmerten, die Haushaltseinkäufe und alles Mögliche andere erledigten. Die Stadt Wien reagierte darauf mit einer Politik des »Gender-Mainstreaming«, die zu gleichem Zugang und gleichen Möglichkeiten für Männer und Frauen in der städtischen Umgebung führen sollte.[107] Bessere Straßenbeleuchtung und besser angelegte Gehwege sollten zum Beispiel ausdrücklich den Geschlechtsunterschieden hinsichtlich Angst vor Kriminalität und größerer Verletzlichkeit Rechnung tragen. Diese Politik, für die es jetzt ein eigenes Dezernat gibt und einen Aktionsplan, der im Wiener Haushalt fest verankert ist und der Geschlechterfragen in vielen Belangen der Stadtplanung berücksichtigt, sollte als Modell für jede Stadt dienen, die die unterschiedliche Zugänglichkeit zu öffentlichen Räumen und Einrichtungen von Frauen und Männern zu beseitigen versucht.

▪ Das innere Ich schützen

In vielerlei Hinsicht ist die Angst, die wir vor körperlichen Verletzungen in und außerhalb von Gebäuden haben, vollkommen einleuchtend. Wir wissen, welche Gefahren unserem Körper und unserem Besitz von Kriminellen drohen, und wenn auch bisweilen vorgebracht wird, dass unsere emotionalen Reaktionen darauf den Realitäten überhaupt nicht entsprechen, besitzen die meisten von uns doch ein gut eingestelltes Sensorium für die Dinge in unserer Umwelt, die auf Risiken hindeuten.

Im Vergleich dazu sind die Verhaltensweisen, mit denen wir unser inneres Ich vor einer Welt von Fremden zu schützen versuchen, schwerer zu fassen. Denn anders, als wenn wir vermeiden, Opfer von Kriminalität zu werden, können wir hier die Risiken nicht immer so leicht ausmachen. Obgleich wir natürlich sowohl materiellen als auch psychischen Schaden erleiden können, wenn wir unser Innenleben preisgeben (denken Sie nur an die ganz offensichtlichen Beispiele wie Identitätsdiebstahl oder Mobbing in den sozialen Medien wie Facebook oder Twitter), reichen unsere Vorsichtsmaßnahmen zum Schutz unserer Privatsphäre weit über die Abwehr solcher Art Risiken hinaus. Um mit einem Fremden im Bus ein Gespräch zu beginnen, müssen wir vielleicht eine gewisse Berührungsangst überwinden, dass wir uns jedoch einem Risiko aussetzen, ist sehr unwahrscheinlich. Für Stadtbewohner liegt eine gewisse Ironie darin, dass dieselben Impulse, mit denen sie sich vor den neugierigen Blicken Fremder schützen, für eines der großen psychischen Probleme in Großstädten verantwortlich ist: die Einsamkeit.

In vielen Teilen der Welt sind wir mitten in einem dramatischen demografischen Wandel begriffen. 2013 stieg der Anteil von Singles an der Gesamtbevölkerung der Vereinigten Staaten zum ersten Mal, seit genaue Aufzeichnungen existieren, auf über fünfzig Prozent, eine gewaltige Veränderung in relativ kurzer Zeit. (Der Anteil von unverheirateten Personen ist seit 1976 um etwa fünfunddreißig Prozent gestiegen.)[108] Ähnliches passiert auch in Nordeuropa, wo zum Beispiel in

London 2011 der Anteil der Ein-Personen-Haushalte mehr als fünfzig Prozent betrug und in anderen Regionen im Vereinigten Königreich die Anzahl der Ein-Personen-Haushalte steil gestiegen ist.[109]

Diese Veränderungen haben nicht nur enorme Folgen für unsere Politik und Kultur, sondern auch für die Art, wie wir den Raum, d. h. alle möglichen Räume, benutzen, angefangen mit unserem Zuhause bis hin zu öffentlichen Räumen. Soziologische Untersuchungen verweisen darauf, dass die Zahl unserer engen Freunde stetig schrumpft. Als man eine große Auswahl von Menschen in den Vereinigten Staaten bat, die Personen aufzuzählen, mit denen sie »wichtige Dinge« besprechen könnten, war die durchschnittliche Anzahl der angegebenen engen Vertrauten 2,08. In einer ähnlichen, etwa zehn Jahre zuvor durchgeführten Umfrage war die Zahl noch viel größer gewesen.[110] In Anbetracht der Tatsache, dass normalerweise der engste Vertraute der Ehepartner ist, ist der Rückgang vielleicht nicht überraschend. Aber während der gleichen Zeitspanne ist die Benutzung der elektronischen sozialen Medien extrem gestiegen. Googeln Sie nur mal schnell »friend«, und Sie werden feststellen, dass in den Treffern weniger die Rede davon ist, dass jemand mit einem Freund oder einer Freundin bei einer Tasse Kaffee oder einem Glas Wein die Tagesereignisse bekakelt, als vielmehr davon, wie man auf Facebook die Privatsphäreneinstellungen korrekt vornimmt.

Insgesamt haben die genannten Veränderungen – weniger Eheschließungen, zunehmendes Alleinleben, allgegenwärtige soziale Netzwerke im Internet – eine Flut von Untersuchungen, Büchern, Leitartikeln oder Kommentaren zu den Konsequenzen für das Sozialverhalten der Menschen hervorgebracht. Und wenn sich auch die Aufregung noch längst nicht gelegt hat, haben sich doch ein paar Dinge herausgeschält. In einer kürzlich vorgenommenen Umfrage in Vancouver berichteten die Befragten, dass ihr größtes Problem mit dem Stadtleben die Einsamkeit sei, größer als ökonomische oder sonstige den Lebensstil betreffende Probleme.[111] Eine ähnliche Studie in Australien ergab, dass 2005 fünfzig Prozent mehr Menschen als 1985 meinten, sie hätten überhaupt keine Freunde. Volle dreizehn Prozent glaubten, dass sie in der Nachbarschaft niemanden hätten, den sie im Notfall um Hilfe bitten könnten.[112] Ist auch »allein sein« mitnichten das Gleiche wie »einsam sein«, worauf der Psychologe John T. Cacioppo in seinem mit William H. Patrick verfassten wegweisenden Buch *Einsamkeit: Woher sie kommt, was sie bewirkt, wie man ihr entrinnt*[113] hingewiesen hat, so ist doch klar, dass niedrige Heiratsziffern, der hohe Anteil von Alleinlebenden und die generell kleineren sozialen Gruppen jene Menschen vor große Herausforderungen stellen, die versuchen, sich gegen den anstrengenden Zustand der Einsamkeit zu wehren.

Viele Forschungen haben gezeigt, dass Einsamkeit hohe Kosten verursacht. Wer chronisch einsam ist, leidet wahrscheinlich auch an Depressionen, niedrigem Selbstwertgefühl, geringeren Aufstiegschancen, was insgesamt zu Krankheit und frühem Tod führen kann. Was zu diesem Anstieg von Einsamkeit geführt hat, ist nicht ganz klar, obwohl vielfach auf den Trend zum Leben abseits des Zentrums in den Vororten und die folglich langen Wege zum Arbeitsplatz verwiesen wird. Desgleichen auf die elektronischen Medien, besonders das Internet und die sozialen Netzwerke, mit Hilfe derer wir bequem, wenn auch nicht unbedingt glücklich, jedenfalls aber viel isolierter von unseren Mitmenschen leben können. Ohne das Haus oder die Wohnung zu verlassen, können wir shoppen, spielen und kommunizieren. Obwohl unsere leibhaftigen sozialen Gruppen ja offenbar kleiner und konfliktfreudiger werden, ist erheblich unklarer, wie das mit den stets verfügbaren Online-Netzwerken in Beziehung steht. Am deutlichsten sind noch die Ergebnisse einer Studie des Soziologen Keith Hampton, laut derer wir weniger enge Vertraute als je zuvor benennen, das aber zum Teil daran liegen mag, wie anders wir jetzt Freundschaft definieren und unser soziales Leben gestalten.[114] Hampton behauptet, es gebe nur wenige Hinweise, dass die Veränderungen durch die Benutzung von Online-Netzwerken herbeigeführt worden seien. Manche Studien haben sogar einen direkten wechselseitigen Einfluss zwischen dem Umfang unserer Online-Netzwerke und den sozialen Netzwerken in unserem echten Leben ergeben. Und darüber hinaus auch noch auf die Größe einiger unserer Hirnareale, wie zum Beispiel der Amygdala, von denen man annimmt, dass sie an der Regulierung bestimmter Aspekte unseres sozialen Lebens beteiligt sind.[115] Einige seiner Studien haben zusätzlich gezeigt, dass Online-Netzwerke, die Informationen über den Kiez verbreiten, den sozialen Zusammenhalt dort spektakulär verbessern können.[116]

Trotz der Unklarheiten, die die Wechselbeziehungen zwischen (realen und virtuellen) sozialen Netzwerken und der Beschaffenheit des gebauten Raums umgibt, ist eines gewiss: Auf den langen Zeitraum bezogen besteht eine der Hauptveränderungen seit unserem Übergang vom Leben in kleinen Gruppen zu einem kosmopolitischen Lebensstil darin, dass wir nicht mehr mit jedem Menschen, den wir täglich sehen, vertraut sein können. Den Überblick über die schiere Menge an Personen zu behalten, unter denen wir leben, überschreitet unser kognitives Leistungsvermögen.

In unseren modernen Lebensverhältnissen entwickeln wir offenbar Angstreaktionen und greifen zu übereifrigen Schutzmaßnahmen, sobald unser privates, inneres Ich Gefahr läuft, erblickt zu werden. Man könnte argumentieren, dass wir in unserem Leben unter den Bedingungen der Stadt einen unguten Kompromiss schließen müssen zwischen evolutionären Verhaltensmustern, mit denen wir erfolgreich in kleinen, ungeschützten Gruppen gelebt haben, und einer physischen Umgebung, in der wir gezwungen sind, Schulter an Schulter mit Tausenden von Fremden zu leben.

Viele unserer Angstreaktionen, die uns möglicherweise vor Verbrechen schützen, besitzen einen niedrigen Sollwert, weil die Kosten-Nutzen-Rechnung auch bei einem Fehlalarm einen Vorteil ergibt, ganz nach der Devise »Vorsicht ist besser als Nachsicht«. Aber: Die Kosten der sozialen Isolation, die durch das Leben in einer Masse von Fremden sowie durch unsere Schutzmaßnahmen entstehen, sind hoch. Wenn wir den Unbekannten im Aufzug oder hinter uns in der Supermarktschlange die kalte Schulter zeigen, berauben wir uns nicht nur einer möglicherweise netten Bekanntschaft, sondern wir treiben unsere Ängste und Stressreaktionen auf ungesund hohe Werte. In diese Richtung denken gewiss Stadtplaner wie Charles Montgomery, der in seinem Buch *Happy City* für einen Wandel im Planen und Bauen plädiert und zu geselligem Verhalten anregen will – durch zugängliche öffentliche Plätze, angenehme städtische Grünflächen und weniger hohe Häuser mit Eigentumswohnungen, in denen wir, wahrscheinlich eh schon in gute, positive Stimmung versetzt, einander leicht und oft begegnen.[117]

Eine ähnliche Dynamik erklärt vielleicht auch die unaufhaltsame Popularität von sozialen Netzwerken wie Facebook.

Die im Dauerbetrieb erfolgenden Status-Updates könnte man als das moderne Äquivalent zu uralten Ritualen betrachten, bei denen kleine Gruppen von Bauernsiedlern im Kreis um ihre Feuerstellen hockten und sich gegenseitig beobachteten, immer allen sichtbar, aber nicht unbedingt direkt miteinander kommunizierend. Das ständige Geflimmer von Status-Updates, stets da, wenn man es überprüfen will, aber nicht unbedingt die konzentrierte Aufmerksamkeit fordernd, kann man tatsächlich als Parallele zu dem beschriebenen primitiven, beiläufigen Informationsaustausch an der Feuerstelle sehen. Interessant in diesem Zusammenhang ist, dass die mittlere Anzahl von Facebook-Freunden um die zweihundert beträgt – gar nicht so weit entfernt von der berühmten Dunbar-Zahl von 150, mit denen das menschliche Hirn laut dem Anthropologen Robin Dunbar stabile Beziehungen unterhalten kann. Die Zahl passt auch hervorragend zur durchschnittlichen Zahl von Angehörigen in vielen verschiedenen sozialen Gruppen, das gilt von jungsteinzeitlichen Bauerndörfern bis zur Kompaniegröße in einem modernen Heer.[118]

Wenn auch der Vergleich zwischen unserem Gebrauch sozialer Netzwerke im Internet – dass wir uns ständig auf dem Laufenden halten, wo unsere »Freunde« sind und was sie tun – und dem Verhalten um eine Feuerstelle versammelter jungsteinzeitlicher Bauern des Reizes nicht entbehrt, gibt es doch einen gravierenden Unterschied. Unsere natürlichen, organisch gewachsenen Netzwerke organisieren sich selbst vom Kleinen zum Großen. Wir verfolgen auf Basis von Sehen und Hören gegenseitig unser Tun und Denken in simplen Kategorien. Und unser wechselseitiges Handeln und Beobachten führen zu so etwas wie Gruppenverstehen und Zusammenhalt. Bei einem Internetnetzwerk wie Facebook gibt es aber ganz augenscheinlich zusätzlich zu dem, was wir in Worten und Bildern posten, eine Art Steuerungsebene. Die Firma Facebook überwacht unsere Beiträge, filtert sie entsprechend ihren eigenen genau definierten Algorithmen und führt bekanntermaßen gern Experimente mit uns durch, um zum Zwecke der Profitmaximierung so tief und breit wie möglich in unser Alltagsleben einzudringen.[119] Diese für den leichtgläubigen Benutzer mehr oder weniger unsichtbare Kontrolle (die sich allerdings spätestens in der kontextsensitiven Werbung zeigt) macht den Besuch von Netzwerkseiten, die Firmen gehören, zu etwas gänzlich anderem als dem Geschehen ums Lagerfeuer – und potentiell um einiges besorgniserregender. Unser zwanghafter Gebrauch dieser Netzwerke, vielleicht angetrieben von dem Wunsch, bei »den anderen« unter allen Umständen und ständig alles mitzukriegen (was bei kleinen Gruppen von Frühmenschen gut geklappt hat), ist vielleicht die Reaktion auf die Ängste und Befürchtungen, die entstanden, als wir mit dem Umzug in die großen Städte den Zusammenhalt verloren.

SECHSTES KAPITEL

Räume der Ehrfurcht

Am Heiligabend 1968 machte der Astronaut William Anders auf der Apollo-8-Mission ein Foto, das eines der berühmtesten Bilder der Menschheitsgeschichte werden sollte. Als er mit seinen Kollegen Frank Borman und Jim Lovell in dem winzigen Raumschiff den Mond umkreiste und sich die blaue Kugel des Planeten Erde zeigte, griff Anders zur Kamera und rief mit einem Enthusiasmus, den man von einem Kampfpiloten der Luftwaffe der Vereinigten Staaten nicht unbedingt erwartet hätte: »Da! Die Erde geht auf! Mann, ist die schön.«[120]

Ich erinnere mich, wie ich als kleiner Junge das Poster mit diesem Foto begeistert an meine Zimmerwand geklebt und es jeden Abend beim Schlafengehen sehnsüchtig betrachtet habe. Ich dachte und fühlte natürlich wie ein Zehnjähriger. Für mich bedeutete es Abenteuer, Exotik und verlockende, weite Ferne; das Bild entzündete in mir, wie es das bei den meisten Jungs meines Alters tat, den glühenden Wunsch, ebenfalls auf große Weltraumfahrt zu gehen. Ich war nämlich überzeugt, dass nun, nachdem die Menschen der Erdatmosphäre tatsächlich entronnen waren, alles möglich wäre und wir bald alle in Raumschiffen leben würden. Die Zukunft verhieß Unerhörtes. Über die Jahre habe ich dieses Foto überall gesehen, in unzähligen Museumsausstellungen und bei naturwissenschaftlichen Schulprojekten, in kitschigen Bild-Montagen an den Wänden von Andenkenläden und sogar an einem winzigen Getränkestand an einer glühend heißen Lehmpiste zwischen Nairobi und Mombasa. Es hat diese unwiderstehliche Anziehungskraft nicht nur, weil es einfach überwältigend schön ist, sondern auch, weil es uns daran erinnert, dass wir Menschen Bewohner eines winzigen Planetenraumschiffs sind, das durch einen wahrhaft grenzenlos weiten Raum rast. Der Dichter Archibald MacLeish drückte aus, was viele dachten, als er am ersten Weihnachtstag 1968, dem Tag, an dem das Bild weltweit zu zirkulieren begann, in der *New York Times* schrieb: »Wenn wir die Erde so sehen, wie sie wirklich ist und klein und blau und wunderschön in der ewigen Stille treibt, sehen wir uns selbst als Reisende auf dieser Erde, Brüder auf dieser hellen Schönheit in der ewigen Kälte – Brüder, die jetzt wissen, dass sie wirklich Brüder sind.«[121]

Die Gefühle der drei Astronauten an Bord der Apollo 8 und die, die wir mitempfunden haben, als wir voller Staunen von der Erde aus zusahen, haben Astronauten, die in die Weiten des Alls vorgedrungen sind, natürlich immer wieder erlebt. Der Autor Frank White prägte in seinem 1987 erschienenen gleichnamigen Buch dafür den Begriff Overview-Effekt[122]. In dem Kurzfilm *Overview* von Whites Gruppe, dem Planetary Collective, beschreibt der Philosoph und Zen-Lehrer David Loy die Gefühle, mit der Astronauten die Erde betrachten, als die Erkenntnis »ihrer Verbundenheit mit dieser wunderschönen blaugrünen Kugel«. Weiter bezeichnet er die beinahe universelle Reaktion der Astronauten als Gefühl der Ehrfurcht, zu der, wie er sagt, die Bereitschaft gehöre, »sich zu entgrenzen. Das Gefühl der Trennung zu überwinden.«[123]

Obwohl ja nun nur sehr wenige von uns das Glück haben, ins All zu reisen und die weit entfernte Erde voller Ehrfurcht zu betrachten, haben wir doch alle schon einmal etwas erlebt, das wir als »ehrfurchtgebietend« bezeichnen würden. Wir können von Ehrfurcht überwältigt werden, wenn wir ein spektakuläres Naturphänomen erleben wie einen schwarzen sternenfunkelnden Himmel oder ein Gewitter, wenn wir eine majestätische Bergkette oder einen tiefen Canyon betrachten oder einfach über große Weltereignisse nachdenken und diskutieren – die Radioübertragung der Gespräche von Raumfahrern etwa rief eine gewaltige globale Reaktion der Ehrfurcht hervor.

Und um zum Thema dieses Kapitels zu kommen: Auch an bebauten Schauplätzen können wir von Ehrfurcht gepackt werden. Nur was genau bedeutet das? Nüchterne Lexikondefinitionen besagen, dass Ehrfurcht aus einer einzigartigen Kombination von Furcht und Überraschung besteht. Die Aussagen von Astronauten, die den Overview-Effekt erlebten, deuten darauf, dass zur Ehrfurcht auch Elemente des Transzendenten gehören. Ehrfurchtserfahrungen katapultieren uns über die engen Grenzen unseres Körpers hinaus und bringen uns auf den Gedanken, dass unsere Existenz vielleicht aus mehr als einem schlagenden Herzen in einer fragilen organischen Hülle besteht. Wir empfinden Grenzenlosigkeit, weil die Grenzen von Zeit und Raum, die uns normalerweise am Boden halten, plötzlich wie weggewischt sind.

Unsere Interaktion mit der Umgebung ist weitgehend von starken biologischen Zwängen bestimmt, die wir mit fast allen anderen Tieren gemeinsam haben. Genau wie uns können auch Tieren Gefühle der Geborgenheit und Behaglichkeit guttun (und vielleicht können sie sie sogar genießen), die man nur in einem Raum findet, in dem man zu Hause ist. Warum sollte ein junges, in seinem Bau eingekuscheltes Kaninchen anders empfinden als ein Kind, das in seinem Zimmer schlummert? In einem Kasino oder in einem Einkaufszentrum werden wir, ganz unseren archaischen Trieben entsprechend, von dem, was neu ist und neu klingt, angezogen und vielleicht auch dazu angetrieben, mehr Geld auszugeben, als wir eigentlich haben. Und obwohl eine Versuchsratte sicher nicht gerade von einer an Eindrücken reichen Erfahrung berichten könnte, wenn sie bei einer Versuchsreihe in einer Skinner-Box – stets in der Hoffnung auf eine Belohnung in Gestalt eines Spritzers Schokomilch – hektisch immer wieder Stangen herunterdrückt, ist die Struktur ihres Verhaltens nicht einmal in ihrer neuronalen Manifestation von der unseren grundsätzlich unterschieden. Ja, höchstwahrscheinlich unterscheiden sich die Gefühle, die wir bei solchen Gelegenheiten empfinden, Gier und Verlangen, qualitativ überhaupt nicht von denen anderer Tiere. Wir werden ängstlich, wenn wir in unserer Umgebung etwas Bedrohliches entdecken, und die Verbindungen zwischen diesem Gefühl samt daraus erwachsenden Handlungen und den entwicklungsgeschichtlichen Wurzeln unserer Reflexe – wir wollen eben nicht gern jemandes Abendessen werden – leuchten ja sofort ein. Jetzt aber wenden wir uns einer Form der Reaktion auf den Ort zu, die nach allem, was wir wissen, vielleicht nur dem Menschen eigen ist: der Ehrfurcht, die wir dann empfinden, wenn wir uns an transzendierende Orte begeben.

Die ersten Psychologen wie der im vierten Kapitel bereits erwähnte William James haben natürlich über Ehrfurcht diskutiert, und selbst Theoretiker der Psychodynamik wie Sigmund Freud, C. G. Jung und Otto Rank schrieben der Erfahrung der Transzendenz in ihren Theorien des menschlichen Verhaltens eine wichtige Rolle zu. Pragmatischere Psychologen beteiligen sich erst in jüngster Zeit an der Debatte. Die Ursachen dafür sind vielfältig und manche der Tatsache geschuldet, dass Ehrfurcht als Grundgefühl eigentlich nie auf einer Ebene mit Furcht, Überraschung und Ekel betrachtet worden ist. Aber auch das mag damit zu tun haben, dass nur Menschen Ehrfurcht empfinden. Noch einmal: Den Gedanken, dass auch Tiere Grundgefühle haben, finden wir völlig normal – und sie haben sie, das ist offensichtlich –, aber das liegt daran, dass wir diese Gefühle deutlich als adaptiv verstehen. Ob als Mensch oder Gürteltier – man sollte, wenn man Angst hat, stets eine Abwehrhaltung einnehmen, und wenn man überrascht wird, sollte man wegrennen, und Dinge, die einen anekeln, sollte man besser nicht aufessen. Aber wofür ist die einzig dem Menschen eigene Emotion Ehrfurcht da? Wie funktioniert sie? Was ruft sie hervor? Wie wird sie gemessen?

In der Nachfolge der präzisen Analysen der Psychologen Dacher Keltner und Jonathan Haidt, die untersucht haben, wie das Wort Ehrfurcht von Theologen, Soziologen, Psychologen und Laien benutzt wird, konzentrieren sich derzeit viele Forscher auf zwei charakteristische Merkmale, die offenbar allen Erfahrungen von Ehrfurcht gemeinsam sind: das Gefühl von unermesslicher Weite und der so genannten Akkommodation.[124]

Die unermessliche Weite wird körperlich erlebt, wenn wir über den Rand des Grand Canyon schauen, aber wir können sie auch gefühlsmäßig erfahren. Superhelden erzeugen vielleicht ein Gefühl von Weite, weil sie ein enormes Spektrum an besonderen Kräften besitzen. Ein brillanter Verstand – ein

Einstein – erzeugt das Gefühl von unermesslicher Weite, weil er so unermesslich klug ist. Alle diese Reaktionen bedeuten, dass etwas wirklich, wirklich groß ist.

Akkommodation beschreibt, wie wir unsere Weltsicht eventuell anpassen müssen, wenn wir auf den Reiz reagieren, der Ehrfurcht erzeugt. Die Crux bei dieser Anpassung liegt darin, dass normalerweise zwei Dinge – Ideen, Vorstellungen oder sogar sinnliche Erfahrungen – zusammengebracht werden müssen, die einander widersprechen. Und dieses Gefühl der Gegensätzlichkeit, der Widersprüchlichkeit des Erlebens, können wir nur überwinden, wenn wir das, was wir von der Welt zu wissen vermeinen, anpassen, und das manchmal in großem Umfang. Ein gutes Beispiel aus der Naturwissenschaft ist vielleicht, wie sehr sich ein Physikstudent intellektuell abmühen muss, um zu begreifen, dass Licht sowohl als Welle als auch als Teilchen beschrieben werden kann. Aber nicht zufällig beziehen sich viele Beispiele von Akkommodation und Offenbarung auf religiöse Erfahrungen. Im Christentum steht die Vorstellung, dass Jesus sowohl ein sterblicher Mensch (zur Genüge bewiesen durch den Mord an ihm) als auch ein Gott war (Beweis: seine Rückkehr von den Toten), für einen Widerspruch, der eine aktive Umbildung der eigenen Weltsicht (oder passender, der eigenen Sicht des Universums) durch einen Akt höchster Akkommodation erfordert. Sonst würde man eine solche Dualität für puren Unsinn halten. Die Astronauten mussten sich natürlich auch »akkommodieren«. Als sie den Overview-Effekt erlebten und ihre eigene Verbundenheit mit dem Universum in großem Stil, machte das den Akt der Akkommodation nötig. Unter anderen Umständen haben viele von uns ihn auch vollzogen.

Als ich zum ersten Mal im Petersdom in Rom war, war ich

sowohl von der Größe und Weite im Inneren als auch der schieren Menge an kunstvollen Dekorationen überwältigt. Mein erster Eindruck des Raumes wurde von den körperlichen Reaktionen der anderen Besucher noch verstärkt. Gläubige Pilger warfen sich zu Boden und krochen auf allen vieren von der inneren Vorhalle zum Querschiff. Selbst weniger beeindruckten Touristen schien es den Atem zu verschlagen. Mein eigenes Offenbarungserlebnis konzentrierte sich weitgehend darauf, dass ich auf einmal begriff, was für eine Macht ein solches Gebäude besitzen musste, wenn es derart starke Gefühle hervorrief. Und dabei schien es ganz einerlei zu sein, ob man bzw. wie sehr man selbst gläubig war (ich bin es nur rudimentär).

Im Grunde löste übrigens die Erfahrung im Petersdom mein Interesse an der Macht von Gebäuden aus, unsere Gedanken und Gefühle zu prägen. Vom Verstand her war mir zuvor schon bewusst, dass Ort und Raum wichtig sind. Aber ob man die Einzelheiten unserer Psychologie in Fachberichten zur Kenntnis nimmt oder in einem gewaltigen Dom steht und von einer unleugbaren Kraft geradezu erschlagen wird, sind zwei verschiedene Paar Schuhe. Außer meinen Gefühlen von Größe und Weite und der aus meiner beruflichen Arbeit herrührenden akkommodativen Reaktion verspürte ich nicht nur mit meinen Mitbesuchern, sondern eigentlich mit allen, die in den Jahrhunderten zuvor in dieser Kirche gewesen waren, ein Gefühl der Einheit. Genau wie die Astronauten, die berichteten, dass es ihnen vorgekommen sei, als schmölzen Zeit und Raum dahin und die Grenzen, die ihre eigenen Körper vom Rest des Universums trennten, würden zerrissen, empfand ich ein ähnliches Wegbrechen an den Rändern meines Ichs und eine ähnliche mystische Einheit. Das war insofern noch bemerkenswerter, als ich genau wusste, dass meine Reaktionen in gewisser Weise beabsichtigt waren, dass es Ziel und Zweck des Gebäudes war, in mir Gefühle hervorzurufen und sie zu benutzen, um mich zu verändern.

Wenn es sicher auch zutrifft, dass die vollständige Erfahrung von Ehrfurcht, die ich beschrieben habe, also das Gefühl von unermesslicher Weite und Akkommodation zusammen mit dem mystischen Gefühl der Einheit mit etwas Größerem, nur dem Menschen eigen ist, so stellt sich an dieser Stelle doch die Frage nach den entwicklungsgeschichtlichen Vorläufern der Ehrfurcht. In der Welt der nichtmenschlichen Tiere sind die vergleichbaren Empfindungen wesentlich prosaischer – und trotzdem vollkommen in Übereinstimmung mit den von mir beschriebenen menschlichen Emotionen. Es ist die Größe! An der liegt es! Jeder, der schon einmal gesehen hat, wie ein großer Hund – der Boss der Straße – einen kleineren zwingt, sich zu unterwerfen, begreift die Macht von Größe. Der kleine Hund folgt einem Programm, das, oberflächlich betrachtet, seiner Selbsterhaltung dient. Denn wenn er sich nicht herumrollt und seinen Bauch zeigt, kann der Konflikt bekanntlich eskalieren, der größere Hund seine Angriffsbemühungen verstärken und den Kleinen vielleicht sogar ernstlich verletzen. Interessanter ist freilich, warum der Konflikt überhaupt entsteht. Warum ignorieren sich diese beiden Vierbeiner nicht einfach und gehen aneinander vorbei? Wenn wir das zur Gänze beantworten wollten, müssten wir uns weit von unserem Hauptthema wegbewegen, aber ein paar durchaus interessante Gründe will ich skizzieren.

In Gruppen zu leben hat bestimmte Vorteile. Tiergruppen können sich besser gegen Attacken schützen und – ebenso wichtig – die Ressourcen in ihrem Revier besser verteidigen.

Aber wer einmal zusammen mit anderen Leuten in einem Studentenwohnheim oder einer Wohnung gewohnt hat, weiß nur zu gut, dass Gemeinschaft ihren Preis hat: Manche Mitglieder sind stark und schlau genug, um sich einen größeren Anteil an den Ressourcen zu sichern. Um das zu verhindern, bestünde *eine* Alternative darin, jedes Mal, wenn es zu einem Konflikt wegen der Ressourcen kommt, auf Leben und Tod oder zumindest mit der Aussicht auf eine ernsthafte Verletzung darum zu kämpfen. Doch wie der Verhaltensforscher Konrad Lorenz in seinem bahnbrechenden Buch *Das sogenannte Böse. Zur Naturgeschichte der Aggression* bei Tieren zum ersten Mal gezeigt hat, ist es adaptiv viel sinnvoller, wenn sie ihren Konflikt lösen, indem sie einander den wahrscheinlichen Ausgang des Kampfes anzeigen. Denn dann braucht der überhaupt nicht stattzufinden.[125]

Für unseren bedauernswerten kleinen Zwergschnauzer, der auf seinem Sonntagsspaziergang den Ausgang des Streits mit der Bulldogge mit dem Stachelhalsband bedenken muss, heißt das schlicht und ergreifend: Er als der Kleinere muss wissen, dass er verliert, und sich geschlagen geben, bevor der Kampf beginnt. Dieses simple Stück Überlebenskalkulation bestimmt vieles im sozialen Verhalten von Tier-, aber auch von Menschengruppen. Die Vorteile von Größe liegen ja auf der Hand. Bei nichtmenschlichen Primaten haben die größten und stärksten Männchen bevorrechtigten Zugang zu Futter, Zufluchtsorten und dem anderen Geschlecht. Bei den Menschen verdienen größere Männer mehr Geld und genießen einen höheren sozialen Status. Wir honorieren Größe sogar insofern symbolisch, als wir mächtigen Personen oftmals die Büros in den obersten Stockwerken geben. Und obwohl es nicht unserem Selbstbild entspricht, scheint es doch so zu sein, dass wir die Macht von Größe in sozialen Beziehungen instinktiv verstehen, sogar schon bevor wir sprechen können.

In einem klugen Experiment hat ein Team von Psychologen der Universität Harvard unter Leitung von Susan Carey Kleinkindern, die noch nicht sprechen konnten, Animationsfilme gezeigt, in denen zwei einfache Quadrate (ein großes und ein kleines), die Augenpunkte und Münder hatten, miteinander zu kämpfen schienen.[126] Die Quadrate taten, als wollten sie auf einer Straße aneinander vorbeigehen (im Prinzip wie unsere beiden Hunde), aber es war nicht genug Platz, und es folgte ein Geschubse. Einmal zeigte das kleinere Quadrat eine Unterwerfungsgeste und warf sich zu Boden, woraufhin das größere Quadrat vorbeigehen konnte. Ein anderes Mal unterwarf sich das größere Quadrat. Während die Kinder das Schauspiel betrachteten, maßen die Forscher sorgfältig ihre Blicke. Sie wollten wissen, wie viel Aufmerksamkeit die Kinder den beiden dargestellten Akten von Dominanz und Unterwerfung schenkten und ob es Unterschiede dabei gab. Auffallend war, dass die Kinder, die im übrigen elf Monate alt waren, dem Film viel interessierter folgten, in dem das kleinere Quadrat das größere dominierte: ein Hinweis darauf, dass sie das unerhört Neue an dem Geschehen ahnten. Die Dominanzhierarchie war auf den Kopf gestellt! Menschenkinder, die noch nicht der Sprache mächtig sind, verstehen also mittels angeborener Mechanismen wirklich schon, wie soziale Dominanz normalerweise funktioniert.

Nun sind wir ein ganzes Stück von der Betrachtung abgekommen, wie adaptiv Ehrfurcht ist, aber auf den wichtigen Faktor Größe, besonders der Art von Größe, wie wir ihr etwa in einem Dom begegnen, reagieren wir sehr stark. Das nüchterne darwinistische Argument lautet, dass unsere Reaktionen auf große Gebäude oder den Grand Canyon Hirnmechanismen aktivieren, die sich entwickelt haben, damit die soziale Ordnung nicht gestört wurde: Aggressionen unter Rivalen sollten gedeckelt und die Schwachen zur Unterwerfung angehalten werden.[127]

Außer unseren angeborenen Reaktionen auf die schiere Größe von Dingen tragen auch Lektionen aus der Natur und unserer eigenen Lebenserfahrung dazu bei, wie wir auf religiöse Monumente oder andere Imponierbauten reagieren. Um zu verstehen, worum es geht, betrachten Sie das Verhalten des Laubenvogels. Männliche Laubenvögel bauen enorme Lauben, deren einziger Sinn und Zweck es ist, ein Weibchen anzulocken. Die Lauben besitzen einige auffallende Ähnlichkeiten mit großen, von Menschen erbauten Monumentalbauten. Die Laubenvögel legen überdies aber noch eine Art Damm an, einen erhöhten Fußweg, auf dem die potentiellen Partnerinnen herbeieilen sollen. Und wenn sie sich darüber dem riesigen, vor der Laube befindlichen Hof nähern, werden sie zudem akustisch oft von dem Männchen unterhalten, dessen Ruf im Resonanzraum des Baus verstärkt wird. Folge davon? Das Männchen erscheint größer, als es ist. Und um all dem die Krone aufzusetzen, konstruiert es den Damm, der zur Laube führt, auch noch so – wie John Endler, ein Biologe an der Deakin University in Australien berichtet –, dass eine perspektivische Illusion erzeugt wird.[128] Es bedeckt ihn mit Objekten, die in der Richtung, in der das Weibchen geht, allmählich größer werden, das heißt, es kehrt das normale perspektivische Sehen einfach um. Normalerweise projizieren Objekte, die vom Auge weiter entfernt sind, kleinere Bilder auf die Netzhaut, und das ist ja auch ein grundlegender Hinweis für uns, wenn wir Entfernungen und Ausdehnung einschätzen wollen. Diese geschickte Umkehrung, die der Laubenvogel vornimmt, lässt ihn wie der Gesang in der Laube größer erscheinen, als er wirklich ist, und er schindet noch mehr Eindruck beim Weibchen.

Doch nicht nur wegen der Größe der Laube, sondern auch wegen ihrer komplexen Bauweise muss das Männchen eine beträchtliche Menge an Zeit und Energie aufwenden, die es eigentlich für seine Alltagsgeschäfte bräuchte, nämlich, sich was zu futtern zu suchen und Rivalen und Fressfeinde auf Abstand zu halten. Die Kosten für den Bau einer guten Laube sind folglich durchaus signifikant. Wie das enorme Schwanzfederkleid eines Pfauenmannes, mit dem er nur demonstrieren will, dass er fit und stark genug ist, Extragewicht mit sich herumzutragen (und Unmengen von Parasiten Extralebensraum sowie potentiellen Fressfeinden ein hervorragend zu erspähendes Ziel zu bieten), so demonstriert die Laube, wie fit das Laubenvogelmännchen ist, denn es hat ja offenbar sogar unter dem Druck dieses selbst auferlegten Handicaps überlebt. Monumentale Bauwerke – Angkor Wat, eine Pyramide in Gizeh, eine gigantische Kathedrale – zeigen eben aller Welt, dass ihre Schöpfer in die Vollen (ihrer Ressourcen) gehen konnten. Es ist eine offene Demonstration von Macht.

Der Impuls der Menschen, kostspielige große Bauwerke zu errichten, deren Umfang, Machtgepränge und Ausschmückungen zu ihrem praktischen Funktionieren gar nicht nötig sind, entspringt ohne jeden Zweifel den gleichen Motivationen, die Vögel und andere Tiere dazu bringen, bei der Werbung um Geschlechtspartnerinnen komplizierte Bauten zu errichten, und die die größten Mitglieder einer sozialen Gruppe veranlassen, sich dominant zu gebärden und ihre

Stellung oben in der Dominanzhierarchie zu halten, ohne ihre Zähne fletschen oder ihre Krallen ausfahren zu müssen.

Aber man kann die Funktion majestätischer menschlicher Bauten auch noch anders interpretieren, und das hat weniger mit Realpolitik zu tun. Vielleicht besteht ja doch ein Unterschied darin, ob wir Menschen einen massigen Dom errichten oder der Laubenvogel eine repräsentative Laube baut. Haben die großen Kirchengebäude noch andere Auswirkungen auf unser Verhalten, als dass sie die in der sozialen Hierarchie weiter unten stehenden Mitglieder der Gesellschaft über die schiere Machtdemonstration zum Spuren bringen und den gesellschaftlichen Zusammenhalt bewahren? In Anbetracht meiner Reaktion auf den Petersdom, in der die Gefühle von Entgrenzung in Zeit und Raum sowie der Einheit mit einem größeren Sein ebenfalls mitschwangen, liegt die Vermutung nahe, dass es tatsächlich um mehr geht.

▪ Vom Leben mit dem Tod

Um herauszufinden, worum genau, müssen wir uns einem anderen Teil unserer Psychologie zuwenden, und zwar einem Teil, der nach Meinung der meisten Menschen das Wesen dessen ausmacht, was Menschsein überhaupt ist: unser Bewusstsein von uns selbst.

Irgendwann im Laufe unseres Lebens, insbesondere wenn wir noch jung sind und versuchen, uns über den tieferen Sinn unseres Daseins klarzuwerden, wollen wir gemeinhin auch verstehen, was es eigentlich bedeutet, sich seiner selbst bewusst zu sein. Ja, die meisten Menschen, ich auch, können sich ziemlich genau an den Moment erinnern, in dem wir begriffen haben, dass an dem magischen Theater in unserem Kopf etwas Besonderes war. Wir haben ein Bewusstsein von uns selbst. In jedem Moment, in dem wir wach sind, leben wir grundsätzlich gespalten, vielleicht sogar im Widerspruch zwischen unserem inneren, geistigen Leben und eigentlich allem anderen im Universum. Doch obwohl man die Auffassung, dass das unser »Alleinstellungsmerkmal« sei, mit gutem Grund (siehe Delfine und Elefanten) nicht allzu überzeugt hinausposaunen sollte, können wir mit einiger Gewissheit sagen, dass wir, was voll ausgebildetes Bewusstsein, Ich-Wahrnehmung und unsere Fähigkeit zum vielfältigen persönlichen Erfahren angeht, vermutlich eben doch allein auf diesem Planeten sind. Und nach allem, was wir derzeit wissen, sogar im gesamten Universum.[129]

Obwohl wir immer besser verstehen, wie unser Gehirn unser Verhalten steuert, manchmal sogar auf der Ebene von Molekularbiologie und Genetik, hat sich dieses eine erstaunliche Faktum der menschlichen Existenz erfolgreich dem endgültigen Verständnis entzogen, seit die Menschen … na ja, seit sie Selbst-Bewusstsein besitzen. Das Bild hat sich zwar in den letzten Jahren verändert, aber in der kurzen Geschichte der Neurowissenschaften waren deren Vertreter mehrheitlich lange Zeit der Meinung, dass es ein schlicht unlösbares Problem sei, das Wesen des Selbst-Bewusstseins zu verstehen – immer vorausgesetzt, dass es eine belastbare reduktionistische Beschreibung dessen gäbe, was Selbst-Bewusstsein überhaupt ist. Man glaubte nicht einmal, dass sich das Geheimnis des Bewusstseins mit den Elektroden und bildgebenden Geräten der Wissenschaftler knacken lasse. Allein herauszufinden, wo*für* das Bewusstsein *gut* ist, sei schier unmöglich. Dabei sind die meisten von uns vermutlich der Ansicht, dass etwas so Singuläres und Überwältigendes – dass wir Menschen als einzige Zugang zu unserem inneren psychischen und geistigen Leben haben und über uns selbst nachdenken können (was das Menschsein wie nichts anderes definiert!) – auf jeden Fall einen entscheidenden Beitrag zum Überleben und Gedeihen der Gattung leisten müsse. Nur haben wir keine Ahnung, worin dieser Beitrag bestehen könnte. Ich erinnere mich, dass ich einmal mit Doktoranden in einer Seminarsitzung meine Späßchen trieb und sie aufforderte, einen Aspekt des menschlichen Verhaltens zu nennen, den man nicht voll erklären könne, ohne dass man das Selbst-Bewusstsein ins Spiel bringe. Später stellte ich die kühne These auf, dass es, wenn wir seinen Beitrag zu unserem Verhalten nicht benennen könnten, vollkommen überflüssig sei und nichts als eine schillernde Seifenblase, die man bestaunen könne, aber nicht weiter ernst zu nehmen brauche. In einem Satz: Wenn es keine eindeutige Funktion habe, existiere es vielleicht gar nicht.

Als philosophische Position ist diese Idee absolut nicht neu. Seit Jahrhunderten sind so genannte Epiphänomenalisten, vor allem der englische Biologe Thomas Henry Huxley, der Meinung, dass die bloßen Inhalte des Bewusstseins mit adaptivem Verhalten nicht mehr zu tun haben als das Pfeifen der Dampfpfeife mit dem Funktionieren einer Lokomotive.[130]

Bevor wir aber vollkommen im Kaninchenloch der kniffligen Diskussionen an der Schnittstelle von Philosophie und Neurowissenschaften verschwinden, ist es vielleicht am besten, die Sache einstweilen auf sich beruhen zu lassen und davon auszugehen, dass unser Bewusstsein für etwas gut *ist*, wenn wir auch nicht genau wissen, für *was*. Vielleicht sollten wir uns in Anlehnung an Nicholas Humphreys relativ klaren

Gedankengang in seinem Buch *Soul Dust* erst einmal damit zufriedengeben, dass – einerlei, was sonst noch dran ist – der Besitz einer lebhaften inneren Existenz das eigene Dasein unendlich interessanter macht und dass vielleicht das sein ganzer Sinn und Zweck ist.[131]

Doch ebenso, wie unser hervorragend entwickelter Sinn der Selbst-Bewusstheit uns unerhörte innere Reichtümer beschert und unsere alltäglichsten Erlebnisse in die erhebendsten, abwechslungsreichsten Sinneseindrücke und vielfältigsten Emotionen verwandeln kann, trägt er den Keim der Finsternis in sich. Denn fast alle freudigen Momente der Selbst-Bewusstheit sind von dem sicheren Wissen beeinträchtigt, dass sie nicht ewig dauern. Der Preis für unsere besondere Existenzgrundlage, dass wir nämlich auf beiden Seiten des Zauns stehen, der Subjekt und Objekt trennt, ist das Wissen, dass wir eines Tages sterben werden. In seiner scharfsinnigen Analyse des Menschseins *Die Überwindung der Todesfurcht: Dynamik des Todes* hat Ernest Becker argumentiert, dass dieses tief empfundene und dem Menschen eigene Wissen der wirkliche Schlüssel zum Verständnis der menschlichen Natur ist.[132]

Man kann im Prinzip auch wichtige Elemente der christlichen Schöpfungsmythologie wie die Geschichte von Adams und Evas Vertreibung aus dem Paradies umstandslos als Beschreibung dessen lesen, was folgte, als wir unsere Sterblichkeit erkannten. Nachdem wir nämlich von der verhängnisvollen Frucht gekostet hatten, war die Konsequenz nicht nur, dass uns die Möglichkeit zum Selbst-Bewusstwerden gegeben wurde, sondern auch, dass wir verstanden, dass unser Leben einmal zu Ende sein würde. Das ist keine Kleinigkeit. Nicholas Humphrey meint, wieder in seinem Buch *Soul Dust*, dass die psychologische Auswirkung der Todesbewusstheit so nachhaltig war, dass die Menschen bisweilen vielleicht nur noch mit Mühe den Willen aufbrachten, überhaupt weiterzumachen. Ja, wie raffen wir uns bloß jeden Morgen auf und steigen aus dem Bett, wenn wir wissen, dass irgendwann in der Zukunft sowieso der Vorhang fällt?

Angesichts dessen, dass unser Vergnügen am Panorama unseres Innenlebens immer von der Aussicht auf unseren sicheren Tod überschattet wird, ist die Vermutung nicht so abwegig, dass wir vielleicht klare Strategien entwickelt haben, mit diesem Wissen umzugehen. Und dass diese möglicherweise sogar in spezialisierten Schaltkreisen im Gehirn ausgeheckt werden und uns weg von der abgründigsten Verzweiflung und zurück zu einem produktiven Leben führen – produktiv im darwinschen Sinne, dass wir die Misere unserer Sterblichkeit so lange verdrängen, wie wir uns selbst am Leben erhalten, Gefährten finden und uns reproduzieren. Spricht etwa der simple Umstand, dass ich hier diese Worte schreibe und Sie diese Worte lesen, sogar für diese Überlegung?

Eigentlich gibt es drei Typen von Strategien zur Bewältigung der Todesgewissheit. Humphrey stellt sie dar, und wir werden im täglichen Leben auch ständig Zeuge davon. Zuallererst natürlich das Nichtwahrhabenwollen. Obwohl wir sicher alle oft genug um drei Uhr morgens unsere Momente der Verzagtheit haben, in denen uns die Vergeblichkeit des Kampfes angesichts des kommenden Endes so recht bewusst wird, halten uns solcherlei Gedanken – zum Glück! – (meist) nicht davon ab, dass wir uns immer wieder in den neuen Tag stürzen. Wenn wir ein gutes Essen genießen, wenn wir wunderschöne Ferien verbringen oder das warme Lächeln eines geliebten Menschen spüren, treten die Gedanken an unsere

Sterblichkeit in den Hintergrund. Im Großen und Ganzen fühlen und handeln wir, als gäbe es immer ein Morgen.

Eine andere Art von Nichtwahrhabenwollen, den meisten Menschen durchaus vertraut, ist der Glaube, dass unsere Existenz in irgendeiner Form den Tod unseres Körpers überdauert. Anders gesagt: Die meisten von uns glauben an ein wie auch immer beschaffenes Nachleben. Dabei gibt es krasse Unterschiede: Manche sind überzeugt, dass wir wiedergeboren werden, um die Reise auf Erden in neuer Gestalt fortzusetzen, andere – Christen – vertrauen darauf, dass unserem Aufenthalt auf Erden ein sehr anderes Abenteuer folgt, dass wir nämlich unsere Körper aufgeben und in einer neuen, unsterblichen Gestalt unser Selbst behalten.

Die dritte Reaktion auf das Wissen von unserer eigenen Sterblichkeit ist vollkommen anders, weil sie weniger einem Nichtwahrnehmenwollen als einem neu gefassten Verständnis unserer Beziehung zum Universum entspringt: Dank einiger gedanklicher Volten können wir uns nämlich einreden, dass wir Teil von etwas Größerem sind, das nicht mehr von den Grenzen unseres Körpers eingefasst wird. Und dann identifizieren wir uns mit einer Kultur oder einer Reihe von Einrichtungen, die schon existiert haben, bevor wir leibhaftig auf den Plan traten, und die auch nach unserem Abgang noch existieren werden. Oder anders gesagt: Wir gehen mit dem Wissen von unserem Sterben um, indem wir etwas hinterlassen, das unseren Tod überdauert. Diese dritte Reaktion auf das Wissen von unserer Sterblichkeit spielt am vehementesten in Fragen unserer Beziehung zu unserer gebauten Umwelt hinein.

In all den von mir beschriebenen Reaktionen auf die Gewissheit unseres Todes liegt eine bestimmte Logik, und mir erscheinen sie auch intuitiv sinnvoll. Wahrscheinlich erinnern wir uns fast alle an Umstände, in denen wir aus Angst vor unserem unvermeidlichen Hinscheiden in dem einen oder anderen dieser Gedankengänge Zuflucht gesucht haben. Aber welche Indizien haben wir dafür? Wie entwerfen wir überhaupt psychologische Experimente zu unseren Abwehrreaktionen gegenüber dem Gedanken an unsere Sterblichkeit? Eine bedeutende Forschergruppe unter Leitung des Psychologen Sheldon Solomon vom Skidmore College in Saratoga Springs hat eine umfassende Theorie entwickelt, die erklären soll, wie unsere Todesängste unser alltägliches Verhalten beeinflussen und vor allem, wie selbst unbewusste Impulse, die mit Sterblichkeit in Zusammenhang stehen, unsere Haltungen, Überzeugungen, ja Vor-Urteile verändern können.[133]

Die so genannte Terror-Management-Theorie fußt solide auf Beckers Argumentation, dass das Wissen von unserem Sterben Kultur hervorbringt und fördert. Aber die Theorie geht darüber hinaus. Sie beschreibt einen mentalen Zustand, der als Sterblichkeitssalienz bezeichnet wird und entsteht, wenn etwas in der Umgebung Sterblichkeit andeutet und wir mit der eigenen Sterblichkeit konfrontiert werden. In einem typischen Experiment zur Sterblichkeitssalienz werden die Teilnehmer angehalten, über den Tod nachzudenken, entweder indem sie schriftlich schildern, was ihrer Meinung nach beim Sterben mit dem Körper geschieht, oder indem sie eine Liste von Wörtern, die mit dem Tod zu tun haben, wie Sarg und Beerdigung, lesen oder indem sie einfach an einem Beerdigungsinstitut vorbeigehen. Wenn sie dergestalt in eine Situation der Sterblichkeitssalienz versetzt worden sind, wird ihr Verhalten in überaus raffinierten und mutigen Experimenten eingehend untersucht.

Zum Beispiel wurden die Probanden gebeten, eines der folgenden Probleme zu lösen: Sie sollten entweder einen Nagel in eine Wand schlagen, um ein Kruzifix aufzuhängen, oder schwarze Rückstände aus einem Pulver sieben. Sie bekamen ein paar Werkzeuge, aber letztlich hatten sie nur das Kruzifix, um den Nagel in die Wand zu schlagen, und nur eine grob gewebte US-amerikanische Flagge, um das Pulver zu sieben. Die Teilnehmer, die vorher mit Sterblichkeitsalienzauslösern vorbereitet worden waren, zögerten im Vergleich zu einer Kontrollgruppe, bei der das nicht der Fall gewesen war, weit mehr, ein Kruzifix als Hammer beziehungsweise eine US-Fahne als Sieb zu benutzen.[134] Obwohl diese Ergebnis und auch die Experimente an sich bizarr anmuten mögen, behaupten die Autoren, dass das stärkere Widerstreben, sich hoch in Ehren gehaltener oder quasisakraler Gegenstände frevelhaft oder sogar in gotteslästerlicher Weise zu bedienen, anzeigt, dass das Bewusstsein der eigenen Sterblichkeit die Weltsicht der Teilnehmer insofern geändert hätte, als sie ehrfürchtiger und konservativer geworden seien.

Die Ergebnisse von Hunderten von Experimenten unterstreichen immer wieder, dass Teilnehmer, die mit ihrer Sterblichkeit konfrontiert worden sind, nicht nur konservativer wurden, sondern sich auch ihrer eigenen Kultur mehr zugehörig fühlten und weniger tolerant gegenüber anderen Kulturen wurden. Terror-Management-Theoretiker behaupten sogar, dass die Sterblichkeitssalienz infolge der tragischen Ereignisse des 11. September in den Vereinigten Staaten nicht nur den Verkauf von Flaggen in ungeahnte, im Lande nie erlebte Höhen schnellen ließ, sondern womöglich sogar zur Wiederwahl von George W. Bushs ultrakonservativer republikanischer Regierung führte.[135]

Insgesamt verweisen die Experimente darauf, dass Ereignisse, die die Angst vor unserem eigenen Tod aus der Verdrängung holen, dramatische Auswirkungen auf unser Verhalten haben können. Und dazu gehören nicht nur Veränderungen in den Beziehungen zu anderen Menschen, sondern vielleicht auch manche der unglaublich teuren und zeitaufwändigen Bauprojekte, aus denen dann die Angkor Wats dieser Welt, die großen Pyramiden und die Kathedralen von Chartres entstehen. Immer wenn unsere Existenz bedroht ist und wir die Angst vor unserem bevorstehenden Tod akut empfinden, beziehen wir uns viel stärker auf die Kultur einschließlich ihrer konkreten Artefakte und vertrauen darauf, dass – obwohl unsere zerbrechlichen Körper nur einen Wimpernschlag lang existieren – die Kulturen, denen wir angehören und zu denen wir beitragen, viel länger Bestand haben.

■ Der Blick nach oben

Mit den Argumenten der Terror-Management-Theoretiker verstehen wir vielleicht besser, warum wir etwas Größeres als unsere bescheidenen Behausungen oder die Handvoll Läden gebaut haben, in denen wir unseren wirtschaftlichen Aktivitäten nachgehen. Dazu müssen wir uns noch einmal genauer anschauen, was passiert, wenn wir einen gewaltigen Raum betreten wie eine Kathedrale oder einen Dom, eine imposante Bankzentrale oder ein großes Gerichtsgebäude. Man mag die bloße Existenz dieser Bauten als Reaktion auf den Schrecken des Todes ansehen, aber trotzdem: Was passiert mit uns darin? Wozu ist die Ehrfurcht da? Bis vor recht kurzer Zeit haben die Psychologen sich über solche Fragen ausgeschwiegen, aber mehrere jüngere Studien geben ein paar Hinweise.

In einem Experiment, das sehr viel öffentliche Aufmerksamkeit erregte, setzte die Stanforder Psychologin Melanie Rudd ihre Teilnehmer ehrfurchteinflößenden Erfahrungen aus. Sie zeigte ihnen einen kurzen Videofilm mit Leuten, die einer majestätischen Natur gegenüberstanden, die also gewaltige Wasserfälle, Wale oder Weltraumszenen sahen. In einer Kontrollsituation zeigte man den Teilnehmern Filme mit festlichen Umzügen und vom Himmel rieselndem Konfetti. Gestützt auf frühere Beobachtungen, dass ehrfurchterregende Erlebnisse ein Gefühl erzeugen, als lebten wir nur im Hier und Jetzt, fragte Rudd die Probanden nach ihrer subjektiven Erfahrung von Zeit. Es wurde überzeugend deutlich, dass das Empfinden von Ehrfurcht mit dem Empfinden einherging, als weite sich die Zeit, als sei der Moment verlangsamt. Die Teilnehmer bildeten sich zum Beispiel ein, sie hätten mehr Zeit, um Dinge zu erledigen, und waren sogar williger, sich sozial zu verhalten, was sich in Rudds Experiment darin zeigte, dass sie Geld für die eine oder andere gute Sache spenden wollten.[136]

Wenn auch diese Befunde nicht leicht zu meiner Argumentation passen, dass Ehrfurchtsgefühle zu dem Versuch führen, sich einzufügen oder einander ausschließende Auffassungen zum eigenen Dasein in Übereinstimmung zu bringen, kann man doch eine Verbindung zwischen Rudds Ergebnissen zur ausgedehnten Zeit und meiner früheren Beschreibung solcher Phänomene wie dem Overview-Effekt sehen. Bei Letzterem empfinden wir ja auch ein Gefühl von sich ausweitendem Raum und einer zerfließenden Trennung zwischen uns selbst und dem übrigen Universum. Ebenso wie sich die räumlichen

Trennlinien während des Ehrfurchtserlebnisses auflösen können, ist auch damit zu rechnen, dass sich der Zeithorizont des Lebens verschiebt.

In allerneuesten Experimenten zeigten die Psychologen Piercarlo Valdesolo und Jesse Graham, dass man beim Anschauen von ehrfurchterregenden Filmen eher an übernatürliche Kräfte glaubt und weniger tolerant gegenüber dem Konzept des Zufalls ist. Nachdem die Teilnehmer nämlich in den Zustand der Ehrfürchtigkeit versetzt worden waren, berichteten sie von einem stärkeren Glauben daran, dass bei der Erschaffung des Universums jemand Unsichtbares, Allmächtiges seine Hand im Spiel gehabt habe und dass ehrfurchtauslösende majestätische Naturerscheinungen nicht durch willkürliche Prozesse, sondern durch das regelnde Eingreifen eines Gottes entstanden seien.[137]

Obgleich bei keinem der Experimente die Teilnehmer ehrfurchtgebietende *Gebäude* zu sehen bekamen, kann man doch vermuten, dass ein kurzer Spaziergang durch eine imposante Kathedrale weitgehend ähnliche Veränderungen in Haltung und Gefühlen hervorruft. Die Ergebnisse ergänzen zudem den früher von mir vorgebrachten Punkt, dass derartige Gebäude uns Menschen sowohl zu einem Tun anregen sollen, das den Erfolg der Gruppe befördert (also zu mehr sozialem Verhalten), als auch unseren Glauben an einen allmächtigen Aufseher stärken, der uns womöglich ein Leben nach dem Tode verheißt und so ein wenig Furcht vor unserer Sterblichkeit nimmt.

Um unsere Angst in Schach zu halten, umgeben wir uns also mit großen Bauwerken und gehen hinein, um ehrfürchtig den Raum und Zeit auflösenden Zauber zu erleben. Solch mentale Alchemie – dass wir Größe benutzen, um die Grenzen des Raumes aufzulösen – findet garantiert auch in unserem neuronalen Netzwerk statt, aber wahrscheinlich nicht in seinen niederen Regionen. Um zu verstehen, wie solche Ehrfurchtsreaktionen auf der Ebene von Nervenzellen und Synapsen hervorgerufen werden, sollten wir uns meinem Dafürhalten nach zuerst genauer anschauen, was für ein Bewusstsein von unserem eigenen Körper wir haben: von seiner Größe, Form und den Begrenzungen, die schließlich unser Körper-Ich vom übrigen Universum trennen. Denn wenn wir einen Mechanismus identifizieren können, der offenbar für Phänomene wie das Erleben des Overview-Effekts und die mystische Vereinigung des Ich mit dem unendlichen Raum und der unendlichen Zeit zuständig ist, müssen wir uns genaue Kenntnis darüber verschaffen, wie wir überhaupt das Wissen vom eigenen Körper entwickeln.

Beginnen wir mit etwas sehr Simplem. Wenn ich Sie bitte, die Augen zu schließen und einen Arm über den Kopf zu heben, wissen Sie, auch ohne den Arm zu sehen, wo er ist. Erst einmal reagiert nämlich ein reiches Netzwerk von Rezeptoren in den Gelenken und Muskeln Ihres Arms auf die Bewegung und hilft Ihrem Gehirn, Ihre neue Haltung zu registrieren. Nicht nur das, sondern Ihr Gehirn speichert auch eine Kopie des Befehls, mit dem Sie Ihren Arm überhaupt gehoben haben. Alle diese Informationen bilden eine hübsche Einheit, um Ihnen eine gute, präzise und jederzeit aktuelle Darstellung der Position Ihres Körpers im Raum zu liefern. Die harte Arbeit, die neuronale Abbildung Ihrer Körperhaltung upzudaten, beginnt im Arm selbst, wird ausgearbeitet von Nervenschaltungen im Hirnstamm und zusammengeführt in einer üppig ausgestalteten Version Ihres Körpers in Ihrer Großhirnrinde.

Bewiesen worden ist das nicht nur durch bildgebende Experimente, die die Verortung solcher Körperabbildungen direkt sichtbar machen, sondern auch durch die Folgen bestimmter Typen von Hirnschädigungen. Da spürt zum Beispiel eine Patientin mit einer bizarren Pathologie nicht mehr, dass ein Teil ihres Körpers auch wirklich zu ihr gehört. Oder Patienten, die an der so genannten Somatophrenie leiden, einer Körperbewusstseinsstörung, streiten ab, dass Teile ihres eigenen Leibes ihnen gehören, und behaupten, dass betroffene Gliedmaßen verloren gegangen oder gestohlen worden seien und sich an ihrer Stelle Arm oder Bein eines Verwandten, eines Krankenhausangestellten oder sogar ein völlig anderes lebendes Ding befindet wie zum Beispiel eine Schlange. Große Verletzungen, die Areale im temporalen und im parietalen und normalerweise auch im frontalen Cortex in Mitleidenschaft ziehen, sind für diese Störungen verantwortlich.[138] Wenn sonst nichts, so demonstrieren diese Fälle doch, dass wir Netzwerke in der Hirnrinde haben, die dafür sorgen sollen, dass wir über Umfang, Grenzen und Besitz unseres Körpers stets buchstäblich im Bilde sind. Mit anderen Worten: dass wir wissen, welche Teile der Welt, einschließlich des jeweiligen Sammelsuriums an Gliedmaßen um uns herum, uns gehören und welche nicht. Und normalerweise machen diese Netzwerke ihre Sache auch gut.

Was so schwer nicht sein sollte, denn wir spüren unseren eigenen Körper, aber nicht den von anderen. Wir verbringen schließlich unser ganzes Leben entsprechend seinen Fähigkeiten, seiner Ausdehnung und Reichweite. Wir sind vertraut mit uns selbst. Aber viele Studien haben gezeigt, dass dieses mentale Kartieren des Raumes, den unser Körper einnimmt, erstaunlich plastisch ist. In der im Vorwort beschriebenen Gummihand-Illusion empfinden die Teilnehmer nach kurzer Zeit die Gummihand als Teil ihres eigenen Körpers und zeigen bei drohender Gefahr physiologische Angstreaktionen.[139]

In meinem Labor haben wir mit den Instrumenten der Virtual Reality die Grenzen des Embodiment neuer Körperteile erforscht. Bei einem Experiment mussten die Teilnehmer einen Helm tragen, der ihnen eine alltägliche Szene im Inneren eines Hauses zeigte. Außerdem eine digitalisierte Version ihres Armes. Doch die Sache hatte einen ziemlichen Haken. Wir sorgten nämlich dafür, dass ihr Arm sich weit von ihrem Körper wegstreckte und eine normal aussehende Hand sich aus einem immer länger werdenden Unterarm herausschob. Bewegten die Teilnehmer ihren eigenen Arm, sahen sie die entsprechende Bewegung des übernatürlich langen virtuellen Arms. Ähnlich wie in der Gummihand-Illusion verleibten sie sich den verrückten neuen Arm trotzdem ein, er wurde Teil ihres Körpers, und sie zeigten, je nachdem, was ihm widerfuhr, entsprechende Wahrnehmungs- und Gefühlsreaktionen. In unserem Versuch schwangen wir nicht den Hammer, sondern bewegten eine überdimensionale virtuelle Spritze auf den virtuellen Arm zu, als wollten wir ihm gleich eine Superinjektion verabreichen. Die Begeisterung der Teilnehmer hielt sich in Grenzen …

In noch eindrucksvolleren Untersuchungen konnten die schon erwähnten Henrik Ehrsson vom Karolinska Institutet in Stockholm und Olaf Blanke vom Laboratory of Cognitive Neuroscience, dem Brain-Mind-Institute in Lausanne, fabelhafte Out-of-Body-Illusionen bei den Probanden erzeugen, indem sie dafür sorgten, dass diese Bilder ihres eigenen Körpers von entfernten Orten aus sahen. Dazu benutzte man

Kameras zusammen mit einem Virtual-Reality-Helm, über den die Teilnehmer dem Tun und Lassen ihrer eigenen Körper aus einer Entfernung von ein, zwei Metern zusahen.[140] Nach kurzer Zeit hatten sie das Gefühl, als hätten sie ihren Körper vollkommen verlassen und schauten ihm von einem anderen Ort aus zu. Weitere strengere Tests zur Wahrnehmung des Ortes bestätigten ihre Gefühle. Bildgebende Studien zeigten dann, dass die Hirnareale, in denen diese Illusion erzeugt wurde, sich beträchtlich mit denen überlappen, die bei Körperbewusstseinsstörungen wie Somatophrenie involviert sind.[141]

Insgesamt erbrachten all diese Studien ein verblüffendes Resultat: Die mentale Abbildung der Grenzen unseres Körpers, die wir schon früh in unserem Leben mit uns herumtragen und benutzen, um alle möglichen Interaktionen mit unserer Umgebung zu bewältigen, ist extrem plastisch. Wir können mit einer simplen, nur wenige Minuten dauernden Einführungsprozedur nicht nur unsere Wahrnehmung von der Größe und Gestalt unseres Körpers verändern, sondern es deuten auch viele Anzeichen darauf hin, dass wir bald ein echtes Besitzgefühl für unseren neu gestalteten Körper entwickeln. Und weil unser Gehirn sehr häufig seine Plastizität unter Beweis stellt, verstehen wir auch unschwer, warum unser Nervensystem es als sinnvoll erachtet, sich infolge von Erfahrungen verändern zu können. Zum Beispiel ist das aufeinander abgestimmte Verarbeiten von Informationen durch unsere beiden Augen, die so genannte Stereopsis, also das räumliche Sehen, weitgehend für unsere Fähigkeit zur Tiefenwahrnehmung verantwortlich.

Auch das räumliche Sehen entwickelt sich relativ früh im Leben, bedarf aber zur richtigen Justierung einiger Zeit. In

Anbetracht dessen, dass diese Justierung von der Größe unseres erwachsenen Kopfes und der genauen Entfernung zwischen unseren Augen abhängig ist, ist es logisch, dass Wachstum und Lebenserfahrung eine Rolle spielen. Aber wie ist das mit dem Körperbewusstsein? Plausibel ist, dass die Abbildung unseres Körpers während der Wachstumsphase veränderbar sein sollte, aber für uns als sozusagen ausgewachsene Erwachsene erscheint diese merkwürdige Fähigkeit, die Wahrnehmung der Form und des Aufenthaltsortes unseres Körpers stets revidieren zu können, nicht mehr sinnvoll. Warum soll unser Bewusstsein von uns selbst so munter und fidel in Körperteile mit neuer Größe und Form einfließen?

Nach Fred Previc, Autor von *The Dopaminergic Mind in Human Evolution and History*, ist diese Frage zunächst einmal mit einer kinderleichten Beobachtung zu beantworten: Wann immer wir bedenken, wie unendlich weit Zeit und Raum zurückreichen, richten wir den Blick nach oben.[142] Dito wenn wir eine komplizierte mathematische Aufgabe im Kopf lösen sollen. Interessanterweise verdrehen die Menschen auch häufig bei intensiven religiösen Erlebnissen die Augen nach oben, wenn sie zum Beispiel durch Meditation in Trance geraten und halluzinieren. Und schließlich wendet sich unser Blick natürlich auch zur Decke, wenn wir ein sehr, sehr großes Gebäude betreten. Manche religiösen Bauten haben mit Absicht solche Elemente, die den Himmeln entgegenzustreben scheinen und uns nötigen hinaufzuschauen. Die Illusion unermesslicher, himmelhoher Höhe erzielte man beim gotischen Baustil, indem man verschieden große, sich wiederholende Elemente verwendete. (Denken Sie an die fraktalen Muster, die ich im ersten Kapitel beschrieben habe.)

Um zu verstehen, wie der Blick nach oben zu einer direkten Verbindung mit dem Unendlichen führt, müssen wir laut Previc die Organisation von Hirnsystemen, die den Raum abchecken, insgesamt betrachten. Wie alle anderen Säugetiere besitzen wir Menschen eine ganze Anzahl dieser Gehirnsysteme, denen die Überwachung und Kontrolle des außerkörperlichen, also des den Körper unmittelbar umgebenden und sich in dessen unmittelbarer Reichweite befindlichen Raumes, obliegt. Nicht überraschend geht es dabei meist um den Raum unterhalb unserer horizontalen Blicklinie. Was höher liegt – über dem Horizont –, ist im Allgemeinen der Teil der Welt, der sich mitsamt den Dingen darin weit außerhalb unserer Reichweite befindet.

Dieser auch extrapersonal genannte Raum erstreckt sich weit in die Ferne und enthält wichtige Informationen, die wir unter Umständen benutzen, um unser Verhalten zu planen, das über die unmittelbaren Grenzen unseres Körperraumes hinausgeht. Laut Previc sind die neuronalen Abbildungen von extrapersonalem Raum beim Menschen nicht von ungefähr viel auffälliger als bei jedem anderen Tier. Diese Systeme sind nicht nur dazu da, unseren Blick auf weit entfernte Ort zu kodieren, sondern sie beherbergen auch einige der Mechanismen, die für das abstrakte Denken und Schlussfolgern zuständig sind. Konzeptionell ist das insofern sinnvoll, als man beim abstrakten Denken per definitionem Informationen, die jenseits des Hier und Jetzt liegen, mental verarbeiten muss. Eine Hardware, die darauf spezialisiert ist, die vertrauten Grenzen des Körpers zu überwinden und den Raum zu erfassen, ist für diese Arbeit natürlich bestens geeignet.

Wenn man auf diese Weise darüber nachdenkt, wie das Gehirn insgesamt Analyse, Verstehen und Überwachen von Raum organisiert, hilft das auch zum Verständnis eines breiten

Spektrums psychologischer Phänomene beim Menschen, von denen viele mit unseren Gefühlen von Transzendenz und Spiritualität zu tun haben. Übermäßige Aktivität von dopaminergen Gehirnsystemen, wie wir sie zum Beispiel bei der Schizophrenie sehen, kann das normale Verständnis unserer Weltbeziehung verzerren. Halluzinationen und Wahnvorstellungen, die uns in der Regel glauben machen, die üblichen Kategorien unseres Verhältnisses zur Welt seien nicht mehr gültig, können als abnorme Reaktionen der extrapersonalen Systeme angesehen werden, die eigentlich mit dem Funktionieren der Beziehung zwischen uns selbst und der großen Welt um uns herum betraut sind. Zustände intensiver Meditation, nach denen die Meditierenden schildern, wie sich die Grenzen ihres Körpers aufgelöst hätten und sie eins mit dem Universum geworden seien, korrelieren erwiesenermaßen damit, dass sich während der Meditation die bisher ausgeglichene neuronale Aktivität von den peripersonalen Systemen weg und hin zu diesen besonderen dopaminergen extrapersonalen Systemen verschiebt. Sind Hirnareale mit den peripersonalen Systemen verletzt, verlagert sich die Aktivität auch in Richtung der Verarbeitung extrapersonaler Informationen. Und in manchen Studien hat sich ergeben, dass Menschen mit den entsprechenden Verletzungen intensive religiöse und transzendentale Momente durchleben.[143]

Wenn wir durch einen erhabenen und erhebenden Raum gehen, reagieren wir beinahe durchgängig mit einem Blick nach oben. So sicher, wie ein Mystiker konzentriert nach oben schaut, um mit einem dritten Auge zu sehen, oder ein Mensch, der intensiv betet, seine Aufmerksamkeit auf das Firmament über sich zu richten versucht, so sicher aktiviert der nach oben gerichtete konzentrierte Blick ein Verarbeitungssystem für extrapersonale Informationen, mit dessen Hilfe wir uns auf das Entfernte, die Ferne, ja, sogar auf das Unendliche konzentrieren können. Die nach oben gerichtete Konzentration hilft uns, die irdischen Ketten zu sprengen, die uns an die prosaischen Verrichtungen des Alltags fesseln (vor allem die Sicherung unseres physischen Überlebens), und letztlich das Bewusstsein unserer Sterblichkeit auszublenden. Dabei empfinden wir dann auch die positiven Emotionen und den Trost, die bei einer Verbindung mit einem größeren Sein entstehen – mancher meint sogar, mit einem göttlichen.

In gebauter Umgebung von Größe und Großem umgeben zu sein führt zwar zu vielen komplexen Gefühlen und Verhaltensanpassungen, von denen manche eine entwicklungsgeschichtliche Kontinuität mit denen anderer Tiere besitzen, die ihren Platz in der gesellschaftlichen Hierarchie einnehmen oder sich in den Schutz der Mutter begeben – aber über aktive Gehirnsysteme, die uns dazu bringen, dass wir uns mit dem Erhabenen in Kontakt fühlen und das Wunder der Ich-Bewusstheit erleben, verfügen einzig und allein wir Menschen. Vielleicht finden wir hier die Geheimformel, dank derer wir uns wundersamerweise auf dem schmalen Grat unserer Existenz zu halten vermögen und das schöne Theater in unseren Köpfen genießen können, während wir gleichzeitig unserem sicheren Tod entgegenleben. Ob das letztlich die eindrucksvollste Demonstration der Macht der gebauten Umwelt ist? Dass sie uns hilft, unseren wackligen Halt über dem Abgrund nicht zu verlieren?

SIEBTES KAPITEL

Raum und Technologie: Die Welt in der Maschine

An einem kühlen Herbsttag im Jahr 2007 kam ich in der schönen Stadt Santa Barbara an, Heimat des herrlichen Campus der University of California sowie einer Ballung von meist aus der universitären Forschung hervorgegangen Hightech-Firmen. Ich wollte eine Gruppe junger Unternehmer besuchen, die unter Leitung eines smarten Psychologen namens Andy Beall dabei waren, eine Firma aufzubauen, die heute eine der weltweit führenden Hersteller von Virtual-Reality-Hardware und -Softwaresystemen ist. Ich hatte dem Dekan meiner Universität den Aufbau eines Virtual-Reality-Labors schmackhaft zu machen versucht und war bass erstaunt, als er nach wenigen Telefongesprächen und Tagen eine nicht unerhebliche Summe Geldes dafür aufgetrieben hatte. Da ich aber in Sorge war, das falsche System zu kaufen, wollte ich mich mit eigenen Augen überzeugen, dass die Produkte so gut waren, wie es das Marketing versprach. Nun saß ich mit Beall und Kollegen in einer dieser typischen Lagerhallen in einer schäbigen Seitenstraße unweit des Stadtzentrums und hörte nur halb zu, wie er von den Anfängen und Zielen der Firma erzählte. So freundlich und interessant er war, ich hatte nicht den weiten Weg auf mich genommen, um mich besabbeln zu lassen – ich wollte anfangen zu spielen!

Schließlich ging die Gruppe mit mir durch unzählige labyrinthische Flure in einen leeren Raum, in dem sich ein paar große Kopfhörer (Datenhelme namens Head-Mounted Displays oder HMDs) befanden, ein paar Computer und wenig sonst. Schon bald trug ich einen HMD und schwankte im Verlauf der nächsten Stunde über einen schmalen Balken, der über einen tiefen Graben gelegt war, raste mit einem roten Rennwagen im Affenzahn auf eine steile Klippe zu, stand auf einem Bahnsteig, als ein Hochgeschwindigkeitszug aus einem Tunnel auf mich zuhielt, und verfolgte einen bewaffneten Soldaten, der mich erschießen wollte, durch ein verbranntes Dorf irgendwo im Nahen Osten.

Während ich dies schreibe, fällt mir auf, wie sehr sich die Welt der Computervisualisierung in den wenigen Jahren verändert hat, die seitdem vergangen sind. Was damals eine Geschichte war, die mir wochenlang Einladungen zum Abendessen bescherte, klingt jetzt wie das typische Abenteuer eines Teenagers vor einer Spielkonsole an einem verregneten Wochenende. Im Moment allerdings, wenn auch vermutlich nicht mehr lange, bestehen noch ein paar Unterschiede zwischen der Leistung eines für Forschungszwecke vorgesehenen Virtual-Reality-Systems und der von Computerspielen, selbst wenn Letztere auf dem neuesten Stand der Technik sind. Virtual-Reality-Systeme samt HMDs mit hochentwickelter Grafik und Rechnerleistung können eine 3-D-Panorama-Simulation der realen Welt liefern, die Nutzer so spannend finden, dass sie sich geradezu in dem verlieren, was sie letztlich nur sehen. Wenn sie in diese Welt eintauchen und ihre Sinne von den Bildern und Klängen der Simulation in Beschlag genommen sind, ist das höchste Ziel der virtuellen Realität nicht weit: das Gefühl absoluter Gegenwart. Kein Gedanke wird mehr an ein Davor oder Danach verschwendet. Man verliert den Kontakt zu der »realen« Welt außerhalb des Helms und fühlt sich in der Simulation körperlich *anwesend*. Simulationen von gefährlichen Schauplätzen beispielsweise im Irak sind so realistisch, dass einem das Herz hämmert, die Hände schweißnass werden und das Adrenalin durch den Körper jagt. Ja, die Simulation ist so »realistisch«, dass sie sogar mit einigem Erfolg bei der Behandlung von heimgekehrten Soldaten mit posttraumatischen Belastungsstörungen zur Anwendung gekommen ist.[144]

Leicht ist es nicht, die Erfahrungen zu schildern, die man in der High-Fidelity-Version der virtuellen Realität macht. Wenn man aus der realen Welt die schlurfenden Schritte und das leise Reden der Techniker an den Kontrollknöpfen hört, ist es so, als ob man sich beim Erwachen aus einem Traum langsam der Geräusche um sich herum bewusst würde. Allerdings können die Bilder und Klänge vom Bildschirm tiefe Gefühle in einem auslösen – Angst, Überraschung und freudige Erregung –, und man nimmt eine Verteidigungshaltung an. Am Steuer eines virtuellen Autos beispielsweise überwindet man nur mit Mühe den psychologischen Widerstand, der einen davon abhält, sich über die Kante einer Klippe zu stürzen, obwohl man weiß, dass alles nicht real ist und einem nichts passiert. Und in einem engen Raum hält man sich natürlich von den Wänden fern und bückt sich unter niedrig hängenden Hindernissen, obgleich man sich voll bewusst ist, dass alles, was man sieht, lediglich aus Pixeln besteht.

In gewisser Hinsicht passt das, was ich gerade zu den virtuellen Erfahrungen gesagt habe, zu dem, was ich im vorhergehenden Kapitel diskutiert habe. Etwas am Aufbau unseres Nervensystems macht es uns bemerkenswert leicht, das reale

Leben mit allem Drum und Dran über Bord zu werfen und in Reisen durchs Imaginäre zu flüchten. Genau, wie man uns überzeugen kann, seltsame Verformungen unseres Körpers zu akzeptieren oder unseren Körper sogar ganz zu verlassen, ist es kein Problem, uns in die imaginäre Welt des Virtuellen zu locken.

Bei meinem Aufenthalt in Santa Barbara hatte ich Gelegenheit zu einem Treffen mit dem Sozialpsychologen Jim Blascovich von der University of California, einem der ersten Wissenschaftler, der das gigantische Potential der virtuellen Realität für psychologische Experimente erkannt hat und immer noch einer der führenden Köpfe seines Fachs ist. Als ich in seinem Arbeitszimmer vor einem riesigen Panoramafenster mit herrlichem Blick auf den Pazifik saß, hatte ich zuerst ein wenig Mühe, mich auf seine Worte zu konzentrieren. Ironie der Geschichte war, dass Blascovich mir die überragende Fähigkeit des menschlichen Gehirns beschrieb, die Gedanken schweifen zu lassen. Tagebuchstudien dazu, die mit eigens programmierten Smartphones durchgeführt wurden und in denen man die Teilnehmer zu willkürlichen Zeiten aufforderte, über ihren mentalen Zustand Auskunft zu geben, ergaben, dass wir bis zu fünfzig Prozent unserer Zeit in Gedanken nicht bei unserem eigentlichen Tun sind, sondern durchschnittlich einmal pro Minute in eine andere Zeit oder zu einem anderen Ort abschweifen.[145]

In meinem Buch *You Are Here* habe ich die Meinung vertreten, dass unsere Neigung, außerhalb des Hier und Jetzt zu leben, zwar unsere enge Beziehung zu bestimmten Räumen belasten kann, aber uns Menschen auch – als Einzige! – befähigt, dass wir uns etwas Zukünftiges vorstellen, es entwerfen, planen und bauen können. Mit anderen Worten: Die abschweifenden Gedanken sind vielleicht ein Bestandteil der menschlichen kognitiven Strukturen, der die materielle Kultur mit auf den Weg gebracht hat.[146]

Blascovichs Ansicht nach haben diese unwiderstehlichen geistigen Zuckungen auch etwas damit zu tun, dass wir uns so gern und bereitwillig auf virtuelle Umgebungen einlassen. Mental leben wir in einem Zustand, in dem wir immer halbwegs aus dem Stuhl raus und auf dem Weg zu einem anderen Ort sind. Für die Menschen, sagte Blascovich mit einem breiten Grinsen, als er mir am Tisch gegenübersaß, »ist alles virtuell«.

Experimente von Blascovichs Mitarbeiter Jeremy Bailenson von der Stanford University haben sogar gezeigt, dass auch nicht allzu immersive Umgebungen ein Verhalten hervorrufen, das auf einen gewissen Grad an Anwesenheit schließen lässt. In dem Metaversum (oder metaphorischen Universum) namens *Second Life*, einer riesigen, offenen Spielwiese, auf der die Leute in Avatare schlüpfen – simple menschenähnliche Gestalten, die sich nach Wunsch mit Gesichtszügen, Kleidung und sogar neuartigen anatomischen Gliedmaßen ausgestalten lassen –, können sie von einem Ort zum anderen gehen, virtuelle Gebäude erkunden und – am wichtigsten – mit Avataren interagieren, die alle einen anderen Besucher des Metaversums verkörpern. Die Designer von *Second Life* steuern zudem ein paar simple Instrumente bei, mit denen man einiges über die Avatare erfahren kann, denen man begegnet: ihren Namen, ihr Geschlecht und knappe biografische Angaben. Man kann auch die Art der sozialen Interaktionen messen, unter anderem an Haltung und Standort des Körpers, und die Entfernung zwischen zwei sich unterhaltenden Avataren.

In einem sehr kreativen Experiment stalkten Bailenson und sein Kollege Nick Yee andere Avatare und beobachteten deren Interaktionen. Yee und Bailenson fanden heraus, dass die Körpersprache von miteinander redenden Avataren den gleichen Regeln folgte wie die von Menschen.[147] Die Regeln der Proxemik, die der Soziologe Edward T. Hall in seinem einflussreichen Buch *Die Sprache des Raumes* herausgearbeitet und beschrieben hat, besagen, dass zwei miteinander redende Männer im Allgemeinen weiter voneinander entfernt stehen als zwei Frauen oder ein Mann und eine Frau. Männer suchen bei einem Gespräch auch seltener vollen Blickkontakt als zwei Frauen oder ein Mann und eine Frau.[148] Im *Second Life* gelten die Regeln der Proxemik auch für eine Plauderei zwischen Avataren. Die Avatar-Männer bewahren einen größeren Pixelabstand voneinander als die Avatar-Frauen, und ihre Körper sind einander schräg zugewandt und stehen einander nicht direkt gegenüber. Wenn man bedenkt, dass die Avatare wie Figuren in einem Cartoon aussehen, also grafisch nicht sehr differenziert sind, und dass der Bediener eines Avatars keine echte Ich-Perspektive einnimmt (während man sich durch *Second Life* bewegt, tut man das normalerweise von einem Beobachtungspunkt aus, der sich ein wenig über und hinter dem eigenen virtuellen Körper befindet, ähnlich wie der in den außerkörperlichen Erfahrungen in Olaf Blankes Simulationen), ist das ein weiterer überzeugender Beweis für die Leichtigkeit, mit der wir mit unserer physischen Identität durch den Raum gleiten und uns an anderen Orten niederlassen können – und dabei sogar an solchen, die nur aus Programmzeilen bestehen.

In einem Experiment unter Mel Slater vom University College in London wurden die Teilnehmer, allesamt Fans von Arsenal London, im Labor jeweils einzeln in die virtuelle Simulation eines britischen Pubs gesetzt. Dort lernten sie einen Avatar kennen, der ein freundliches Gespräch über Fußball mit ihnen begann. Aber in der einen Situation war der Avatar Arsenal-Fan, in der anderen Anhänger einer anderen Mannschaft oder sogar eines anderen Sports. Irgendwann im Gespräch kam ein Dritter – wieder ein Avatar – hinzu und brach mit dem anderen Avatar einen Streit vom Zaun. Als abhängige Variable wurde das Ausmaß gemessen, in dem der Teilnehmer, die einzige reale Person bei dem Experiment, in den Streit einzugreifen versuchte. Wenn der Mensch mit dem Arsenal-Avatar zusammensaß, wurde er bei dem Streit zunehmend unruhiger und versuchte manchmal sogar, sich mit seinem sehr realen Körper zwischen die beiden simulierten Streithähne zu werfen. Wenn aber der Avatar sich nicht für Fußball oder für eine andere Mannschaft interessierte, intervenierte er viel weniger stark.[149] Hier wird eindrucksvoll demonstriert, wie sehr eine immersive Simulation die Aufmerksamkeit eines menschlichen Beobachters während einer relativ kurzen Zeitspanne fesseln und Gefühle und die sozial konditionierte Reaktion bestimmen kann. Solche Simulationen bieten enorme Möglichkeiten, die menschliche Interaktion zu erforschen. Während in diesem Fachgebiet bisher meist mit menschlichen Helfern experimentiert worden ist, deren Verhalten von Versuch zu Versuch natürlich ein wenig variiert, lässt sich eine simulierte Person bei jedem kleinsten Schritt ihres Verhaltens lenken, ja, man kann sich darauf verlassen, dass sie bei jedem Versuch stets exakt das Gleiche tut.

In meinem Labor, wo wir vor allem den Einfluss von gebauten Schauplätzen auf das Verhalten erforschen, konnten wir mit immersiven virtuellen Umgebungen mehr über die menschliche Reaktion auf Unterschiede in Anlage und Aufteilung sowie Oberflächenstrukturen dieser Schauplätze in jeder Größe herausfinden, vom Inneren eines Gebäudes bis zu riesigen Stadtstraßenlandschaften. Bei unseren Experimenten erkundeten wir die Reaktion von Teilnehmern auf reizvolle Simulationen existierender Häuser. Es ergab sich eine bemerkenswerte Übereinstimmung zwischen unseren Ergebnissen und unseren Vorhersagen, wie sich Menschen, je nach Anlage eines Hauses, hindurchbewegen und wo sie sich am liebsten aufhalten. Um unsere Theorien zur Psychologie der Architektur zu verifizieren, ist es ein wahrer Segen, dass wir ein ganzes Haus im richtigen Maßstab aus nichts als Pixeln erschaffen können. Aber was ist mit der Architektur in der realen Welt?

Gute Architekten möchten natürlich gern ein Wohnhaus bauen, das zur Persönlichkeit der zukünftigen Besitzer passt. Mit den Methoden, die wir beschrieben haben, könnten Architekten Modelle bauen, ihre Klienten hineinversetzen und dann beobachten, wie sie reagieren und wohin sie gehen. Wenn die Klienten wollen, könnte man sie sogar mit ein paar einfachen physiologischen Instrumenten ausstatten, um Daten zu ihren Gefühlen von ihrem Körper abzulesen. Bei unseren Experimenten haben wir solche Messungen vorgenommen, um vorläufig zu beweisen, dass die von den Leuten behaupteten Vorlieben für bestimmte Typen von Räumen manchmal überhaupt nicht zu dem passten, was wir an ihrem Körper und ihren Bewegungen maßen. Solche Widersprüche könnten ein faszinierendes, differenziertes und letztlich sehr nützliches Profil der Benutzerreaktion auf einen bestimmten Raum liefern.

In weiträumigeren virtuellen Umgebungen kann man auch

die Reaktionen von Besuchern in Stadtlandschaften messen, also ihre Reaktionen auf Räume mit vielen Häuserblocks. In meinem Labor hat mein Student Kevin Barton in solchen Umgebungen die Faktoren erforscht, welche die Orientierung in der Stadt beeinflussen. Barton errichtete zwei verschiedene Umgebungen im Maßstab der Stadt. Eine bestand aus einem rasterförmigen Straßennetz mit langen Boulevards, die eine gute Sicht boten, und geradwinkligen Kreuzungen, von denen aus man in alle Richtungen schauen und seinen Weg von einem Ort zum anderen leicht planen konnte. Die Besucher sahen also eine vage an Manhattan erinnernde Straßenführung, nur mit ein paar zusätzlichen Knicken, damit die Sache realistischer war. Die zweite Umgebung bestand aus einer weniger geplanten als gewachsenen Straßenanlage mit Kurven, man konnte die Wege von einem Ort zum anderen längst nicht so weit einsehen, und die Kreuzungen waren meist komplizierter. Es wirkte eher wie ein Ausschnitt aus London oder New Orleans. In der Sprache des Raumes würden wir sagen, dass die »Grammatik« der beiden Straßennetze verschieden war. Das rasterförmige Netz konnte man als »intelligibler«, also besser zu verstehen, beschreiben. Intelligibel war hier zwar auch im alltäglichen Sinn von »verständlich« gemeint, aber hauptsächlich in seiner präzisen mathematischen Bedeutung, die daraus resultiert, wie die Straßen miteinander verbunden sind und wie die durchschnittliche Komplexität eines Weges (also die notwendige Anzahl von Richtungswechseln) von ganz beliebigen Ausgangspunkten und Zielen ist.

Die Teilnehmer des Experiments in den beiden beschriebenen Umgebungen sollten den Weg vom Rand aus zu einem nicht genannten Ort mit einem markanten, einem Ehrenmal ähnelnden Orientierungspunkt finden. Natürlich fiel es den Teilnehmern viel schwerer, den Ort mit dem Ehrenmal in der weniger intelligiblen Umgebung zu finden. In dem London ähnlichen Straßengewirr brauchten sie länger, um den gesuchten Ort zu erreichen und zu ihrem Ausgangspunkt zurückzukehren; sie blieben viel häufiger stehen und überlegten.

In Kevin Bartons virtueller Umgebung konnte man mit weiteren sorgfältigen Messungen des Verhaltens ein bisschen tiefer in die Köpfe der Teilnehmer eindringen. Zum einen wurde die Häufigkeit gemessen, mit der sie mit den Augen blinzelten, und wo in der Umgebung das passierte. Das Interesse für das Blinzeln mag ein bisschen seltsam anmuten, doch aus anderen Forschungen ist bekannt, dass wir häufiger blinzeln, wenn wir anstrengende kognitive Prozesse vollziehen. Als versuchten wir, uns beim Denken zu helfen oder uns auf die inneren Denkprozesse zu konzentrieren, »blinzeln« wir die Außenwelt weg. Die Auswertung der Blinzelhäufigkeit ergab für die räumliche Verteilung der Blinzeleien in den beiden Umgebungen deutliche Unterschiede. In der wenig intelligiblen Umgebung blinzelten die Teilnehmer an vielen verschiedenen Orten wie die Verrückten, während sie in der intelligibleren Umgebung nur an ein, zwei Orten blinzelten, wo die Orientierung ein bisschen verzwickt war. Mit den Messungen konnte man den durchschnittlichen Aufwand an gedanklicher Anstrengung visualisieren, die ein Teilnehmer an den jeweiligen Standorten leisten musste.[150]

Es gibt noch manch anderen schlauen Trick, mit dem man Orientierungsprozesse in der virtuellen Realität besser verstehen lernt. In einem Experiment stellten wir uns die Frage, wie Individuen Entscheidungen treffen, wenn sie an einer Kreuzung angelangt sind und ein bestimmtes Ziel ansteuern wollen. Wie erinnern sie sich daran, wo sie gewesen sind, und wie finden sie heraus, wo entlang sie als Nächstes gehen sollten? Eine mögliche Antwort liegt darin, dass sie sich die Merkmale einzuprägen versuchen, die sie an einer Kreuzung sehen.

In der realen Welt können solche Merkmale aus hervorstechenden Wahrzeichen, Schildern oder sonstigen Objekten bestehen. Unsere virtuellen Umgebungen hatten keine solchen Orientierungspunkte, aber geometrisch unterschiedliche Kreuzungen – in Form eines X, T und Y. Eine andere Art, ein haariges Wegfindeproblem zu lösen, könnte darin bestehen, dass jemand in die Ferne schaut – die Straße entlang, die er von seiner derzeitigen Position aus sehen kann – und versucht auszumachen, welche Merkmale die nächsten Kreuzungen haben. Wir konnten die beiden Typen von Informationsgewinnung in unseren virtuellen Umgebungen leicht voneinander scheiden, indem wir ein bisschen Wettergott spielten. Wir pusteten Nebel hinein, sodass die Teilnehmer nicht besonders weit sehen konnten. Wir konnten sogar genau regulieren, wie dicht der Nebel war und wie weit die Teilnehmer dann sehen konnten. Mit dem Ergebnis, dass die Mischung aus lokalen (unmittelbar an der Kreuzung) und globalen (weiter die Straße hinunter) Informationen, die den Teilnehmern nützten, variierte, und zwar je nach Straßenanlage.

Ebenso wie die Experimente von Jim Blascovich, Mel Slater und Jeremy Bailenson sind diejenigen, die wir in virtuellen Umgebungen durchgeführt haben, sowohl theoretisch interessant (wir erfahren Neues darüber, wie wir mit Problemen des Raums umgehen, und können neue Hypothesen aufstellen) als auch nützlich für die Praxis. Es leuchtet ja sofort ein, dass ein Planer mit Hilfe unserer Visualisierungen nicht nur besser versteht, was auf schon geplanten Straßen passiert, sondern auch Möglichkeiten sieht, wie er in Zukunft planen sollte, wenn er in die Köpfe der Menschen hineinschauen kann.

Mein Forscherherz hüpft vor Begeisterung, wenn ich sehe, welche Möglichkeiten durch neue Technologien entstehen und wie sie mir erlauben, den Teilnehmern an meinen Experimenten interessante und komplexe Umgebungen zu bieten, über die ich freilich jederzeit die absolute Kontrolle habe. Doch wenn ich als normaler Bürger denke, sieht die Sache anders aus. Die Technologien in unserem Labor sind ja längst nicht mehr auf die Elfenbeintürme der Forschung beschränkt, sondern durchdringen allmählich unser Alltagsleben, und dieser Vorgang wird sich in den nächsten Jahren rapide beschleunigen.

Als ich vor nicht einmal zehn Jahren angefangen habe, ernsthaft mit der neuen Technologie, der virtuellen Realität, zu forschen, war einer meiner Beweggründe ökonomischer Natur. Bis dahin waren fast alle Virtual-Reality-Einrichtungen, die Forschungsstandards genügten, extrem teuer, und nur große Forschergruppen oder wohlsubventionierte Militärlabors konnten sie sich leisten. Doch als ich mich ins Getümmel stürzte, kostete ein gutes Labor nur noch etwa 100 000 Dollar. Das war immer noch ein hübsches Sümmchen, bedeutete aber, dass nun viele Institutionen Teilnehmer in virtuelle Welten von fast fotorealistischer Qualität versetzen konnten. Ich behellige Sie auch nur mit dem langweiligen ökonomischen Kram, weil ich Ihnen die richtungweisenden Veränderungen klarmachen möchte, die nun Gestalt annehmen.

Im Jahr 2011 hatte ein frühreifer achtzehnjähriger Kalifornier namens Palmer Luckey die Nase voll davon, dass es keine qualitativ guten, auf dem Kopf zu tragenden Bildschirme für virtuelle Realitäten gab. Er setzte sehr genial ein paar preiswerte Komponenten zusammen, verklebte sie mit meterweise Klebeband und schuf den Prototypen eines Kopfhörers mit Mikrophon, also eines Headsets, das den Namen Oculus Rift bekam und die Leistung vieler erheblich teurerer Headsets weit übertraf – darunter auch die des 30 000-Dollar-Teils, das ich in meinem Labor benutzte. Daran, dass Facebook die Firma, die das Rift produziert, für mehr als zwei Milliarden US-Dollar gekauft hat, kann man ablesen, was für eine Rolle dieses Gerät in der Welt der Immersion in die virtuelle Realität spielen wird.[151]

Wenn das Oculus Rift so gut ist, wie es zu sein verspricht, können normale Konsumenten damit, wann immer sie wollen, in spannende immersive virtuelle Umgebungen eintauchen. Mit dem vom Gewicht her angenehm leichten HMD können wir uns aus unserem Wohnzimmer im Grunde an jeden Ort begeben, der in voller stereoskopischer, hochauflösender Pracht fotografiert oder gestaltet werden kann. Eigentlich ist es müßig, die Zukunft vorherzusagen, aber die Schlussfolgerung, dass das Rift – deutsch: Riss – genannte Gerät im wahrsten Sinne des Wortes ein großes Loch in den Stoff reißt, aus dem Zeit und Raum sind, scheint weniger in der ersten Begeisterung übertrieben als vielmehr eine nüchterne Aussage zur Zukunft der Display-Technologie.

Um zu verstehen, wie verlockend eine leicht verfügbare virtuelle Realität ist, bedenken Sie nur, wie wahnsinnig beliebt Computerspiele geworden sind. Die Zeiten sind vorbei, als diese Spiele nur die Domäne von Teenagern, meist Jungs, waren, die sich stundenlang in Phantasiewelten und

Ego-Shooter-Spiele versenkten. Laut jüngsten Statistiken des Entertainment Software Rating Board besitzen zwei Drittel der US-amerikanischen Haushalte eine Spielkonsole. Das Durchschnittsalter der Spieler beträgt vierunddreißig Jahre, ein gutes Viertel ist älter als fünfzig. Der Anteil der Frauen beläuft sich auf fast die Hälfte. Die Einnahmen in der Spiele-Industrie wurden in den Vereinigten Staaten auf mehr als 10 Milliarden US-Dollar beziffert, die im Jahr 2013 auf der ganzen Welt auf über 90 Milliarden.[152] Nur zum Vergleich: Die Gesamteinnahmen der Filmindustrie in den Vereinigten Staaten entsprechen in etwa denen der Spiele-Industrie, sie sind aber in den vergangenen Jahren gesunken. Verglichen mit den jetzigen Computerspielen mit ihrer komplexen Grafik, ihren starken Geschichten und aufregenden Beteiligungsmöglichkeiten ist das passive Dasitzen und Zusehen, wie eine Geschichte im Kino, zu Hause auf dem Fernsehschirm oder dem Computer abläuft, vielleicht bald ein Auslaufmodell.

Genauso wie wir von den Computerspielen unbedingt immer mehr Beteiligung und Action wollen, sind wir auch scharf auf die stets allerneueste Spiel-Idee, bei der wir mehr als die Tastatur oder den Joystick bedienen müssen. Spiele wie Wii oder Kinect, die beide eine natürlichere, auf Gesten basierende Interaktion gestatten, bieten uns ein viel größeres Spektrum verschiedenster Aktivitäten und eine viel intensivere Immersion. Wenn wir diese einfachen Bewegungsverfolgungsgeräte benutzen, können wir uns in Spielsituationen so ähnlich bewegen, wie wir es auch in den entsprechenden realen Lebenssituationen tun würden.

In ihren Entwicklungsjahren mangelte es der Spiele-Industrie fatal an spannenden Geschichten. Die Grafiken waren zwar hübsch und die Avatare frappierend lebensecht, doch was erzählt wurde, war nur eine kümmerliche Cartoon-Version des realen Lebens, und wir blieben oft nur dabei, weil am Ende des Spiels noch die große Ballerei kam. Inzwischen haben die Spiele-Entwickler begriffen, dass gute Geschichten genauso wichtig sind wie die visuelle Ausgestaltung der Action. Man mag zwar der Meinung sein, dass man sich nicht einmal in die besten Videospiele so wunderbar flüchten kann wie in eine wirklich große Geschichte – einen Roman von Dickens oder Tolstoi – und auch nicht so fesselnd unterhalten wird, doch die nackten Zahlen sprechen eine andere Sprache. Die Leute, besonders die jüngeren unter uns, stimmen mit ihrem Kaufverhalten ab. Angesichts der dramatischen Verschiebung beim Publikum, das mittels interaktiver Computerspiele Unterhaltung und kulturelle Bereicherung sucht, sei die Frage erlaubt, wie lange es noch dauern wird, bis die besten Künstler sich den populären, aufregenden Medien zuwenden? Eltern, Erzieher, Schriftsteller, alle, denen die Bewahrung traditioneller Ausdrucksformen am Herzen liegt, mögen diese Entwicklung beklagen, aber sie ist in vollem Gange. Darüber hinaus besteht – nachdem das aktive Spielen mit Videospielen sich so deutlich attraktiver als das im Vergleich dazu passive Lesen erwiesen hat – aller Grund zu der Annahme, dass der Trend in Richtung interaktiver Computermedien sich noch verstärken wird, wenn die voll immersive virtuelle Realität mit Weitwinkel, 3-D und Bewegungsverfolgung für weniger als den Preis einer guten Spielkonsole zu haben ist.

Gar keine Frage, dass diese bald weit und breit zugängliche neue VR-Technologie auch immer neue erstaunliche und unwiderstehliche immersive Erlebnisse möglich machen wird.

Liebende, die getrennt sind, können eine unglaublich naturgetreue Nachbildung der Situation erleben, in der sie sich von Angesicht zu Angesicht gegenüberstehen. Mit dem stetigen Fortschritt in dem spezialisierten Bereich der computergesteuerten Sexspielzeuge bei Cybersex können wir uns eines Tages sogar gegenseitig berühren, dem Vorspiel hingeben und schließlich einer eigenartigen Form von Geschlechtsverkehr frönen.[153] Schüler können sich in Unterrichtsräumen ein Headset aufsetzen, das nur wenige Gramm wiegt, und werden in die Straßen des antiken Rom befördert. Journalisten können weit mehr als nur mit Worten und Bildern Geschichten erzählen. »Embedded Journalism« wird etwas vollkommen anderes bedeuten, wenn der Nachrichtenkonsument sich mitten hinein in einen heiß umkämpften Kriegsschauplatz katapultieren kann oder in eine herzzerreißende humanitäre Krise. In begrenztem Maße passiert so etwas schon. In dem interaktiven Medienlaboratorium an der University of Southern California können Zuschauer in dem so genannten Project Syria Anblick und Geräusche eines Raketenangriffs auf Aleppo erleben.[154]

Angesichts der Aussichten auf radikale Veränderungen in der Art, wie wir den Raum verstehen und uns darin bewegen, und all der aufregenden, uns verheißenen neuen Erlebnisse komme ich mir wie der ewiger Miesmacher vor, wenn ich jetzt ein Schreckgespenst beschwöre. Und zwar das Schreckgespenst, dass die gleichen Technologien, die unsere Art zu reisen, uns zu unterhalten und miteinander zu interagieren, derart rasant weiterentwickeln, auch Risiken bergen, von denen zumindest einige damit zu tun haben, wie wir mit gebauten Räumen in Beziehung treten.

▪ Metaphysisches Desorientierungssyndrom

Kurz nachdem ich mein Virtual-Reality-Labor eingerichtet hatte, reichte ich für mein erstes Experiment den Antrag bei der Ethikkommission unserer Universität ein. Ein paar Tage später bekam ich ein kurioses Feedback. Ein Kommissionsmitglied wollte wissen: Was, wenn die Teilnehmer nach der Erfahrung in meinen netten virtuellen Umgebungen nicht mehr so richtig zwischen der experimentellen virtuellen Welt und der realen Welt unterscheiden könnten? Was, wenn sie so desorientiert wären, dass sie im normalen Raum gar nicht mehr normal agieren und funktionieren könnten? Würde ich sie auf meine Kosten mit dem Taxi nach Hause schicken und mich später vergewissern, ob sie heil und gesund in der Realität angekommen seien? Am liebsten hätte ich laut gelacht und geantwortet, dass ich mir, wenn meine Umgebungen jemals so überzeugend wären, vor Stolz auf die Schulter klopfen würde. Wenn ich aber jetzt an die Fragen des Prüfers zurückdenke, finde ich, dass ein wenig Vorahnung darin mitschwang.

Experimente in Umgebungen, die nicht immer sorgfältig bis ins Einzelne geplant waren wie die in meinem Labor, haben nämlich gezeigt, dass ein tiefes Eintauchen in bestimmte virtuelle Erlebnisse anhaltende Wirkungen auf die Versuchspersonen hervorrufen kann. Wenn diese zum Beispiel in der virtuellen Realität jüngere, attraktivere oder körperlich fittere Versionen ihrer selbst gezeigt bekommen, erklären sie oftmals, dass sie von nun an besser auf sich und ihren Körper achten wollen. Hat man ihnen Superkräfte gegeben (wie die Fähigkeit zu fliegen), verhalten sie sich danach heldenhafter oder zumindest sozialer.[155] Nun könnte man behaupten, dass diese Teilnehmer in den Händen der Experimentatoren in gewisser Weise bessere Menschen geworden seien. Aber wenn das der Fall ist, dann können sie theoretisch auch schlechtere werden. Es stellt sich also die Frage, wie sich langfristig die Erfahrung von Gewalt in einer immersiven Umgebung auswirkt. Wie verändert sich unsere Identität, wenn wir bei einem Raketenangriff in Syrien dabei sind? Darauf hat, soweit ich sehe, niemand so recht eine Antwort, obwohl die langfristige Wirkung von Gewaltspielen, die ja viel weniger immersiv sind, schon lange heftig diskutiert wird.

Relevanter für die Diskussion der Wirkungen von immersiven virtuellen Räumen auf das Verhalten finde ich Folgendes: Ganz zu Anfang unseres Projektes führten wir eine Gruppe von Architekturstudenten durch unser neues Labor. Um Eindruck zu schinden, zeigte ich ihnen eine Reihe wunderbar gearbeiteter Modelle von Räumen in Wohnhäusern im Maßstab 1:1, die ich für ein Experiment geplant hatte. Bei der Demonstration konnten die Studenten durch die Häuser spazieren, erfahren, wie diese sich anfühlten und wie sie aussahen, und überhaupt ein Gespür für ihre eigene Anwesenheit in dieser Umgebung entwickeln. Hatte ich gehofft.

Was aber taten sie? Sie liefen die Treppe hinauf und sprangen aus dem Fenster im ersten Stock, weil sie sehen wollten, was passierte! Und weil mein Modell für derart übermütige Versuche nicht ausgelegt war, stürzte es ab, und sie standen prompt vor dem berühmten »blue screen of death«, in der ganzen Welt bekannt als Zeichen, dass ein Computerprogramm aufgegeben hat. Im Nachhinein betrachtet, hätte ich von diesen kreativen und unternehmungslustigen Studenten nichts Geringeres erwarten sollen, so tief, wie sie sich in alle möglichen leistungsstarken 3-D-Umgebungen hineinbegeben hatten. Angesichts des wachsenden Eindringens von künstlichen Umgebungen in unser Leben sollte man aber darüber nachdenken, ob wir am Ende nicht auch die normalen Einschränkungen und Barrieren des physischen Raumes als nicht mehr so wichtig wahrnehmen werden. Wenn die Ergebnisse der Experimente zur Übertragung der Erfahrungen von der virtuellen in die reale Welt zutreffen, ist das wahrscheinlich. Ich behaupte nicht, dass wir demnächst alle emsig aus Fenstern oder von Hausdächern hüpfen, aber doch, dass unser Verständnis davon, wie physischer Raum normalerweise unsere Bewegungen und unser Handeln einschränkt, vielleicht Richtungen nimmt, die wir nicht so ohne Weiteres vorhersehen können.

In *You Are Here* habe ich beschrieben, wie durch raumverändernde Technologien, vom Telefon übers Fernsehen bis zu Hochgeschwindigkeitszügen und Flugzeugen, unser ohnehin schon prekäres Erfassen des geografischen Raums, also dessen Anordnung und wie alles zusammenhängt, noch prekärer wird. Unsere seelische Bereitschaft, uns von einem Ort zum anderen und aus einer Zeit in eine andere schicken zu lassen, kooperiert in einer immersiven virtuellen Realität mit einem Nervensystem, das wunderbar geeignet ist, auf verschiedenste Arten von Stimulation zu reagieren. Um einen deutlichen Beweis dafür zu bekommen, wie sehr uns die außerordentliche Plastizität unseres Gehirns anhaltende Wirkungen nach einem Aufenthalt in der virtuellen Realität beschert, müssen wir nur in der Zeit zurückgehen, zu einem klassischen frühen Experiment der Wahrnehmungspsychologie.

Der Psychologe George M. Stratton von der University of California in Berkeley trug in Studien am Ende des neunzehnten Jahrhunderts eine spezielle Prismenbrille, mit der er in den Bildern, die er vor die Augen bekam, links und rechts und oben und unten verkehren konnte. Dass solch ein bizarrer visueller Input zu ernsthafter Desorientierung und Schwierigkeiten, sich in der Welt zurechtzufinden, führen könnte, war vorauszusehen. Und Stratton entdeckte das auch. Zu seiner Verblüffung gewöhnte er sich zwar binnen weniger Tage an die Brille und stellte fest, dass er ganz normal wie immer von seiner Sehkraft Gebrauch machen konnte, doch wenn er die Brille absetzte, war er wieder desorientiert und brauchte eine kurze Zeit der Wiederanpassung an die normalen Abbildungen in seinen Augen. Wenn unser Gehirn genug Plastizität besitzt, sich schon nach wenigen Tagen an eine vollkommen verkehrte visuelle Information zu gewöhnen, leuchtet es auch ein, dass wir nach wiederholten Aufenthalten in der virtuellen Realität für ähnliche, den Raum verbiegende Illusionen anfällig sind.[156]

William Warren und seine Studenten an der Brown University in Rhode Island bauten mit ähnlichen Zielsetzungen mehrere ziemlich schräge »Wurmloch«-Umgebungen mit Portalen in einer immersiven virtuellen Realität, und wenn die Teilnehmer da hindurchtraten, wurden sie umgehend an einen neuen Ort in der Umgebung versetzt. Wer einmal das Computerspiel *Portal* gespielt hat, kennt den Effekt. Erstaunlicherweise hatten Teilnehmer dann ziemlich korrekte Karten der Umgebung im Kopf. Die Schlüsse, die Warren aus den Experimenten zog, betrafen die Art, wie wir im Geist Räume abbilden. Wir sind viel mehr im Einklang mit den Verbindungen zwischen Räumen, der Topologie von Raum, als mit der guten, alten euklidischen Geometrie.[157] Doch in einer Welt, in der immersive Umgebungen eine immer größere Rolle spielen, deuten Ergebnisse wie die von Warren wieder einmal die

Möglichkeit an, dass wir hinsichtlich dessen, wie Raum funktioniert und welchen Einfluss er in unserem Leben hat, noch verwirrter sein werden, als wir es schon sind.

▪ What you see is what you get – nicht immer!

Manch einer reagiert entspannt auf die Aussicht, dass wir uns in unserem alltäglichen Leben künftig in eigentümlich vermengten realen und virtuellen Räumen bewegen werden, und meint, dass keinerlei Grund zu Befürchtungen, aber aller Grund zur Freude bestehe. Wer fände es nicht schön, eine lange, langweilige Reise dadurch abzukürzen, dass man durch ein magisches Kaninchenloch an sein Ziel plumpst? Ist das nicht ähnlich verlockend wie die phantastischen Transporter in *Star Trek*, die Menschen von einem Ort zum anderen beamen können? Und um bei *Star Trek* zu bleiben – wer hätte nicht gern ungehinderten Zugang zum Holodeck? Wäre das nicht sowohl superunterhaltsam als auch nützlich während der Ausbildung, im Geschäftsleben, auf Reisen und sogar bei intimen zwischenmenschlichen Interaktionen?

Eine überlegtere Antwort auf diese Fragen zöge auch die weniger harmlosen Folgen in Betracht. Ein paar kennen wir schon. Kasinos sind so gebaut, dass uns darin die Taschen geleert werden. Planer von Einkaufszentren und Kaufhäusern tun alles, um Spontankäufe zu fördern. Umgebungen, in denen wir an unsere Sterblichkeit erinnert werden, können uns konservativer machen. Aber während bei realen Gebäuden dem Planer fast nur relativ teure Mittel zur Verfügung stehen (es kostet Zeit und Geld, Wände und Decken zu bauen) und er im Großen und Ganzen die Bedürfnisse des Durchschnittsmenschen erfüllen muss (die materielle Struktur ist für aller Augen gleich), können virtuelle Umgebungen im Nu konstruiert und modifiziert werden, denn sie bestehen nur aus Photonen, die von einem Bildschirm ausgestrahlt werden. Und weil jeder Betrachter in seine eigene, von seinem persönlichen Gerät generierte Version eines Gebäudes versetzt wird, kann ihm auch die Umgebung geboten werden, die seine Vorgeschichte, seine Wünsche und Interessen perfekt mit aufnimmt.

Ich habe schon erwähnt, dass Facebook die Oculus-Rift-Firma für viel Geld gekauft hat. Wir halten Facebook zwar gern für eine Applikation, die es uns ermöglicht, mit unseren Freunden in Kontakt zu bleiben, doch sein eigentlicher Daseinszweck ist es, uns durch One-to-one-Marketing dazu zu bringen, Dinge zu kaufen. Stellen Sie sich vor, dass statt der ärgerlichen Werbung, die jetzt neben den Check-ins Ihrer Freunde auf dem Bildschirm erscheint, die beworbenen Produkte in 3-D-Pracht erscheinen und Sie quasi darübersteigen müssen, um zu Ihren Freunden zu kommen. Stellen Sie sich weiter vor, dass Sie einen Ihrer Freunde oder eine Ihrer Freundinnen in einer 3-D-Umgebung suchen und sich auf dem Weg verirren und plötzlich begreifen, dass Ihr Newsfeed sich in so etwas wie die verwirrenden Gänge bei Ikea verwandelt hat, und jede Ware, an der Sie vorbeikommen, etwas mit Ihren neuesten Interessen zu tun hat, die durch Online-Ausschnüffelei der einen oder anderen Art bei Ihnen ermittelt worden sind.

Ganz einerlei, was Facebook im Einzelnen mit der Oculus-Rift-Partnerschaft vorhat, der Verdacht liegt nahe, dass hinter den Unsummen, die den Besitzer gewechselt haben, die handfeste Absicht steht, virtuelle Umgebungen mit der Webseite eines sozialen Netzwerks zu verschmelzen und sich Kenntnisse von Interessen und Wünschen der Benutzer zu verschaffen, um Profite zu machen.

Ich-Versuch

Die Beteiligung von Selbst- oder Ich-Bewusstsein ist eine entscheidende Entwicklung in einigen unserer nur uns Menschen eigenen Reaktionen auf gebaute Umgebungen. Und das Allerentscheidendste an diesem Ich-Bewusstsein ist die nur uns vorbehaltene Ansicht der Welt von innen heraus. In Literatur, Film und sogar Computerspielen unterscheiden wir zwischen dieser einzigartigen Perspektive und anderen, bei denen der Betrachter nicht direkt im Mittelpunkt steht. Wir können uns Gedanken über die Ich-Perspektiven unserer Mitmenschen machen und Mutmaßungen dazu anstellen (dass wir das überhaupt können, gehört zu den Grundvoraussetzungen von Empathie), aber gewöhnt sind wir, in einer Welt zu leben, in der es eindeutig eine dominante Ich-Sicht gibt, und das ist unsere eigene.

Denken wir jedoch zunächst einmal zurück an Olaf Blankes faszinierendes Experiment mit der außerkörperlichen Erfahrung, das mit der relativ simplen Kombination einer Webcam und eines Virtual-Reality-Helms durchgeführt wurde. Einerseits findet hier offenbar eine schlichte Verschiebung der Perspektive statt – wir fühlen uns, als wären wir an einem Ort, ein, zwei Meter hinter unserem Körper, wahrscheinlich in etwa so, als wären wir im Körper des Avatars in *Second Life*, den wir aus kurzer Distanz sehen und mit der Tastatur oder der Computermaus steuern. Aber – obwohl wir vielleicht schon wissen, wie flexibel unser Gefühl von Embodiment ist –, haben wir, recht bedacht, einiges von unserer kostbaren Ich-Sicht verloren. Wir sind aufgewachsen mit einer gewissen Überzeugung für unsere Würde und Intimsphäre sowie unserer eigenen Sicht auf diese Welt. Und dann wird das alles reichlich abrupt und nur durch das Dazwischentreten der Technik angekratzt. Wenn die virtuelle Realität als Benutzerschnittstelle zur Visualisierung der Welt überall sein kann, dann kann auch unsere persönliche Perspektive überallhin verpflanzt werden, nicht nur an unzugängliche Orte wie Aleppo, sondern auch *in* komische Dinge wie Wesen mit übernatürlich langen Armen oder in den Körper eines simulierten Hummers hinein wie in den Experimenten von Jaron Lanier für Microsoft. Durch die Technologie kann unsere Ich-Perspektive wahrhaftig in die Welt außerhalb unseres Ichs eindringen und überall dort sein, wo wir es wollen. Mit atemberaubenden Konsequenzen.

Ich tue mich schwer, eine ausgewogene Haltung zu diesen Entwicklungen zu finden, sowohl zu denen, die bereits stattgefunden haben, als auch zu den erst absehbaren. Einerseits bin ich begeistert von aller neuen Technologie, mit der wir Ich-Bewusstsein und Embodiment vollkommen neu verstehen und fassen können. Sie ermöglicht uns revolutionäre neue Experimentiermethoden in der Psychologie, und ich mache auch im Moment umfassend Gebrauch von ihr. Rein praktisch sehe ich außerdem das riesige Potential für neue Wege des Gedankenaustauschs, bei der Aufnahme neuer Beziehungen, für den Besuch ansonsten unzugänglicher Orte und den Entwurf hochspannender Umgebungen, die sich in Ausbildung und Lehre benutzen lassen. Anderseits mache ich mir Sorgen, dass diese Technologien mit zunehmender Verbreitung einiges von dem in meinem Leben, das mir am kostbarsten ist, billig machen. Wenn, wie Nick Humphrey sagt, eine der evolutionären Schönheiten des Ich-Bewusstseins darin liegt, dass wir das ganze Panorama unserer sinnlich wahrnehmbaren Umgebung privilegiert und direkt erleben können und dass genau das unser Leben lebenswert macht, dann muss man doch befürchten, dass die massenhafte Anwendung von Technologien, mit denen wir unsere Sicht mühelos von einem Ort zum anderen verlagern können und sie entsprechend den Anforderungen jedes Interessierten umgeformt werden kann, auch eine Entwertung unserer einzigartigen, individuellen Erfahrung mit sich bringt. Wenn ich durch einen Wald laufe und zu dem dichten Blattwerk über mir schaue, sehe, wie sich die Blätter im Wind wiegen, höre, wie die Vögel singen und meine Schritte auf dem Waldboden rascheln, dann speist sich doch die Freude daran großteils aus dem Wissen, dass es sich um meine ganz persönliche Perspektive handelt. Ich erlebe einen einzigartigen Moment in Zeit und Raum, und er kann niemals wiederholt werden.

Vielleicht genauso, wie Walter Benjamin in seinem »Kunstwerk im Zeitalter seiner technischen Reproduzierbarkeit« die These aufstellt, dass die Aura eines Kunstwerks verkümmert, wenn man eine genaue Kopie davon anfertigt und es in einen neuen Kontext stellt, sollten wir jetzt überlegen, ob diese These nicht nur für Kunst gilt, sondern für all unser Erleben. Benjamin war besorgt, dass die Kopien nicht nur die Aura verändern, sondern das Original sogar entwerten würden. In einem ganz ähnlichen Sinn wird das reale Erleben unweigerlich verwässert und entwertet, wenn man sich in dessen immersive Simulation versetzen kann. Da kann man sie noch so massenhaft verbreiten und mit anderen »teilen«! Wenn meine Kinder beim Anblick eines authentischen Dinosaurierknochens müde mit den Schultern zucken und sich lieber auf einem Bildschirm mit einer erweiterten Realität anschauen, wie sich ein Künstler vorstellt, wie der Dino, dem der Knochen gehörte, vielleicht aussah und durchs Gelände rannte, dann hat meiner Meinung nach eine solche Entwertung des Realen stattgefunden. Das Ding selbst ist überhaupt nichts Besonderes mehr, weil man sich jederzeit umstandslos in eine authentische 3-D-immersive Umgebung versetzen kann. Der Kontext des Erlebnisses verliert sich in einer Welt, die von zeitlichen und räumlichen, in Silikon verewigten Momenten zusammengeflickt ist, letztlich in der Sinnentleertheit. Wenn Benjamin sich bereits mit derartigen Problemen in Bezug auf die künstlerische Produktion herumschlug, dann ist das, was aus der Reproduzierbarkeit der Realität folgt, der reine Wahnsinn und gehört zu einer Zukunft, auf die wir noch nicht einmal ansatzweise vorbereitet sind.

ACHTES KAPITEL

Raum und Technologie: Die Maschine in der Welt

Wenn wir uns in eine immersive virtuelle Umgebung begeben, stecken wir im Prinzip den Kopf in einen Computer. Wir befreien uns weitgehend von der realen Welt und begeben uns unter die Kontrolle eines Programms, das alles organisiert, was wir sehen und hören können, und das die Bewegungen, mit denen wir darauf reagieren, mit großer Präzision überwacht, um die grandiose Illusion zu kreieren, dass wir woanders wären als dort, wo unser Körper sich aufhält.

Aber die Technologie kann den Raum auch auf eine vollkommen andere Weise durchdringen, und am besten beschreibt man diesen Vorgang mit einer Metapher, die eigentlich die Umkehrung des »Kopf in der Maschine«-Bildes ist. Den Theorien der allgegenwärtigen rechnergestützten Informationsverarbeitung, des Ubiquitous Computing (UbiComp), zufolge *wird* die Maschine die Welt. Der jung verstorbene Mark Weiser, der am Forschungszentrum von Xerox in Palo Alto (PARC) forschte und als Erster den Begriff des »ubiquitous computing« für die Beziehung zwischen Umgebung und Technologie prägte, sah diesen neuen Ansatz als natürliche Entwicklung der Rolle, welche die Technologie in unserem täglichen Leben spiele und sich mehr im Einklang mit dem menschlichen Verhalten befinde als vorherige Verläufe der Beziehung Mensch-Maschine, die mit der Installierung zimmergroßer Großrechner begonnen und sich dann langsam zu den komprimierten PCs entwickelt habe, die heute vor uns auf den Schreibtischen stünden.

In einem viel zitierten Aufsatz erklärt Weiser 1996 zusammen mit John Seely Brown mit einem schlichten, überzeugenden Vergleich die umwälzenden Veränderungen durch Ubi-Comp: mit dem Fenster in Büroinnenwänden. Dieses Fenster bietet einen guten Blick in zwei Richtungen. Zum einen kann der im Büro Arbeitende sehen, was vor der Tür abläuft. Eine Gruppe »vorbeieilender« Köpfe zeigt vielleicht an, dass der Beginn einer Besprechung oder der Mittagspause ansteht. Taucht ein Kopf immer wieder auf, ist das womöglich ein Zeichen, dass draußen jemand wartet, um eingelassen zu werden. Von außen wiederum kann man durch das Fenster sehen, dass jemand im Büro arbeitet. Mit einem kurzen Blick kann man sich über das Tun dort informieren. Ist die Frau da drin allein? Telefoniert sie gerade? Laut Weiser und Seeley Brown funktioniert das Bürofenster als »stille Technologie«. Sie ist still, weil sie nicht mit Gewalt in das zentrale Blickfeld der Beteiligten zu beiden Seiten der Tür drängt, sondern ihre Informationen still von der Peripherie aus gibt und das Verhalten beider Beteiligter zu organisieren hilft. In einem knappen, aber gründlichen Artikel erklären die Autoren, dass derartige Technologien deshalb vorteilhaft sind, weil sie dazu beitragen, dass wir »uns zu Hause fühlen«, oder, in der Terminologie der beiden Forscher, weil sie ein Gefühl von »Verbundenheit« erzeugen, indem sie uns über Ereignisse, die wir wissen müssen, auf dem Laufenden halten, ohne dass wir ihnen konzentrierte Aufmerksamkeit schenken müssen. Ja, man kann womöglich leicht zwischen den im Ubiquitous Computing ablaufenden Prozessen und denen eine Parallele ziehen, die sich bei der beiläufig gezollten, als angenehm empfundenen Aufmerksamkeit vollziehen und die wir normalerweise der Umgebung an natürlichen Schauplätzen widmen.[158]

Als ich in Toronto aufwuchs, war ich wie viele meiner Mitbürger von einer Wettersäule fasziniert, die auf dem Canada Life Building saß, einem schönen Gebäude im Stil der Beaux-Arts-Architektur, in dem die Hauptverwaltung von Kanadas ältester Versicherungsgesellschaft untergebracht war. Die immer noch in Diensten stehende Säule ragt aus dem Gebäude heraus und zeigt das Wetter durch simple Kodierungen an. Man kann ablesen, ob der Himmel bedeckt oder klar ist und wie es um die Niederschlagswahrscheinlichkeit steht (blau für Regen, weiß für Schnee), ob das Wetter bleibt oder sich ändert und ob die Temperaturen steigen oder fallen. Das ist zwar nur ein Minimum an Informationen zum Wetter, die man sich zumeist auch durch einen raschen Blick zum Himmel verschaffen könnte, aber die Säule ist ein vorzügliches Beispiel für UbiComp in einer städtischen Umgebung.

Schwer vorstellbar, dass sich Weiser, als er die wesentlichen Ideen von UbiComp formulierte, schon ausmalen konnte, wie explosionsartig sich die eingebauten Computer ausbreiten würden. Der Stadtplaner Dan Hill, der den populären Blog *City of Sound* betreibt, beginnt seinen Essay »Street as Platform« mit einer langen Beschreibung all der Informationen, die in der Datenwolke über einer durchschnittlichen Stadtstraße schweben und zum großen Teil aus still vor sich hinarbeitenden vernetzten, simplen dezentralisierten Sensoren und Rechnern stammen. In der Wolke stecken nicht nur eine Menge persönlicher Daten aus den Telefonen all derer, die sich auf der Straße aufhalten, sondern auch aus den Geräten, die vor Ort installiert sind, um den Verkehr zu überwachen, geschäftliche Transaktionen durchzuführen und die Temperatur (draußen und drinnen) zu messen. Außerdem werden die Belastung der Bürgersteige, die Leistungsparameter aller Autos auf der Fahrbahn und der Zustand der Parkuhren sowie unzählige andere Geräte vermessen. In der Datenwolke befindet sich also ein Gemenge aus öffentlichen und privaten Daten, viele davon zugänglich für Beobachter an weit entfernten Orten. Die Daten, die in einer durchschnittlichen Stadtstraße von Ort zu Ort fließen, sind genauso wichtig geworden wie die Straße aus Stahl und Beton selbst.[159]

Als Weiser und Seely Brown 1996 ihren Artikel veröffentlichten, hätte man den unfassbaren Siegeszug *eines* Gerätes schwerlich prognostizieren können, nämlich dem, das erfolgreicher als alle sonstigen Technologien zu unserem ständigen Begleiter geworden ist: das Smartphone.

Ich weiß noch, dass ich beim Antritt meiner Professur an der Waterloo University im Jahre 1991 ein paar bescheidene Zettel mit Abreißtelefonnummern an den Wänden des Gebäudes sah, in dem ich arbeitete. Heute bedaure ich, dass ich kein Foto davon gemacht habe. (Was damals natürlich nicht halb so leicht gewesen wäre wie heute...) Die Aushänge stammten von einem jungen, gerade gegründeten Unternehmen, dessen Chef Mike Lazaridis war, ein ehemaliger Student der Universität, und es hieß Research in Motion. Auf den Zetteln wurde die Grundidee kurz beschrieben: eine Computerplattform in einem so kleinen Gehäuse unterzubringen, dass die Benutzer es in die Tasche stecken und mit sich herumtragen konnten. Die Firma suchte Mitarbeiter. Ich weiß noch, wie ich dastand, die Anzeige las und mich in einem Anfall von (bei mir üblicher) Phantasielosigkeit am Kopf kratzte und überlegte, wer um alles in der Welt so ein verrücktes Nischenprodukt gebrauchen könnte. Es klang wie ein vor allem bei Ingenieurstudenten beliebter schnieker wissenschaftlicher Taschenrechner, mit dem man zusätzlich noch telefonieren konnte.

Wie bekannt, baute Lazaridis' Firma dann das phänomenal erfolgreiche BlackBerry-Smartphone, gehörte eine Zeitlang zu den größten Hightech-Unternehmen Kanadas und vervielfachte die Sparrücklagen manch glücklicher kanadischer Rentner, als es an die Börse ging. Großartig auf dem Weltmarkt aufgetreten war das Smartphone zu der Zeit noch gar nicht. Nur etwa vier Prozent der Weltbewohner besaßen eins. Vergleichen Sie das mal mit den Zahlen für 2014. Da hatten global fast siebzig Prozent Zugang zu einem Smartphone, und die Zahl derer, die in Nordamerika in Gebrauch waren, entsprach fast der Gesamtbevölkerungszahl.[160] In weniger als zwei Jahrzehnten ist ein Gerät, das sich zuerst nur reiche Leute leisten konnten, für uns alle zu einem Alltagsgegenstand geworden. Und seine Rechenleistung übertrifft die der noch vor wenigen Jahrzehnten auf dem Markt befindlichen Computer bei Weitem. Ein simples iPhone 5s, das bald so antiquiert ist, dass meine Teenager-Kids sich schämen würden, sich in der Öffentlichkeit damit zu zeigen, hat mehr Speicherkapazität und Rechenleistung als die gesamte Computerausrüstung der Apollo 11 auf Mondmission im Jahre 1969. Schon allein die Grafikleistung des 5s übertrifft die des berühmten Cray Supercomputers der 1970er-Jahre um das Tausendfache.[161]

Zum Wandel des Alltagslebens, der durch die Entwicklung dieser bemerkenswerten Technologie beschleunigt wird, ist viel gesagt und geschrieben worden. Ich muss mich hier nicht lang darüber auslassen. In einem Bereich allerdings ist die Rolle des Smartphones in der Umgestaltung des Alltagslebens von zentraler Bedeutung, und darüber sollte jeder nachdenken. Im Inneren der Geräte steckt nämlich ein winziger Chip, der auf Signale von einer Reihe von Satelliten hört, die von der Luftwaffe der Vereinigten Staaten in den Raum geschossen worden sind. Er sagt dem jeweiligen Smartphone mit einer Zielgenauigkeit von schlechtestenfalls ein paar Metern, wo es sich befindet – ein Chip, der übrigens auf dem Hobbybastlermarkt für ein paar Dollar zu haben ist. Die en gros einkaufenden Hersteller von Telefonen und ähnlichen Geräten zahlen natürlich noch viel weniger.

Wo soll man anfangen zu beschreiben, wie sich die Bestückung von Mobilgeräten mit kleinen billigen GPS-Sensoren global auswirkt? Da unser Hauptinteresse weiterhin dem Einfluss gelten soll, den die Technologie auf unsere Beziehung zum gebauten Raum hat, werden wir mit dem immer weiter um sich greifenden Einfluss von Navigationstechnologien auf unsere Orientierung beginnen.

Die jungen Erwachsenen unter den Lesern dieses Buches erinnern sich wahrscheinlich kaum noch an die Zeit, als man – wenn man sich verirrt hatte – noch *nicht* ganz cool das Handy aus der Tasche zog, mit Hilfe eines Signals aus dem All seinen Standort auf einer kleinen Karte oder einem Plan feststellte und dann das gewünschte Ziel eingab. Für Reisende mit schlechtem Orientierungssinn, die heute in einer fremden Stadt den Weg zu einer Verabredung finden müssen, ist es eine tolle Sache, nicht mehr auf die traditionellen, von den Menschen seit Jahrtausenden benutzten Methoden angewiesen zu sein. Auch für den flanierenden Touristen kann die standortsensible Technologie ein zeitsparendes Wunderwerk sein, wenn er eine Handy-App aufrufen und um eine Liste von Restaurants in der Nähe bitten kann, zusätzlich vielleicht mit einem kleinen Plan, auf dem ihm angezeigt wird, wie er dorthin kommt.

Mit Hilfe von Handy-Apps können wir uns unsere Umgebung kommentieren lassen. Bekommt die App den Standort genannt, liefert sie, kaum gehen wir an einem interessanten Bauwerk vorbei, detaillierte historische und architektonische Informationen oder meldet sich mit einer kurzen Geschichte und ein paar Trivia zu Wort. Dank unserer Handys können wir Schluss machen mit der alten Zettelwirtschaft und den Listen zu erledigender Dinge und uns mit Hilfe der Geofencing-Technologie erinnern lassen, was zu tun ist, sobald wir an einen bestimmten Ort kommen. Ich programmiere zum Beispiel manchmal mein Smartphone so, dass es mir in dem Moment, in dem es merkt, dass ich mein Arbeitszimmer verlasse, sagt, dass ich Lebensmittel einkaufen muss.

Ohne jeden Zweifel vereinfachen also die Smartphones die Lösung bestimmter, früher mit mehr Aufwand zu bewältigender Probleme. Und wie bei den meisten Technologien, die ich in diesem Buch beschrieben habe, gestehe ich freimütig, dass ich glühender Fan und eifriger Nutzer bin. Aber natürlich gibt es eine Schattenseite. Und damit meine ich nicht die gelegentlichen Aussetzer von Navis, die Signal- oder Gerätefehlern oder veralteten elektronischen Karten und Plänen geschuldet sind. Mittlerweile haben wir ja alle genug Geschichten von glücklosen Reisenden gehört (hoffe ich jedenfalls), die plötzlich merken, wie sie in Häuser oder Seen hineinfahren, weil sie blind den Anweisungen aus ihrem Navi gefolgt sind und nicht dem, was sie mit eigenen Augen gesehen haben.

Die schleichende Gefahr, dass man sich zu sehr auf die GPS-Navigation verlässt, zeigt sich gewiss in solchen Missgeschicken, ist aber nicht die Schattenseite, von der ich sprechen will.

Stellen Sie sich zunächst einmal vor, dass Sie sich im Alltag in einer von GPS-Apps freien Welt auf die althergebrachte Weise durch unvertraute Räume bewegen müssen. Wenn Sie so alt sind, dass Sie sich noch an diese Zeiten erinnern, umso besser. Man kann sich ja auf alle möglichen Arten in unbekanntem Terrain zurechtfinden, abhängig von der eigenen Kompetenz und den Gegebenheiten. Wenn man anhält und jemanden nach dem Weg fragt, bekommt man wahrscheinlich eine exakte Beschreibung – rechts, links, geradeaus –, ähnlich dem, was einem das GPS-Gerät angibt. Die mündlichen Anweisungen sind meist hilfreich, aber wir erfahren vermutlich nicht viel über die Gegend und bekommen auch kein Gefühl für die Anlage des Ortes insgesamt, den wir auf dem Weg zu unserem Ziel durchqueren.

Mit einem Plan können wir uns umfassender orientieren; er führt uns nicht nur sicher dorthin, wo wir hinwollen, sondern bietet uns auch die Möglichkeit, die Umgebung zu erkunden und besser zu verstehen. Manche von uns (augenscheinlich aber immer weniger) ziehen vielleicht sogar einen Papierplan zu Rate, der die Anlage der Straßen um uns herum maßstabgerecht wiedergibt. Wenn wir unseren Standort nicht so ohne Weiteres bestimmen können, müssen wir uns die Orientierungspunkte auf dem Plan genau ansehen, dann um uns schauen und beides, die realen und die auf dem Plan verzeichneten Punkte zusammenbringen. Schon allein beim Lösen dieser Aufgabe haben wir mehr Informationen bekommen als durch die Schritt-für-Schritt-Beschreibung des

Weges. Aber die *conditio sine qua non* zum Wegfinden ist der mentale oder »kognitive« Plan, der seinem Äquivalent aus Papier ziemlich ähnlich ist (das wahrscheinlich im Handschuhfach des Autos liegt, in dem wir, nebenbei bemerkt, auch eher Straßenkarten oder Stadtpläne als Handschuhe finden, nach denen das Fach benannt ist). Der wichtigste Unterschied zwischen einer Karte im Kopf und einer aus Papier liegt nur darin, dass Erstere aus Neuronen, Verbindungen zwischen Neuronen und dem Takt besteht, in dem diese Neuronen feuern.

Um nützlich zu sein, müssen die Pläne bzw. Karten in unserem Kopf nicht maßstabgetreu sein. Ja, das Bild der Umgebung kann sogar erheblich verzerrt sein. Doch solange die Pläne topologisch genau sind – denken Sie an U-Bahn-Pläne und dergleichen –, helfen sie uns nicht nur, von A nach B zu kommen, sondern geben uns auch eine gute Vorstellung, wie wir laufen müssen, wenn wir zudem nach C, D und E wollen. Präzise kognitive Pläne von Orten zu erstellen erfordert einige Anstrengungen. Wir müssen uns umschauen, unserer Umgebung Aufmerksamkeit schenken und die räumliche Beziehung der Dinge, die wir sehen, mühsam erarbeiten. Im Grunde versuchen wir unsere Sicht der Dinge von der Bodenhöhe aus zu einer alles erfassenden Vogelperspektive umzuwandeln. Wir stellen uns vor, wie die Dinge von oben aussehen, obwohl wir sie in der Realität so gut wie nie so betrachten können. Das fällt den meisten von uns nicht leicht.

Interessant an den beiden verschiedenen, von mir genannten Arten der Orientierung – die eine basiert auf der Grundlage einer detaillierten Wegbeschreibung und die andere auf einer flexiblen kognitiven Karte – ist, dass sie auf sehr getrennten neuronalen Systemen basieren. Die Orientierung auf

Grundlage des Weges selbst findet hauptsächlich im Striatum statt, also einem Teil der Basalganglien. Von diesen tief unter der Oberfläche der Großhirnrinde begrabenen Gehirnstrukturen dachte man herkömmlicherweise, sie seien vor allem mit der Steuerung bestimmter Bewegungen befasst. Manche bekannten Bewegungserkrankungen wie Chorea Huntington und Parkinson sind Folge von Schäden in den Basalganglien. Inzwischen wissen wir aber, dass Teile der Basalganglien und besonders das Striatum mit Erinnerungs- und Lernprozessen befasst sind, darunter dem Lernen von Wegen.[162]

Der Hippocampus ist ein uraltes kortikales Gewebe, das im Temporallappen eingebettet ist. John O'Keefe entdeckte bei seiner bahnbrechenden Arbeit, für die er 2014 mit zwei anderen Wissenschaftlern den Nobelpreis für Physiologie oder Medizin bekam, dass es im Hippocampus viele Zellen gibt, die Ortsinformationen aufnehmen. Die so genannten Place Cells wurden nur dann aktiv, wenn das Versuchstier an einem bestimmten Ort war. O'Keefes Entdeckung der Neuronen, die für die Ortsinformationen zuständig sind, setzte hektische neurowissenschaftliche Tätigkeit in Gang: Forscher suchten und entdeckten immer neue Methoden, die Aktivität der Hippocampuszellen aufzuzeichnen und deren Physiologie mit dem Verhalten von Tieren zu vergleichen, meist Laborratten. Jüngere Forschungen, in denen wiederum eine Vielzahl anderer neurowissenschaftlicher Methoden zur Anwendung kam, erbrachten, dass Menschen ebenso wie vermutlich alle Säugetiere die genannten Zellen besitzen und dass vor allem diese die menschliche kognitive Karte oder eben den Plan herstellen.[163] Die bekannten Studien an Londoner Taxifahrern von Eleanor Maguire haben zum Beispiel gezeigt, dass die Größe bestimmter Teile des Hippocampus mit der Orientierungsfähigkeit korreliert.[164] In anderen Experimenten erwies sich darüber hinaus, dass der Hippocampus eine Eigenschaft hat, die für eine Struktur, die räumliche Informationen verarbeitet, sehr wünschenswert ist: Er ist durch Erfahrung wunderbar formbar. Mit dem Lernen ändert er sich nicht nur physisch radikal, sondern ist auch eines der wenigen Areale im Gehirn, von denen wir mit Sicherheit wissen, dass tatsächlich auch im Erwachsenenalter noch neue Zellen entstehen können. Womit sich das jahrhundertealte Dogma erledigt, dass wir schon im frühen Erwachsenenalter alle Zellen ausgebildet haben, die wir je haben werden, und dass für den Rest unseres Lebens Veränderungen im Gehirn hauptsächlich ein (hoffentlich) langsamer, unweigerlicher Prozess des Zellensterbens sind.

Wie relevant diese besonderen Eigenschaften des Hippocampus und ihre Rolle beim Kartenlesen und -interpretieren sind, schälte sich bei den Diskussionen über den massiv gestiegenen Gebrauch der GPS-Technologie heraus. Wenn wir nämlich dem blauen Punkt auf einer Karte im Handy folgen, also uns nicht in unserer Umgebung orientieren und uns bemühen, wie früher eine kognitive Karte herzustellen, kürzen wir Prozesse ab, die wir über Jahrtausende gelernt haben. Beim Wegfinden sind wir striatale Reiz-Reaktions-Automaten geworden und rasen durch Zeit und Raum wie Labormäuse auf Käsejagd im Labyrinth.

Niemand hat sich zu den Gefahren dieser modernen Verhaltensänderungen so offen und ausführlich geäußert wie die Neurowissenschaftlerin Veronique Bohbot von der McGill University in Montreal. Bei dem Treffen der Society for Neuroscience im Jahre 2014, dem größten jährlich stattfindenden Kongress von Neurowissenschaftlern aus aller Welt, machte sie Furore, als sie Daten präsentierte, die zeigten, dass ältere notorische GPS-Benutzer im Vergleich zu einer Kontrollgruppe, die zur Orientierung keine Technik benutzte, nicht nur verkümmerte Hippocampi hatten, sondern auch bei einer Reihe anderer kognitiver Aufgaben schlechter abschnitten.[165] Bohbot warnte, dass angesichts dessen, was wir über die Reaktion des Hippocampus auf Erfahrung und den Modus operandi der Gehirnzellen überhaupt wissen (»use them or loose them« – salopp gesagt: bei Nichtgebrauch futsch), der ständige übermäßige Gebrauch von GPS und der Verzicht auf eine differenzierte Interaktion mit einem Ort mittels einer Karte oder eines Planes vielleicht sogar degenerative Veränderungen in dem Organ in Gang setzen kann, die denen bei Demenzkrankheiten wie Alzheimer ähneln. Zellveränderungen im Hippocampus sind bekanntermaßen ein früher Vorbote ernsthafterer degenerativer Erkrankungen.

Als wäre die Gefahr von Schäden im Gehirn noch nicht genug, stimmt mich ein weiterer Aspekt der GPS-Nutzung bedenklich. Es geht um unsere allgemeine psychologische Beziehung zum Ort und wie diese womöglich von der Technik beeinflusst wird. Um darüber nachzudenken, können wir die Argumente des Wissenschaftsphilosophen Albert Borgmann heranziehen. In einem seiner frühen Bücher *Technology and the Character of Contemporary Life* beschreibt er etwas, das er »device paradigm«, »Geräteparadigma«, nennt. Er denkt in einer bestimmten Weise über das Verhältnis von »Geräten« und »Dingen und Tätigkeiten, die erledigt werden müssen«, nach.[166] Ein »Gerät«, sagt Borgmann, ist ein Stück Technik, das uns eine simple Schnittstelle liefert – ein harmloses Bild auf einem Display –, hinter dem sich die Apparaturen verbergen, die eine Aufgabe ausführen, der wir keine gesteigerte

Aufmerksamkeit zollen. Ein einfaches Beispiel wäre wieder einmal die Heizanlage, die viele von uns zu Hause benutzen. Die harmlose Schnittstelle eines solchen Systems ist der Temperaturregler, ein Gerät, das simpel daherkommt, aber genial ist, weil wir mit seiner Hilfe die gewünschte Temperatur unserer Umgebung einstellen können. Mit Hilfe eines mechanischen Schalters und eines Elements, das die Temperatur misst, kümmert sich die Technologie hinter dem Regler für uns um alles andere. Ändert sich das Wetter oder lassen wir aus Versehen das Fenster offen stehen, werden notwendige Änderungen im System automatisch vorgenommen. Wir müssen bloß von Zeit zu Zeit den Temperaturregler anfassen, immer brav unsere Gas- oder Ölrechnung bezahlen und gelegentlich einen Handwerker mit der Wartung der Anlage beauftragen.

Die Idee, dass der Temperaturregler ein gesellschaftliches Risiko darstellen kann, wird plausibel, wenn man an die Alternative denkt. Ich habe eine reizende alte Verwandte, die allein in einem isoliert stehenden Bauernhaus mitten auf einem windumtosten Feld im ländlichen New Brunswick wohnte. Obwohl sie einen Heizkessel mit Heizungsanlage hatte, benutzte sie einen riesigen gusseisernen Holzofen in der Küche als Hauptwärmequelle. Um die passende Temperatur aufrechtzuerhalten, musste die liebe Dame den Ofen in regelmäßigen Abständen mit Holzscheiten füttern. Sie musste auch daran denken, dass jemand – ihr Sohn, ihre Enkel oder ich, wenn wir zu Besuch waren – für einen Holzvorrat in dem Zimmer direkt neben der Küche sorgte. Und nicht nur das, sie musste natürlich immer wissen, wie das Wetter wurde. War ein plötzlicher Kälteeinbruch vorhergesagt, brauchte sie mehr Holz und musste das Feuer im Ofen bis weit in die Nacht am Brennen halten. Insgesamt stellten die zum Heizen erforderlichen Aktivitäten und das Vorausdenken – Borgmann hätte das fokussierte Tätigkeiten (die man erledigen muss) genannt – eine Verbindung zwischen meiner alten Verwandten, ihrer Gemeinschaft von Familie und Bekannten und der weiteren Umgebung her. Wenn sie einfach nur einen Temperaturregler gehabt hätte, den sie ab und zu in die richtige Richtung hätte schieben müssen, wäre ihr Leben zwar in mancherlei Hinsicht erheblich leichter gewesen, aber durch den Einsatz eines *Geräts* für die fokussierte Tätigkeit wäre etwas verloren gegangen, sie wäre von etwas getrennt worden und hätte weniger Kontakt mit den Menschen um sie herum gehabt, ein reduzierteres Leben.

Wenn man von hier aus weiterdenkt, sollte unschwer zu erkennen sein, dass ein ähnlicher Verlust stattfindet, wenn wir ein Handy benutzen, das uns nie in die Irre leitet und uns einen blauen Punkt liefert, der uns wie eine perverse Umkehrung der Lampe des Diogenes nicht etwa zur Weisheit führt, sondern wie einen Sklaven an ein vorprogrammiertes Ziel. Nun wird mit dem rabiat verkürzten fokussierten Tun nicht nur unser soziales Handeln bei der Orientierung (gemeinsame Kulturtechnik des Wegfindens: einfaches Fragen nach dem Weg) ebenso rabiat verkürzt, sondern wir sind uns zudem kaum noch der Beschaffenheit, des Aussehens und der Bedeutung eines Ortes bewusst und können ihn gar nicht mehr recht wertschätzen. In *You Are Here* habe ich auf die starken Übereinstimmungen zwischen den uralten Kulturen der Inuit in Kanada, der indigenen Seefahrer vom Atoll Puluwat im Westpazifik und der australischen Aborigines hingewiesen, die sich allesamt nicht nur auf ein breites Spektrum raffinierter Orientierungsfähigkeiten verließen, sondern zudem eine enge, ehrfurchtsvolle Beziehung zu ihrer Umwelt pflegten. Sowohl dem verantwortlichen Umgehen mit Letzterer als auch dem seefahrerischen Können liegt eine Haltung sorgfältiger, einfühlsamer Aufmerksamkeit für alltägliche Details zugrunde, seien sie auch noch so winzig. Denkbar wäre nun, dass eine Wegfindungstechnologie auch zu dieser Art von einfühlsamer Aufmerksamkeit anregen könnte, vielleicht durch die Möglichkeit eines spielerischeren Umgangs, also dass uns etwas Raffiniertes, Anregendes und Provozierendes geboten wird und nicht nur ein magerer Straßenplan mit einem blinkenden Pfeil und eintönigen Stimmbefehlen. Dass sich allerdings ein gestresster Geschäftsreisender auf der Suche nach dem nächstliegenden Starbucks auf ein solches Spielzeug stürzen würde, ist sehr unwahrscheinlich.

Aber sind denn Handys mit GPS wirklich so schlecht für uns? Vielleicht nur in dem Sinn, wie das Fernsehen angeblich schlecht für uns ist. Ein Gerät, vor dem wir acht Stunden am Tag herumlungern und sinnfreie Reality-TV-Sendungen oder einfältige Cartoons glotzen können, tut nur Folgendes: Es *erlaubt* uns maladaptives Verhalten, zwingt es uns aber nicht auf. Dasselbe Medium, das uns mit seichtester Unterhaltung versorgt, kann uns auch informieren und bilden. Ähnlich killt ein Smartphone womöglich Zellen im Hippocampus und lenkt uns von den Details in unserer Umgebung ab, aber es bringt uns auch pünktlich zu Meetings, macht uns als Reisende, die keine Angst mehr vor dem falschen Weg haben müssen, mutiger, sodass wir vielleicht weiter gehen und mehr erkunden, als wir vorhatten. Zudem rettet ein Smartphone sicher nicht selten Leben!

In Massentechnologien wie dem Fernsehen kommt der eigentliche Nutzen von denen, die uns mit ihrer Arbeit wertvolle Inhalte liefern. Aber was entspricht in einem GPS-fähigen Handy solchen qualitativ hochwertigen Inhalten? Können wir über den blauen Punkt hinausgehen und die standortsensible Technologie benutzen, um unsere Beziehung zum Ort auszuweiten? Wenn wir Applikationen suchen, die uns vielleicht zu tieferen, meditativen und phantasievollen Begegnungen mit Ort und Raum verhelfen, liegt auf der Hand, wohin wir uns wenden müssen: an die Welt des Spiels.

Ein simples Beispiel für ein Geogame existiert nun schon seit der Einführung von Hochpräzisions-GPS-Signalen im Jahr 2000: das Geocaching, eine GPS-Schnitzeljagd und beliebte Freizeitbeschäftigung. Die Spieler suchen Schätze oder so genannte Caches, die von anderen Spielern versteckt worden sind, die – logisch! – live an dem Versteck des Cache gewesen sein müssen. Dazu sind sie ein paar Hinweisen aus einer öffentlichen Datenbank gefolgt, die sie auf einer Webseite gefunden haben. Die Caches können Einzelfunde sein, aber auch zu einer größeren Sammlung von Caches gehören, die ein Puzzle bilden oder eine Geschichte erzählen. Die Zahl der Geocachers weltweit zu schätzen ist schwierig, aber das Spiel, das ein bisschen wie ein technikgestützter Orientierungslauf funktioniert, gehört zu den älteren und robusteren standortbezogenen Spielen. Gut ist daran, dass es die Teilnehmer dazu bringt, in die Welt hinauszugehen, genau auf die Details in der Umgebung zu achten (die Caches sind oft sehr raffiniert versteckt) und vieles zu tun, was beim weniger aufmerksamen Gebrauch von GPS nicht vorgesehen ist. Sie müssen das, was auf dem Display des benutzten Geräts zu sehen ist, auch mit einigem Aufwand in Beziehung zu dem setzen, was sie in ihrer tatsächlichen Umgebung sehen.

Viele andere Typen standortbezogener Spiele bestehen aus Puzzles, machen Gruppenaktivitäten erforderlich und gipfeln manchmal in aufregenden Katz-und-Maus-Spielen, bei denen die Spieler durch interessante Gegenden und Stadtteile sausen müssen, um Konkurrenten zu schlagen. Doch so faszinierend diese Spiele auch sein mögen, die Teilnehmer wenden sich sehr von dem ab, was das reale Leben ausmacht – die reale Welt wird buchstäblich zum Spielraum, zum Zauberkreis. Aber wenn imaginäre Inhalte uns in den Raum einbinden und nicht daraus verscheuchen sollen, dann müssen sie in unseren alltäglichen Gebrauch von Raum und Technologie eingebettet werden.

In den Yahoo Laboratorien in Barcelona hat Daniele Quercias Gruppe eine GPS-App entwickelt, die nicht ausschließlich auf dem Algorithmus der kürzesten Entfernung zum Ziel beruht, sondern auf einer Reihe ästhetischer Variablen.[167] Um die App zu erstellen, sammelte Quercias Gruppe zunächst Daten zu ästhetisch ansprechenden Ansichten in einer Stadt. Dazu mussten die Informanten einige Bilder von Orten in ihrer Stadt nach Schönheit, Vermittlung von Glücksgefühlen und Ruhe beurteilen. Auf Grundlage dieser Informationen stellte man die visuellen Merkmale zusammen, die den Betrachtern wohl am ehesten Glücksgefühle vermittelten, und verlinkte sie mit dem Webdienstleistungsportal Flickr. Nachdem man große Bereiche Londons und Bostons mit einigen von dem abgebildet hatte, was Wohlbefinden erzeugt, erstellte man in der letzten Entwicklungsphase der App einen wegfindenden Algorithmus, dem entsprechend die Benutzer nicht nur Start und Ziel ihres beabsichtigten Stadtgangs nennen, sondern auch verlangen konnten, dass sie den am meisten glücklich machenden, ruhigsten oder schönsten Weg vorgeschlagen bekamen. Die App soll noch weiter verfeinert werden, doch auf erste Tests haben die Benutzer positiv reagiert.

Quercias Bemühen, die Mentalität des kürzesten Weges zu torpedieren und die Benutzer anzuregen, ein wenig zusätzliche Zeit für ein räumlich bereichernderes Erlebnis zu erübrigen, ist vielversprechend.

Das Fortgeschrittenste in der potentiellen Nutzung der GPS-Technologie, bei dem sowohl der beschriebene übliche Gebrauch unterlaufen als auch unser alltägliches Verständnis von Raum erweitert wurde, war die nicht mehr lieferbare MATR-App, entwickelt von der visionären interdisziplinären Gruppe Spurse. Es handelt sich hier um eine Creative-Design-Beratungsfirma, die sich auf die Fahnen geschrieben hat, unser Verständnis von Systemen zu verändern, seien es menschliche Gemeinschaften, Institutionen oder ökologische Systeme. MATR ist das Akronym für Mobile Apparatus for Temporality Research und bestand aus einer App, die den Standort eines Benutzers auf einer eigens konstruierten Karte beziehungsweise einem Plan verortete, die oder der viel mehr als nur geografische Informationen enthielt: nämlich auch Daten zur Klimageschichte sowie der uralten Geografie und menschlichen Geschichte ebendieser Orte. Weil die Daten sehr lange Zeitspannen umfassten, nannte MATR sie »tief in die Zeit zurückgehende Variablen«. Die komplexe Mischung von geografischen und menschlichen Daten wurde zu einer Tonaufnahme heruntergemischt, die MATR-Benutzer auf Kopfhörern hören konnten, wenn sie von Ort zu Ort gingen. Der Zweck der MATR-App war viel ehrgeiziger, als uns nur zu helfen, auf Schatzsuche nach Schönheit und Ruhe zu gehen. Sie sollte, basierend auf der Orientierungstechnologie und einer umfangreichen Gruppe von Variablen, einen vollkommen neuen Sinneskanal schaffen.[168]

Wahrscheinlich verdrängen weder die MATR noch Quercias Spaßfinde-App den alltäglichen Gebrauch unserer Handys für den Fall, dass wir uns verirren, aber mir gefallen beide. Denn sie regen uns dazu an, die Konsequenzen dieses Alltagsgebrauchs gründlicher zu überdenken. Schon allein, weil sie zu den Algorithmen des kürzesten Weges und dem verrückten Rennen von A nach B eine Alternative bieten, machen sie deutlich, was verloren geht, wenn wir zulassen, dass unsere angeborenen kognitiven Fähigkeiten von einer Maschine vertilgt werden. Sie erinnern uns immer wieder daran, dass uns dasselbe Gerät, das wir ebenso sinnlos gebrauchen können, wie wir – sinnlos – eine bekloppte Spielshow mit B-Promis ansehen, auch mit einer spannenden Geschichte beschenken kann, die unsere Sicht der Welt vielleicht verändert.

Jeder, der sich gewohnheitsmäßig auf ein Smartphone verlässt, weiß also, dass die standortbezogenen Fähigkeiten des Geräts weit über die simplen Applikationen hinausgehen, die uns helfen einen Weg zu finden. Fast jede Handy-Applikation bittet um Zugang zu den Informationen über unseren Standort, sei der Grund für dieses Begehr einleuchtend oder nicht, und nur allzu oft sind wir bereit, diesen nützlichen Datenpunkt zu nennen, ohne auch nur einen Moment zu zögern.

Dabei kann diese Information zumindest auf dreierlei verschiedene Weisen genutzt werden. Zuerst, und das leuchtet am meisten ein, erlaubt die Kenntnis unseres Standortes unserem Smartphone, uns mit kuratierten Informationen über unsere Umgebung zu versorgen. Das heißt nicht nur, dass man uns auf einem Plan zeigt, wo wir sind, sondern auch, welche Restaurants sich in der Nähe befinden, wo die nächste Tasse Kaffee zu haben ist oder wie der Schuhladen gleich gegenüber von anderen bewertet wurde. Natürlich kann es nützlich sein, diese Informationen so leicht greifbar zu haben, insbesondere wenn man die Umgebung nicht sehr gut kennt.

Zweitens erlauben uns viele Apps, unsere eigenen Gedanken und Gefühle zur schon gut gefüllten Datenbank mit standortbezogenen Hinweisen hinzuzufügen. Wenn wir das Essen und den Aufenthalt in einem Restaurant genießen (oder nicht), können wir dazu eine kurze Beurteilung verfassen und, wenn wir mögen, sogar ein Foto unseres gutgefüllten Tellers hinzufügen. Schenken wir einem Crowdsourcing-Depot solche Informationen, machen wir die allen Benutzern der App (meist gratis) zur Verfügung stehenden Dateien erheblich wertvoller. Und wieder muss ich aufpassen, dass ich nicht als ewiger Meckerfritze angesehen werde, wenn ich an einem Instrument herummäkele, das dem Benutzer lediglich für den Preis eines Smartphones und eines Datentarifs solch eine Fundgrube an wertvollen Informationen bietet. Aber zu Ihrer Beruhigung: Ich erzähle Ihnen nun nicht, dass Sie durch die ständige Benutzung von Apps wie Yelp oder Foodspotting einen Gehirnschaden erleiden. Meines Wissens passiert das nicht. (Nur Ihre schlanke Linie ist in Gefahr.) Systeme, die Ihnen sofort maßgeschneiderte Informationen zu Ihrer Umgebung liefern, sind trotzdem nicht koscher. Für ihre eigentliche Gefahr halte ich nämlich, dass sie uns der Erfahrung jedweder konkreten und unerwarteten Neuheit berauben. Wie die meisten anderen Tiere haben wir nämlich, wie im vierten Kapitel ausgeführt, eine Schwäche und gleichzeitig einen idealen Aufnahmepunkt für alles Neue und Komplexe. Wir bleiben an unserer Umgebung interessiert, solange sie uns verspricht, dass wir Dingen begegnen, die uns überraschen und erfreuen. Aber dazu müssen wir weitergehen und -schauen! Wenn wir uns von Handys durch die Welt führen lassen, die als »informationsangereicherter« Entfernungsmesser fungieren, der uns darüber aufklärt, was uns an einem Ort erwartet, bevor wir dorthin kommen, dann wird eine Extraschicht zwischen uns und das unter Umständen vergnügliche, unmittelbar sinnliche Erleben der Wirklichkeit geschoben. Die glücklichen Zufallsentdeckungen werden seltener, und wir stoßen vielleicht nur noch beim Surfen im Internet auf etwas. In der echten Welt wird es mit all seiner Freude und dem Spaß an der unverhofften Entdeckung zum Anachronismus.

Den dritten Gebrauch der Standortdatenberge aus unseren Handys finde ich am besorgniserregendsten. Eigentlich begreift man ja im Nu, dass es zu schön ist, um wahr zu sein, wenn man eine solche Fülle an Apps und so viele nützliche Informationen einfach geschenkt bekommt. Wir kriegen es nämlich nur, weil das, was wir abgeben, für jemand anderen wertvoll ist. Stellen Sie sich vor, wir könnten in der Zeit zurückgehen zu den glanzvollen Tagen der ersten Kaufhäuser wie des Selfridges in London oder des Bon Marché in Paris. Die Erbauer dieser Konsumpaläste strengten sich ja mächtig an, um herauszufinden, wie ihre Kunden tickten, und gaben alles, um sie froh und zufrieden zu machen und begeistert darüber, dass sie ihr Geld mit vollen Händen ausgeben konnten.

Stellen Sie sich weiter vor, dass Sie den Planern ein Instrument an die Hand gegeben hätten, mit dem sie in die Köpfe der Käufer hineinsehen und verfolgen konnten, wohin sie gehen, was sie anschauen und welche Kommentare sie zu dem Angeschauten abgeben. Natürlich hätten sie diese Gelegenheit beim Schopf gepackt! Sie erinnern sich vielleicht, wie man noch vor wenigen Jahren ganz normal Marktforscher mit Klemmbrettern in Einkaufszentren stehen und Käufer bitten sah, ein paar Fragen zu beantworten. Solche Leute sehen wir eigentlich kaum mehr. Man braucht sie nicht mehr; wir füttern unsere Handys freiwillig mit den Daten, die sie haben wollen, überlassen das Recht an unseren Gewohnheiten, unserem Woher und Wohin und unseren Gedanken jedem, der uns eine simple Handy-App für lau anbietet. Der Science-Fiction-Autor und Futurologe Bruce Sterling sagt in seinem Pamphlet *The Epic Struggle of the Internet of Things* etwas Ähnliches, nur ist seine Sprache ein bisschen extravaganter.[169]

Er spricht zwar über viel mehr als nur unsere freiwillige Preisgabe auch der kleinsten Kleinigkeiten aus unserem Leben, schreibt aber, dass die Hauptakteure – die Amazons, Googles und Apples dieser Welt – munter eine Schlacht um die Weltherrschaft schlagen. Während das gesamte konkrete Leben auf der Welt nur noch stellvertretend für seine Silikoninkarnation in Bits stattfindet, wird die Information über die Welt das höchste Gut und das Letzte, um das es sich zu kämpfen lohnt.

■ Noch mal, mit Gefühl

Die neue Generation der mobilen Technik kann viel mehr als nur unsere Bewegungen verfolgen und unsere Kaufgewohnheiten speichern. Sie kann – in manchen Fällen ganz direkt – sogar messen, wie wir uns fühlen. Als ich überall auf der Welt meine Experimente zur Psychogeografie durchführte und die Beziehung zwischen verschiedenen städtischen Schauplätzen und menschlichem Verhalten erforschte, benutzte ich ein simples Gerät, das aussah wie eine Armbanduhr und mittels sensitiver Elektroden ganz uninvasiv die Schweißdrüsenreaktion messen konnte, das heißt, die Reaktionen des vegetativen

Nervensystems meiner Teilnehmer. Indem ich die Schwankungen ihres körperlichen Zustandes, also das Auf und Ab ihres Erregungsniveaus zu ihrem Standort in Beziehung setzte – wozu ich ein GPS-fähiges Smartphone benutzte –, konnte ich die Stresskarte eines städtischen Viertels zusammenstellen. Ich hatte natürlich damit gerechnet, dass die Erregungskurve bei einem Besuch in den städtischen Parks und Gärten hübsch abfiel, aber die Erregungsmuster korrelierten zudem mit den Typen von Straßenfassaden, auf die die Leute stießen, und mit dem Verkehrsaufkommen und Lärm an ihrem Aufenthaltsort.

Für einen Forscher wie mich ist es ein Riesenvorteil, dass ich die emotionale Erregung an dem einfachen Indikator visualisieren kann, welchen Einfluss das Gefüge von Stadtstraßen hat. Man kann sich deshalb auch leicht vorstellen, wie solche Daten benutzt werden, um sowohl die Theorie der Stadtpsychologie voranzutreiben als auch praktische Fragen der Stadtplanung anzugehen. Wenn zum Beispiel ein Stadtplaner das Gefühl hat, dass eine Straße oder ein Viertel einen unzumutbaren Level an Stress erzeugt, kann man das heute mit quantifizierenden Fakten und Zahlen belegen. Ich muss gestehen, dass ich von den Entwicklungen in der Sensorentechnologie höchst entzückt bin, denn es wird nun immer einfacher, den Gefühlszustand von Menschen an lebensechten Schauplätzen direkt abzulesen. (Als Neuestes habe ich von einer Methode zum Herstellen ablösbarer Tattoos gehört, in denen eine Elektronik steckt, die Schweißdrüsenreaktion, Puls und sogar Gänsehaut misst.) Da der derzeitige Hype bei tragbaren Technologien anhält, sehen wir wahrscheinlich viele dieser Instrumente bald für alle auf dem Markt.

Mit Fitnessaccessoires wie Fitbit-Trackers oder dem Nike

Fuelband kann man den eigenen Aktivitätsgrad messen und in einigen Fällen die Herztätigkeit. In meiner Heimatstadt Kitchener südwestlich von Toronto plant ein lokales Start-up-Unternehmen ein Armband, das sogar ins Blut eines Benutzers schauen und es analysieren kann, um Stoffwechselwerte daraus zu gewinnen. Die Lizenzgeber für die Software bitten die Benutzer im Allgemeinen um ihre Zustimmung zur Abtretung ihrer Daten an die Anbieter solcher Ausrüstungen. Genau wie bei den Mobiltelefon-Apps, die unsere Bewegungen und Interessen verfolgen, haben sie damit den ersten Fuß in der Tür zur Nutzung dieser Daten.

Neulich hat eine Frau in Kanada Schlagzeilen gemacht, weil sie in einem Prozess wegen Körperverletzung Daten von ihrem Fitbit-Tracker als Beweis dafür vorlegte, dass sie in ihrer Mobilität eingeschränkt war.[170] Wenn sie auch die Informationen freiwillig herausgegeben hat, scheint doch unausweichlich der Tag zu kommen, an dem sie in gerichtlichen Auseinandersetzungen beigebracht werden *müssen*.

Man kann geokodierte Indikatoren der Affekte nicht nur durch direkte physiologische Messungen, sondern auch aus den Daten herauslesen, die von unseren Mobiltelefonen gesammelt werden. Mit dem sozialen Netzwerk Twitter, das die Welt im Sturm erobert hat, weil es kostenloses Mikroblogging anbietet, mit dem die Benutzer sich Nachrichten, Neuigkeiten, Erkenntnisse oder eben Fotos von ihrem Mittagsmahl schicken können, kann man auch die Gefühle dieser Welt kartieren. Man kann Tweets durch linguistische Datenverarbeitung nach emotionalen Inhalten abfischen. So genannte »Analysen der Gefühle« sind zum großen Geschäft geworden, da man mit ihnen die Haltung von Konsumenten zu bestimmten Produkten einschätzen kann. (Man analysiert zum Beispiel den Gefühlsinhalt aller Tweets, in denen das Wort Starbucks vorkommt.) Tweets können auch geokodiert werden, das heißt, man kann dank ihrer die Häufigkeit der Verwendung von Gefühlsworten an verschiedenen Orten aufzeichnen. Theoretisch kann man den Standort, von dem ein Tweet gesendet wird, auf den Häuserblock genau taggen, doch das ist von den Datenschutzeinstellungen des Benutzers der App abhängig. Normaler ist bei Tweets, dass sie nur für die Heimatstadt des Twitterers kodiert sind. Die Möglichkeiten, Gefühle oder sogar Absichten (da schlachtet man Textinformationen nach Hinweisen aus, was als Nächstes geplant ist) zu analysieren und zu nutzen, werden zunehmend eine Rolle spielen, um über die sozialen Netzwerke einen Blick auf unsere innere Befindlichkeit zu werfen. Wenn man dann noch die geografischen Variablen hinzugibt, bekommen die unterschiedlichsten Interessenten Zugang zur Gefühlsstruktur eines Ortes.

▪ Ground Control to Ground Control

Mobile Telefone haben unsere Beziehung zu Orten verändert. Durch ihren Gebrauch tragen wir einen künstlichen Mikrokosmos unserer Welten mit uns herum, der unseren Standort als Punkt auf einer flachen, stilisierten Landschaft darstellt und unsere Umgebung in reichen Einzelheiten kuratiert. Viele von uns sind mittlerweile so verliebt in diese Minischöpfung der Welt, dass wir ihr manchmal mehr Aufmerksamkeit widmen als den realen Dingen, die sie abbildet. Unsere Telefone eröffnen uns nie da gewesene Möglichkeiten zum Verständnis der Welt, manche gut, manche ungut. Doch weil die Telefone

Menschen gehören, repräsentieren die Verzweigungspunkte dieses großen Netzwerks von Geräten trotzdem noch individuelle Persönlichkeiten.

Die nächste Grenze in der kybernetischen Verwandlung von Raum und Ort markiert nicht mehr nur die Beziehungen zwischen Menschen und auch nicht mehr nur die zwischen Menschen und Orten und Gegenden, in denen sie wohnen. Die Orte selbst sind im viel gepriesenen Internet der Dinge vollkommen durchsetzt von Geräten und Sensoren, angeblich immer noch im Dienst der Menschen, aber mit dem Hauptaugenmerk auf den Dingen und ihren Verbindungen und nicht auf den Akteuren aus Fleisch und Blut, die das Ganze mit Leben erfüllen. Viele Medienberichte verführen uns zu dem Glauben, dass das Neue am Internet der Dinge die Tatsache ist, dass die Gerätschaften und technischen Spielereien in unserem Leben anfangen miteinander zu sprechen. Unser Kohlenmonoxiddetektor kommuniziert mit unserem Ofen und weiß, dass der nicht weiterbrennen darf, wenn das tödliche Gas durch unser Haus wabert. Unsere tragbaren Computersysteme können vielleicht mit unseren Haushaltsgeräten und der Haustechnik sprechen, sodass zum Beispiel die Kaffeemaschine erfährt, dass sie das morgendliche Heißgetränk brauen kann, wenn das Fitnessband an unserem Handgelenk ihr meldet, dass wir aufgewacht sind. Das alles klingt schon sehr nach Smart Home, dem intelligenten Wohnen, bei dem miteinander vernetzte Sensoren unsere Gewohnheiten kennenlernen, sich ihnen anpassen, ihr Verhalten optimieren und uns in einen Kokon einwickeln: Sie wissen alles über uns, erfühlen es und kümmern sich um uns.

Etwas anderes am Internet der Dinge ist der Umfang. Gigantische Konzerne wie Siemens und Microsoft beschäftigen sich weniger damit, ein paar Haushaltsgeräte zu verkabeln, damit wir morgens leichter in die Gänge kommen, als vielmehr damit, Volldampf voraus, umfassende Systeme zu entwickeln, die für eine ganze Stadt das tun, was ein selbstlernendes Nest-Thermostat für unser jeweiliges Domizil tut, nämlich die Heizung herunterzudrehen, wenn wir es verlassen.

Ja, allmählich werden ganze Städte wie Songdo City in Korea oder Masdar in den Vereinigten Arabischen Emiraten mit der so genannten Smart-City-Infrastruktur aus dem Boden gestampft. In der utopischen Vision der Smart City ist die gesamte Stadt vernetzt, um jede nur denkbare Leistung zu erbringen. Es gibt keine Verkehrsstaus, auf Notfälle wird automatisch und umgehend reagiert, adaptive Heizungs-, Lüftungs- und Klimasysteme sorgen für die bestmögliche Energiebilanz, und weitere Systeme kümmern sich bis hinunter zu den winzigsten Details um das Leben der einzelnen Bewohner. Nichts wird übersehen, kein Datenpunkt bleibt ungespeichert, und die gesamte komplizierte Maschinerie der City wird mittels einer komplexen Reihe von Algorithmen zur optimalen Gestaltung der Abläufe von oben bis unten reguliert.

Der Reiz eines solchen Unterfangens sticht natürlich ins Auge. In einer Welt, die unter Überbevölkerung und schrumpfenden Ressourcen leidet, glauben wir angesichts neuer Probleme in der Stadt, die allein schon aus der Zusammenballung der Millionen Bewohner herrühren, dass die Lösung so kompliziert sein könnte, dass das menschliche Hirn sie gar nicht finden kann. Was könnte da verlockender sein als die Vorstellung, dass wir alles miteinander verkabeln und in einem strahlend hell erleuchteten Wolkenkratzer, dem Sitz der Zentraleinsatzleitung, zusammenfließen lassen? Dort stünden riesige Rechner, die das gesamte Tun und Lassen in der Stadt verstehen und managen, und wir könnten uns von hinten bis vorn betüddeln lassen von »einer Stadt«, die automatisch und auf die bestmögliche Weise funktioniert.

Niemand hat die Risiken der Smart-City-Entwicklungen so genau beschrieben wie der Direktor des New Yorker Planungsbüros Urbanscale, Adam Greenfield. In seiner Schrift *Against the Smart City* nimmt Greenfield das Werbematerial der großen Akteure auf dem Smart-City-Markt, Siemens, Microsoft und Cisco, unter die Lupe und versucht auseinanderzufieseln, was diese Techno-Giganten für unsere nächste Zukunft ausgeheckt haben.[171]

In seiner präzisen Analyse arbeitet er zuerst einmal heraus, dass die Pläne oder zumindest die Visionen, die sie der Öffentlichkeit und den Verantwortlichen in den Städten zu verkaufen versuchen, eine Einheitssoftware vorsehen, die die gesamte Macht des Internets der Dinge bündeln und nutzen soll, um das Funktionieren einer Stadt mittels einer Reihe allumfassender Algorithmen zu optimieren. Heikel bei einer solchen Herangehensweise ist die Annahme, dass die »Probleme« einer Stadt überall gleich sind und das, was in Songdo klappt, auch in Paris, Berlin oder São Paulo wie am Schnürchen läuft. Greenfield zeigt auf, dass ein generisches System für eine Gruppe unendlich komplizierter und interessanter Städte gerade das ignoriert, was deren Bewohnern hoch und heilig ist: ihr jeweils eigener Charakter, ihre Kultur und Geschichte. Insofern, sagt er, ist es kein Zufall, dass die Städte, die die Smart-City-Systeme der großen Firmen übernommen haben, von Anfang an geplant und buchstäblich aus dem Nichts entsprungen sind. Ja, sie sind der Inbegriff von Rem Koolhaas' generischem Stadtkonzept, von dem sie vermutlich auch ein wenig inspiriert sind. Besorgniserregend ist im Übrigen auch, dass Firmen wie Siemens und Microsoft, zumindest den Hochglanzbroschüren und Webseiten nach zu urteilen, aus den Smart-City-Systemen insofern gutes Geld zu machen gedenken, als sie die vollständige Kontrolle über ihr Betriebssystem behalten und sich für dessen Nutzung bezahlen lassen wollen. Diese Art von diktatorischer Kontrolle der Systeme einer Stadt »von oben herab« halte ich für brandgefährlich. Genau wie Moloche wie Amazon und Apple es geschafft haben, mit ihrer leistungsstarken Technologie massiven Einfluss auf Unterhaltungsindustrie und Buchgewerbe zu erlangen, würden Firmen, die marktführend im »Internet von allem« werden, bald die Herrschaft über … na ja, *alles* haben.

Aus der Perspektive des Psychologen und eingedenk dessen, was Borgmann sagt, finde ich die wichtigste Frage zum Smart-City-Konzept, welchen Einfluss es auf Verhalten, Gefühle und vielleicht sogar die Persönlichkeiten der Bewohner solcher Städte hat. Wenn wir gepampert und gepudert werden mit Autos, die sich selbst fahren, Gepäck, das weiß, wenn es gestohlen worden ist, Pillen, die wissen, wann sie geschluckt werden müssen, Gabeln, die wissen, wie schnell wir essen, und Windeln, die wissen, wann sie voll sind, wähnen wir uns bald so sicher wie in Abrahams Schoß. Aber das fokussierte Tätigwerden in unserem Leben wird rasant abnehmen. Wann sind wir dann noch mit dem wahren Leben und seinen Gefahrenstellen konfrontiert und müssen wie Erwachsene auf Grundlage unvollständiger Indizien und Urteile über unser Tun und Handeln selbst *entscheiden?* Wenn es wirklich stimmt, dass der Gebrauch eines simplen GPS-Systems Veränderungen in den Strukturen unseres Gehirns hervorruft und unsere neuronalen Systeme wegen mangelnder Benutzung verkümmern, welche Auswirkungen haben dann die so viel umfassenderen Systeme der Smart-City-Planer? Fühlen wir uns dann nicht doch infantilisiert, hilflos und abhängig?

Nicht minder alarmierend finde ich, dass das Einheitsstrickmuster, das man den Städten von oben aufzwingt und für den Standardmenschen entwirft, zur sich selbst erfüllenden Prophezeiung werden kann. Abgepolstert von einem System von Rückkopplungsschleifen, die uns vor uns selbst »schützen«, ist es nur wahrscheinlich, dass sich die Bewohner einer Smart City, wie sie sich die derzeitige Generation von Anbietern der dazugehörigen Technologie vorstellen, einander anpassen, und zwar nicht unbedingt zum Besseren. Gewiss werden immer rebellische Geister und Andersdenkende den Status quo bekämpfen und die Systeme hacken, um ihre Individualität zu bewahren, aber die geballte Unternehmensmacht hinter der Smart City wird garantiert immer neue Abwehrmauern errichten. In solchen Städten sind die Züge vielleicht pünktlich, aber möchte man sie überhaupt noch besuchen?

Wenn Greenfield mit den optimistischen Schlussfolgerungen in seinem kurzen Buch recht behält, müssen wir uns über eine solche dystopische Zukunft vielleicht keine Sorgen machen. Obwohl Terminologie und Technologie heute erheblich anders sind, kennen wir seiner Meinung nach die Bonbons, die uns die großen Macher der Smart City anbieten, längst. Und wir haben sie probiert und für unverdaulich befunden. Der Modernismus in Architektur und Stadtplanung mit dem berühmten Schweizer Architekten Le Corbusier an der Spitze hatte ja eine ähnliche technokratische zentrale Steuerung der Stadt im Sinn und wollte das Leben darin nach wissenschaftlichen Prinzipien regeln. Le Corbusiers Entwürfe der »ville radieuse«, also der strahlenden Stadt, waren den jetzigen Smart-City-Plänen gar nicht so unähnlich. Ein paar Stichworte gefällig? Strenge autoritäre Kontrolle, wissenschaftlich geplante Möglichkeiten, die das Leben einer fiktiven Durchschnittsperson optimieren sollten, und ein vollkommen mechanistisches Verständnis, wozu Städte da sind und wie sie prosperieren könnten. Alle diese Pläne haben sich als, gelinde gesagt, mangelhaft erwiesen, sowohl auf der Ebene von einzelnen Gebäuden (man denke an Pruitt-Igoe) als auch im großen Maßstab (Brasilia und Chandigarh), und das vor allem vielleicht wegen des Missverständnisses hinsichtlich der menschlichen Natur, das Greenfield auch in dem Smart-City-Konzept ausgemacht hat: Wir Menschen sind keine Widgets, die alle gleich sind und die man nur an eine zentrale Steuereinheit anschließen muss. Wir sind verschieden, chaotisch, unvorhersehbar und nicht gewillt, uns in unserem Alltagsleben auf Schritt und Tritt reglementieren zu lassen.

Das Smart-City-Konzept lässt sich also leicht ablehnen, weil es auf falschen Annahmen zur menschlichen Natur und zum Charakter von Städten beruht und deshalb niemals funktionieren kann. Was allerdings nicht bedeutet, dass die großen Firmen wie Siemens und Microsoft nicht trotzdem alles versuchen, um ihre Vision zu verwirklichen, und sei es nur aus dem Grund, dass es um viel Macht und Geld geht. Umgekehrt gilt es anzuerkennen, dass es andere Beispiele für den Einsatz von smarten, vernetzten Designs mittels eingebauter Umgebungssensoren, tragbarer Technologie und mobiler Telefone gibt, die wenig Schaden anrichten und von großem Nutzen sind.

Genauso wie es mir in meinen Experimenten möglich ist, Daten von einer kleinen Auswahl an Teilnehmern zu sammeln, weil ich etwas über die psychologischen Grundlagen erfahren will, um die es in Stadt- und Architekturplanung geht, könnten einige der Daten, die mit einer Technologie erfasst worden sind, die wir in der Tasche oder an den Handgelenken tragen sowie in unseren Häusern und Autos installieren, uns als Tools dienen, mit denen wir städtische Belange quantifizieren und verstehen. Wir könnten dann entsprechend handeln – müssten aber als Bürger freien, demokratischen Zugang zu diesen Daten haben!

So will ich denn auch mit meiner Arbeit, insbesondere wenn ich Experimente durchführe und publik mache, die das öffentliche Engagement und Verständnis wecken und verbreitern sollen, klarmachen, welchen Gewinn diese sehr segensreiche Technologie, mit der wir jetzt unser Verhalten vor Ort messen können, für uns alle birgt. Entscheidend ist – wie bei so vielem im Leben –, dass wir uns stets des Werts der Informationen, die wir an das Internet abgeben, bewusst bleiben, immer wieder nachfragen, was damit gemacht wird, und uns im Zweifelsfalle weigern, die Kontrolle darüber den großen Firmen zu überlassen, die – selbst in günstigstem Licht betrachtet – nicht sonderlich geeignet sind, als väterliche Aufseher über das System einer Stadt, eines Gebäudes oder das Innere unseres Zuhauses zu walten.

ZUM GUTEN SCHLUSS

Wieder zu Hause

Etwa zehn Jahre nach meinem ersten Besuch in Stonehenge bin ich noch einmal mit meinem Vater dorthin gefahren. Vieles hatte sich natürlich verändert. Zum einen war ich ein grüblerischer Teenager geworden. Unter den Steinen zu stehen und mir vorzustellen, dass ich unter den massiven Beinen eines Riesen geborgen sei – damit war Schluss. Aber ich spürte immer noch etwas: uralte Kräfte, etwas Geheimnisvolles, mein eigenes Erstaunen. Nur meinte ich jetzt, ich müsste mich dagegen wehren, und verdrängte meine Gefühle, blödelte und schlich herum, als sei das alles nicht weiter weltbewegend. Und mit meinem Vater dort zu sein bedeutete mir nicht mehr, als überhaupt dort zu sein. Durch den Vergleich der beiden Besuche, die durch eine Zeitspanne getrennt waren, in der sich mein Alter mehr als verdoppelt hatte, konnte ich auch die Veränderungen abschätzen, die in mir stattgefunden hatten. Mein Innenleben war komplizierter geworden. Die Steine sprachen noch zu mir, aber jetzt in einer analytischeren Sprache. Wie mein Vater fragte ich mich ebenso sehr, was die Bedeutung der Steine war und wie man sie wohl hatte errichten können. Ich befand mich auf dem Weg zur erwachsenen Reaktion auf den gebauten Schauplatz. Einerseits war ich immer noch den subtilen, unbewussten Einflüssen von Aussehen, Anlage und Material des Ortes auf mein Verhalten und meine Gefühle unterworfen, andererseits nahm ich einen distanzierteren, analytischeren, in gewisser Weise außerhalb meines eigenen Erlebens befindlichen, formaleren Standpunkt ein. Und dazu benutzte ich die wundersame menschliche Fähigkeit, mir meiner selbst bewusst zu sein. Ich schaute aus den Augenwinkeln nach meinem Vater und versuchte nachzuahmen, wie er da stand und sich bewegte: Ich kniff die Augen zusammen, um Größe und Form der Steine abzuschätzen, und beschwor die Bilder von Legionen schuftender Arbeiter herauf, die sie hochhievten und an Ort und Stelle schoben.

Den Stand-Punkt, den ich an dem Tag einnahm, diese gedoppelte Stelle, an der ich einen Ort unmittelbar erlebte und ihn gleichzeitig als Außenstehender analysierte und beurteilte, habe ich seitdem nie mehr verlassen. Womit wir wieder bei dem wichtigsten Thema dieses Buches wären. Einerlei, ob es uns gefällt oder ob wir uns dessen überhaupt bewusst werden, Orte hüllen uns in Gefühle ein, steuern, was wir tun, ändern unsere Meinungen und Entscheidungen und verschaffen uns manchmal vielleicht sogar erhebende religiöse Erfahrungen. Die Wirkungsgeschichte der gebauten Umgebung und ihrer Formen ist älter als die Zivilisation, aber bei Weitem noch nicht zu Ende. Die wissenschaftliche Durchdringung dessen, was hinter diesen Beziehungen abläuft, steckt noch in den Kinderschuhen. Große Interessengruppen betrachten die Entwicklung mit Argusaugen. Und zusammen mit der gewaltigen Revolution in den Technologien zur Beobachtung des Verhaltens und zum Bauen von responsiven Umgebungen werden wir dadurch in Richtung eines neuen Zeitalters der Beziehungen zwischen Mensch und Umgebung geschoben.

Die Ansätze zum Verständnis dessen, wie die Beziehungen zwischen Gebäuden und Menschen funktionieren, sind unendlich vielfältig. Die Gebäude selbst können wir als Kunstwerke, politische Statements, kulturelle Artefakte oder einfach als Maschinen verstehen, standardisierte Gehäuse, in denen Menschen ihr Leben führen. In der umfänglichen Ideengeschichte der Architektur findet man gute Beispiele für alle diese Ansätze. In meiner Arbeit habe ich mich für den wissenschaftlichen Ansatz entschieden, der auf den grundlegenden Fakten der Psychologie und Neurowissenschaft basiert. Aber selbst wenn ich versuche, die Art, wie Gebäude und Städte einen Einfluss auf uns ausüben, in generalisierende, vereinfachte Prinzipien zu fassen, reagiere ich bisweilen immer noch wie damals als Sechsjähriger, als mir die Beine zitterten, und dann werde ich daran erinnert, dass wir Antworten zu einigen der wichtigsten Fragen verpassen, wenn wir den Sinn eines Bauwerks lediglich auf eine einfache Gleichung reduzieren.

Ich habe ein Gefühl, als stünde ich über einem breiten Graben: mit einem Fuß auf der Seite, wo ich völlig fasziniert bin von einer neuen Generation von Instrumenten, mit denen ich Planung und Bau von Gebäuden immer besser mit der Wissenschaft der Psychologie verbinden kann, und mit dem anderen Fuß auf der Seite, auf der ich nicht nur misstrauisch bin, weil man diese Instrumente missbrauchen kann, sondern auch erschrocken darüber, dass ein solcher Missbrauch in unserer Welt so rigoros und ohne jede Einschränkung stattfinden kann. Ob Sie das Dilemma mit Leib und Seele erleben wie ich oder ob es für Sie eher wie das schwache Grummeln eines weit entfernten Unwetters klingt – Sie stehen über demselben Graben wie ich. Wir wissen alle, dass da etwas Großes,

Ernstes auf uns zukommt, und in mancherlei Hinsicht ist es auch schon da, doch wir wissen nicht genau, wie wir damit umgehen sollen.

Vor einiger Zeit war ich zu einer Veranstaltung eingeladen, bei der im Publikum hauptsächlich Stadtplaner und Architekten saßen. Ein Architekt moderierte ein Gespräch zwischen mir und einem prominenten Architekten aus Vancouver, und es war als »Aufeinanderprallen von Neurowissenschaft und Architektur« angekündigt. Was mich ein wenig nervös machte. Ich war nie der Meinung gewesen, dass meine kleinen Beiträge zum Verständnis dessen, wie wir besser bauen können, überhaupt auf etwas prallen könnten, schon gar nicht auf die Architektur. Ich fand immer – vielleicht ein bisschen unbedarft –, dass meine Rolle in der realen Welt des Stadtplanens und Bauens darin bestand, den Weg zu wissenschaftlich abgestützten Prinzipien zu weisen, die man aus den Datenergebnissen meiner Experimente extrapolieren konnte.

Das »Gespräch« verlief, wie das bei solchen Veranstaltungen üblich ist: Der Architekt beschrieb seine Schöpfungen, und ich beschrieb meine Wissenschaft. Bei der anschließenden offenen Diskussion ergaben sich dann aber doch einige Aufeinanderprallpunkte, und ich verstand die Vorbehalte eines Architekten besser, den man mit wissenschaftlichen Argumenten zu der Verbindung zwischen dem Bauen und der Psychologie des Menschen konfrontiert. Es lief nämlich auf Fragen der Freiheit hinaus.

Wenn ich ein Experiment durchführe, in dem sich überzeugend herausstellt, dass Menschen von runden Türen weniger gestresst werden, weniger Cortisol ausscheiden und deshalb, so wird jedenfalls behauptet, nicht so anfällig für Herzkranzgefäßkrankheiten sind, könnte eine diensteifrige Behörde –

sagen wir, eine Stadtbauverwaltung, die für zeitgemäße Bauverordnungen sorgen muss – verfügen, dass von nun an sämtliche Gebäude in der Stadt runde Türen haben müssen. Dieses Beispiel ist sicher ein wenig albern (dabei könnte ich mir durchaus vorstellen, dass sich die Leute mit runden Türen im Hobbit-Stil wirklich besser fühlen), aber es beleuchtet das Dilemma.

Das Entwerfen und Bauen so zu verwissenschaftlichen, dass die schöpferische Vision eines Architekten zwangsweise so lange durch den Fleischwolf gedreht wird, bis unweigerlich Quasi-Corbusiersche Entwürfe herauskommen, die wir schon ausprobiert und nicht für gut befunden haben, ist ja eher riskant. Umgekehrt ist es auch nicht der Weisheit letzter Schluss, einem Architekten uneingeschränkt zu erlauben, seiner künstlerischen Freiheit zu frönen, und ihn nicht mit den psychologischen Realitäten dessen zu behelligen, was in einem Gebäude funktionieren kann oder nicht. Der Vorschlag freilich, den Mittelweg zu beschreiten, wo vernünftige Designforschung einbezogen wird und sich gleichzeitig die Kreativität von großem Design ausleben darf, führt doch eher zu Wischiwaschi-Lösungen. Gibt es einen dritten Weg?

Jeder Ausweg aus dem Aufeinanderprallen von Wissenschaft und Architektur müsste autoritäre und paternalistische Lösungen vermeiden, in denen rein wissenschaftliche Prinzipien unflexible Lösungen des Städtebaus diktieren. Eine voll kontextualisierte Anwendung solcher Prinzipien sollte uns die Instrumente zum Verständnis dessen liefern, wie das Design von gebauten Umgebungen das menschliche Verhalten beeinflusst und wie diese Einflüsse sowohl von dem geprägt werden, wie unser Nervensystem seit Urzeiten verkabelt ist, als auch von geschichtlichen Ereignissen. Die Neubestimmung der Rolle der fokussierten Aufmerksamkeit auf die Produktivität als vorteilhafte Eigenschaft oder sogar grundsätzliche Bedingung des modernen Lebens wären ein gutes Beispiel für einen solchen historischen Einfluss. Nichts sollte jemals einen Vorschriftscharakter haben. Denn ich glaube ebenso wenig, dass es eine Einheitsgrößenlösung für Fragen der Architektur- oder Stadtplanung gibt, wie ich glaube, dass eine monolithisch massive Anwendung von Kontroll- und Steuerungstechnologien von oben nach unten uns sagen kann, wie wir bauen sollten. Allerdings bin ich fest davon überzeugt, dass die Anwendung wissenschaftlicher, aus der sorgfältigen Arbeit der kognitiven Wissenschaft sowie der Neurowissenschaften gewonnener Prinzipien uns nicht nur helfen kann zu verstehen, wie Systeme in Gebäuden jetzt funktionieren, sondern auch, ein paar intelligente Voraussagen zu treffen, wie Veränderungen in diesen Systemen womöglich unser Verhalten verändern werden. Doch solche Voraussagen sind eine Sache, Vorschriften einer Behörde zum Städtebau eine andere.

Überdies müssen die Menschen einbezogen werden – die Betroffenen selbst. Wenn wir uns mit hässlichen Bauten abfinden, apathisch die Schultern zucken und meinen, dass die Behörden, die bei der Konstruktion unserer Umgebung das Sagen haben, mächtiger und durchsetzungsfähiger sind als wir einfachen Leute und dass außerdem die Architekten alles viel besser verstehen, dann kriegen wir die Orte, die wir verdienen. Gerüstet mit Wissen – und hoffentlich trägt mein Buch ein wenig dazu bei – sollte jeder intelligente, gut informierte Bürger bereitwillig in die Auseinandersetzung einsteigen, seine Meinung vertreten und seine Vorstellungen einbringen, wie sich unsere gebaute Umgebung entwickeln sollte.

Und hier nun kann unsere neue Supervernetztheit durch das Internet und die mobile Technologie unglaublich hilfreich sein.

Die weit verbreitete Verfügbarkeit von Technologie, die es jedem von uns ermöglicht, auf unsere Umgebung bezogene Daten und zu unseren (auch körperlichen) Reaktionen darauf zu sammeln, birgt zwar die genannten Risiken, aber auch die Hoffnung darauf, dass die Betroffenen selbst das Ihre zu einer besseren Bauweise beitragen. Mehr als je zuvor gibt es Berge von Daten, die beschreiben, wo wir hingehen und wie wir uns fühlen, wenn wir dort sind. Fast alle Handy-Applikationen sind in der Lage, ein Geo-Tag zu unseren Daten hinzuzufügen – Bewertungen, Fotos, Lauf- oder Fahrtwege, Herzfrequenzen, Messungen unserer Beschleunigung und sogar der Körpertemperatur und des Ausmaßes unserer Erregung. Und obwohl viele Applikationen die individuellen Daten an die zentrale Datenbank der Firma schicken, die die Software liefert, und diese die Daten nicht öffentlich zugänglich macht, erlauben zumindest ein paar Apps den Benutzern, ihre eigenen Daten anzusehen, und mache sind sogar so eingestellt, dass ihre Zahlen mit denen anderer verglichen werden können.

Im Übrigen nimmt eine inzwischen weit verbreitete Bewegung für »offene Daten« immer weiter an Fahrt auf und versucht Stadtbehörden, Staaten und Länder dazu zu bringen, dass sie viele nützliche Informationen zu Aktivitäten, Verkehr und Wirtschaft für die Öffentlichkeit einsehbar halten. Theoretisch könnten die Daten ein nützliches Instrument für die Demokratisierung der Stadtplanung sein. Aber nicht nur sollten alle Bürger diese neuen, für das Verständnis der Funktionsweise von Orten entscheidenden Informationen einsehen dürfen, sondern auch die wesentlichen Instrumente an die Hand bekommen, mit denen sie lernen, wie man diese Informationen nutzt und was sie zu sagen haben.

Die Datenwissenschaft sollte Unterrichtsfach an unseren Schulen werden. Der Diskurs, wie Städte funktionieren, sollte in Visualisierungen, die man aus Big Data erstellt, gefasst werden und zwecks Vermittlung grundlegender Kenntnisse in diesem Bereich in die staatlichen Lehrpläne aufgenommen werden. Staatsbürgerkunde ist schon seit Generationen Schulfach. Warum nicht Architekturgeschichte und Stadtplanung? (Auch die Architekturtheoretikerin und Architekturhistorikerin Sarah Goldhagen spricht sich dafür aus.) Ein Curriculum, das Platz für Fächer wie Kunst und Literatur hat – unerlässlich für das Verstehen der condition humaine –, sollte nicht einen Aspekt des menschlichen Handelns ignorieren, dessen Folgen die meisten Menschen auf diesem Planeten praktisch jeden einzelnen Tag in ihrem Leben umgeben und eindeutige, tiefgreifende Wirkungen auf all ihr Tun, Fühlen und Denken haben.

Wissen allein ist aber nicht genug. Wir müssen auch handeln.

Aus allzu einsichtigen Gründen wird es schwer, wenn nicht unmöglich sein, Daten den Händen derer zu entwinden, die sie sammeln und speichern. Es geht, wie gesagt, um sehr viel Geld und Macht. Aber jetzt schon sind viele Basisorganisationen aktiv – insbesondere die, die mit der Maker-Szene zusammenarbeiten (also mit Gruppen, die nicht länger von im Handel erhältlichen Geräten abhängig sein, sondern ihre eigenen konstruieren wollen): Sie versuchen den Leuten beizubringen, wie sie ihre eigenen Instrumente zum Sammeln und Analysieren von Informationen bauen können, Instrumente, die unser psychogeografisches Verstehen des gebauten Raums konkretisieren und vertiefen werden. Wenn diese Daten dann auch vielleicht chaotisch sind und nicht die sterile Archivqualität haben, die man aus formalen Experimenten bekommt, wie ich sie in diesem Buch beschrieben habe, bilden sie doch einen brauchbaren Ansatzpunkt für die Analyse bestehender Herangehensweisen, Debatten und Dialoge mit den Baubehörden. Solche Graswurzelbemühungen haben den großen Vorteil, dass die Bürger selbst zu aktiven Beteiligten im Prozess der Stadtentwicklung werden können.

Leicht ist das nicht. Jeder, der einmal eine Stadtversammlung besucht hat, um seine Meinung zu einem beabsichtigten Bau vorzubringen, weiß, dass man nicht so naiv sein sollte zu meinen, das größte Glück der Interessengruppen bestehe darin, sich Volkes Stimme anzuhören. Wenn es um Geld geht, wird es immer ungemütlich. Ich meine auch nicht, dass die Leute alles Planen und Bauen gleich ganz in die Hand nehmen sollen. Wenn wir sicher auch vieles zum öffentlichen Dialog beizutragen haben, können sich nur wenige von uns das Fachwissen eines Architekten aneignen. Wir müssen als Partner derjenigen mitwirken, die dieses Fachwissen haben, und dazu bedarf es einer gemeinsamen Sprache. Der beste Verbündete für die politischen Entscheidungsträger, Planer, Designer und Architekten ist deshalb eine gut informierte Öffentlichkeit, die weiß, wie wichtig ihre Gefühle sind, und die interpretieren kann, was sie angesichts des Wissens über den Einfluss von Gebäuden auf den Menschen hört. Darüber hinaus muss sie bereit sein, diese Gefühle beim Erkunden der gebauten Welt zu analysieren und damit wiederum zu diesem Wissen beizutragen. In den psychogeografischen Workshops, die ich in der ganzen Welt abgehalten habe, fand ich es besonders ermutigend, dass die Teilnehmer mit Hilfe der richtigen Instrumente ihre Fähigkeit rasch entwickeln und formulieren konnten, wie die Schauplätze dieser Welt sie berühren und beeinflussen.

▪ Kopf in den Wolken, Füße auf dem Boden

In diesem Buch wollte ich beschreiben, wie die städtische Umgebung unsere psychologische Befindlichkeit beeinflusst – und die darin enthaltenen Informationen können Sie nutzen, um Ihr eigenes psychogeografisches Leben zu organisieren und vielleicht zu der anhaltenden Debatte beizutragen, wie wir die besten Städte, Stadtviertel und Orte bauen können. Außerdem wollte ich darlegen, welche Folgen die neuen Technologien für unser Verständnis von Raum, Ort und uns selbst haben. Der uns bevorstehende Wandel mit all seinen Auswirkungen wird weitreichend und tiefgreifend sein, und er ist bereits in vollem Gange. Zum Einfluss der vernetzten Welt auf unsere Aufmerksamkeit und Erinnerungsfähigkeit ist ebenso viel gesagt worden wie über die Art, wie die ständige sofortige Verbundenheit mit anderen Menschen den Charakter unserer sozialen Beziehungen und die Politik verändert. Aber es geht mir auch noch um etwas anderes.

In mancherlei Hinsicht ist die Angelegenheit so alt wie die ersten Versuche, mit Hilfe des richtigen Arrangements riesiger Steine in Stonehenge oder Göbekli Tepe das menschliche Wesen zu prägen. Die neuen Methoden, die wir, immer noch mit der gleichen Zielsetzung, heute anwenden, sind jedoch alarmierend. Während man einst jahrelang Erde und Felsblöcke bewegen und sich abplagen musste, kann man das

Gleiche heute erreichen, indem man elektronische Schalter umlegt und Lichtstrahlen verbiegt. An beiden Enden dieser Zeitspanne von der Urzeit bis heute gibt es allerdings ein gemeinsames Element. Als wir unser Ich-Bewusstsein erlangten und die Welt forthin in eine nach innen gerichtete Folge von Wahrnehmungen, Gedanken und Gefühlen sowie in eine äußere Welt der Physikalität und Materie aufteilten, wurden wir geistig viel, viel reicher, verloren aber das stumme, unbekümmerte Glücklichsein eines Tieres, das nichts von der Endlichkeit des Lebens weiß. Dieses schmerzliche Wissen von unserer eigenen Endlichkeit ist zwar nicht immer in unseren Gedanken präsent, doch auch nie sehr weit unter der Oberfläche unseres alltäglichen Tuns verborgen, und es verleiht der Architektur ihre Macht. Mit ihrer Hilfe vermögen wir uns einzureden, dass wir zwar unseren Körper abstreifen, aber ein Teil von uns in den Dingen weiterleben wird, die wir gebaut haben. Diesen Gedanken benutzen wir als Zuflucht vor der Gewalt höherer Mächte. Seiner eingedenk schauen wir zum Firmament auf, überwinden die Grenzen unseres Körpers, stellen eine mystische Einheit mit dem Universum her und entwickeln in der Auflösung der gewöhnlichen Manifestationen von Raum und Zeit Gefühle von Ehrfurcht.

Wir stehen an der Schwelle zu einer Zeit, in der wir uns alle den schützenden Netzwerken von Sensoren und Aktoren anvertrauen können. Reizvoll können diese Smart Designs insofern sein, als sie uns helfen, uns der enormen Komplexität des modernen Lebens in dichtbevölkerten Städten zu stellen. Doch garantiert spielt auch unser Wunsch hinein, die leidigen Anstrengungen, die wir unternehmen müssen, damit unser Leben reibungslos funktioniert, unter eine glänzende technologische Schnittstelle zu verlagern, die lernt, wie wir uns verhalten, die herausfindet, was wir brauchen, und sich unserer annimmt wie allzeit fürsorgliche Eltern.

Wir können unseren Körper in Technologie einpacken, in Datenhelme, Cyberhandschuhe, AR-Brillen, mittels derer wir unser wunderbares Ich-Bewusstsein überallhin befördern können, neue Formen und Größen bewohnen und jeden Schauplatz mit hochauflösender Surroundsound-Authentizität erleben, die so überzeugend ist, dass wir das höchste Ziel simulierten Erlebens erlangen: Gegenwart. Die wahre Anwesenheit. Nur schwärzeste Schwarzseher sehen darin nichts Gutes. Wir können diese umfassenden, reichen Erfahrungen nutzen, um uns zu bilden, zu unterhalten und selbst zu erkennen.

Gleichzeitig aber laufen wir Gefahr, dass wir zwischen den kostbaren, einzigartigen, flüchtigen Erfahrungen unseres Lebens und den überzeugenden, leicht zu kopierenden Nachbildungen nicht mehr unterscheiden können und dem Realen nicht mehr seinen vollen Wert beimessen. Und dass ein solches Verhalten seinen metaphysischen Tribut von uns fordern wird, ist eigentlich logisch. Genauso logisch, wie dass die leichte Verfügbarkeit der Technologien allmählich unser Alltagsverständnis von dem, was real und was nicht real ist, vollkommen verändern wird. Wenn wir das Joch der simplen, in der menschlichen Evolution seit Jahrtausenden bestehenden Anwesenheit innerhalb des natürlichen Raumes unseres Körpers abwerfen, treten wir in eine neue Phase der Zivilisation ein. Ja, wer sein Leben weitgehend irgendwo zwischen seiner unmittelbaren realen Umgebung und dem auf seinem Mobiltelefon in seiner Hand erscheinenden Spiel der Nachrichten, Klänge und Bilder verbringt, ist schon halbwegs in dieser neuen Phase angekommen, und hat es womöglich nicht einmal gemerkt.

Alles begann vor Tausenden von Jahren mit dem Bau der ersten Mauer. Die Mauer oder Wand sollte vielleicht nur einige Dinge draußen und andere drin halten, aber sie veränderte auch die Geometrie der Welt, weil sie absichtlich verändern wollte, was zu beiden Seiten der Trennlinie zu sehen und zu erleben war. Unsere Methoden mögen weit raffinierter sein als das, was sich die schwitzenden Arbeiter vorgestellt haben, die einen Stein auf den anderen schichteten und die ersten Tempel errichteten, doch die zugrundeliegenden Absichten sind im Großen und Ganzen gleich.

Seit einiger Zeit nun träume ich davon, mit meinem kleinen Sohn nach Stonehenge zu fahren. Er ist jetzt ungefähr so alt wie ich, als ich zum ersten Mal mit meinem Vater da war. Ich weiß, dass sich dort alles sehr verändert hat – Touristen, deren Aufenthalt zeitlich genau limitiert wird, werden in Bussen angekarrt und über eingezäunte Gehwege getrieben. Unangenehm nahe führt eine laute Autobahn vorbei. Aber selbst wenn mein Sohn niemals das erleben kann, was ich erlebt habe, und niemals allein mit seinem Vater im kühlen Frühmorgenwind auf der kargen Hochebene von Salisbury stehen kann, möchte ich es ihm ermöglichen, den Steinen so nahe wie möglich zu kommen, ich möchte herausfinden, ob ich ihm überhaupt etwas von meinen damaligen Gefühlen vermitteln kann.

Es gibt eine vom Institute for Digital Intermedia Art der Ball State University in Muncie, Indiana, wunderschön gestaltete Simulation der Anlage.[172] Bisher habe ich ihm noch nicht erzählt, dass ich von dem Abenteuer in Stonehenge mit ihm träume, denn ich weiß, dass er in dem Moment, in dem ich ihm von der Simulation erzähle, die Webseite aufsuchen, die Simulation herunterladen und schon dort sein wird: im virtuellen Stonehenge. Vielleicht ist das ja illusorisch, aber ich hoffe immer noch, dass ich ihm das überwältigende Gefühl verschaffen kann, *dort* zu sein.

Dank

Meine ersten Lektionen in Psychogeografie reichen weit zurück. Mit einer tollen Gruppe von Jugendfreunden bin ich durch Wälder, Felder, Vorstadtstraßen und nächtliche Städte gestreift, und wir haben zusammen das, was man über Orte und die Gefühle dort wissen muss, gelernt: unter anderem, wie man Streit sucht und findet – und rechtzeitig das Weite sucht. Dafür danke ich Mark Wright, Steve Mason, David Westlake, Vince Burry, George Danes und Paul Ruttan.

Andere, seriösere Lehrer, die mir die Liebe zu den Neurowissenschaften vermittelten und mich auf die Idee brachten, in Zukunft in diesem Bereich zu arbeiten, sind John Yeomans, Mel Goodale, Case Vanderwolf und Barry Frost. Thomas Seebohm wiederum machte mich mit Wissenschaft, Kunst und Mysterium der Architektur ebenso bekannt wie mit einigen seiner wunderbaren Kollegen, darunter Philip Beesley, dessen Ideen, Phantasie und Leidenschaft mich mehr beeinflusst haben, als er sich vorstellen kann.

Der Gruppe des Guggenheim Lab danke ich dafür, dass sie mir unerhörte und unerhört neue Möglichkeiten zu psychogeografischen Studien rund um den Globus gegeben hat: Charles Montgomery, der mich in die ganze Sache reingezogen hat, David Van der Leer und Maria Nicanor, die mich bei meinen Experimenten unterstützt und mir gut zugesprochen haben, und nicht zuletzt den unzähligen Mitarbeitern, Praktikanten und Freiwilligen, ohne die ich an den faszinierenden, unglaublichsten Orten keine Experimente hätte durchführen können. Besonders Stephanie Kwai, Christine MacLaren, Andres Carter, Alexander Bolinder-Gibsand, Constantin Boese und Mahesh Makwana haben mir unermüdlich und tagelang zugearbeitet.

Am meisten danke ich den tollkühnen Freiwilligen, die mir bei den Psychogeografie-Wanderungen durch drückende Hitze, sintflutartige Regenfälle und um uns herumwuselnde, neugierige Schaulustige gefolgt sind.

Mein besonderer Dank gilt Ruth und John Corner und ihrem Sohn Ian, die mir so liebenswürdig Zutritt zu einem der ersten Häuser in England gewährten, in denen ich zu Hause war, und mich zu neuem Nachdenken darüber anregten, was ein Zuhause ist.

Hier in Kanada danke ich den Kollegen, Mitarbeitern und Studenten an der University of Waterloo, die zu einem Teil der hier beschriebenen Arbeit beitrugen. Ohne die Begeisterung und langen Arbeitsstunden von Doktoranden und Postdoktoranden wie Deltcho Valtchanow, Kevin Barton, Vedran Dzebic, Kaylena Ehgoetz Martens und Hanna Negami schafft man in einem hektischen Forschungslabor nichts wirklich Belangvolles.

Ich danke meinen Kindern, deren erste Ausflüge in die Kunst der Psychogeografie mir großen Spaß gemacht und mich inspiriert haben, und meinem Vater Ronald, der außer vielem anderen mir zu einer Vorstellung davon verholfen hat, was es heißt, etwas zu bauen.

Sehr dankbar bin ich meiner Agentin Denise Bukowski, die für dieses Buch ein gutes Zuhause gefunden hat, und meiner Lektorin beim Verlag Bellevue Literary Press, Erika Goldman, dank deren Begeisterung, scharfem Blick, Klugheit und wunderbarem Sinn für Humor ich die Ziellinie überqueren konnte.

Zum Schluss danke ich Kristine, deren Liebe und Unterstützung mir an jedem Tag meines Lebens Kraft geben und mich anspornen, mein Bestes zu geben und Besseres anzustreben.

Anmerkungen

1 Weitere Informationen zu Göbekli Tepe sind leicht zu finden. Eine hervorragende Einführung in die Materie bietet der Artikel von Elif Batuman im *New Yorker* vom 19. Dezember 2011 »The Sanctuary«. Siehe http://www.newyorker.com/magazine/2011/12/19/the-sanctuary.

2 Diese Befunde erörtere ich umfassender im sechsten Kapitel, »Orte der Ehrfurcht«. Wenn Sie jetzt schon neugierig sind, werfen Sie doch einen Blick auf den Artikel der Stanforder Professorin Melanie Rudd und ihrer Kolleginnen Kathleen D. Vohs und Jennifer Aaker. Er trägt den Titel »Awe Expands People's Perception of Time, Alters Decision Making, and Enhances Well-Being« und ist erschienen in *Psychological Sciences*, Bd. 23 (10), 2012, S. 1130–1136.

3 António Damásio beschreibt seine Theorien und Erkenntnisse nicht nur in seinen wissenschaftlichen Veröffentlichungen, sondern auch mit bewundernswerter Klarheit in einer Reihe von Büchern für das allgemeine Publikum. Am besten werden die von mir erwähnten Ergebnisse dargelegt in *Descartes' Irrtum – Fühlen, Denken und das menschliche Gehirn,* München, List, 1994.

4 Rizzolattis ursprünglicher Bericht über die Entdeckung der Spiegelneuronen und ein Überblick über viele seiner späteren Arbeiten finden sich in dem Artikel »The Mirror-Neuron System« in der Fachzeitschrift *Annual Review of Neuroscience*, Bd.

27, 2004, S. 169–192. Mit Corrado Sinigaglia hat er auch eine Darstellung für das allgemeine Publikum verfasst. *Empathie und Spiegelneurone: Die biologische Basis des Mitgefühls.*, Frankfurt, Suhrkamp, 2008.

5 Als Erste berichteten Botvinick und Cohen unter dem Titel »Rubber Hands ›Feel‹ Touch that Eyes See« in *Nature*. Bd. 391, 1998, S. 756 über das Experiment. Es ist seitdem Dutzende Male wiederholt worden, um Fragen im Zusammenhang mit dem Embodiment zu erkunden. Siehe auch: https://webapps.pni.princeton.edu/ncc/publications/1998/BotvinickCohen1998Nature.pdf

6 Henrik Ehrsson vom Karolinska Institutet in Stockholm berichtete als Erster über außerkörperliche Erfahrungen, die experimentell herbeigeführt wurden. Der Artikel trägt den Titel »The experimental induction of out-of-body experiences« und findet sich in *Science*, Band 317, 2007, Seite 1048. Das Phänomen ist viele Male in vielen Laboratorien beobachtet worden, auch in meinem. Wir demonstrieren es, um Studenten für Fragen des Embodiment zu interessieren.

7 Über die Neukartierung des Raums mit Hilfe von Zeigestöcken berichten Longo und Lourenco von der University of Chicago in einem Fachaufsatz mit dem Titel »On the nature of near space: Effects of tool use and the transition to far space« in *Neuropsychologia,* Bd. 44, 2006, S. 977–981.

8 Amy Cuddys faszinierendem, populärem TED-Vortrag kann man unter https://www.youtube.com/watch?v=Ks-_Mh1QhMc zusehen und -hören. Einen Fachartikel, in dem einige der Ergebnisse beschrieben werden, die sie in dem Vortrag diskutiert, findet man unter dem Titel »Power Posing: Brief Nonverbal Displays Affect Neuroendocrine Levels and Risk Tolerance« in *Psychological Science*, Bd. 21, 2010, S. 1363–1368.

9 Maarten Bos und Amy Cuddy beschreiben die Wirkung der Benutzung verschieden großer elektronischer Gerätschaften auf Imponierposen und dadurch auf unser Verhalten in einem Artikel mit dem Titel »iPosture: The Size of Electronic Consumer Devices Affects Our Behavior« im *Harvard Business*

School Working Paper, No. 13–097. 2013. Nachzulesen unter: http://www.hbs.edu/faculty/Pages/item.aspx?num=44857

10 Von der Wirkung eines Heißgetränks in der Hand auf das Sozialverhalten berichten zwei Forscher der University of Toronto, Chen-Bo Zhong und Geoffrey Leonardelli, in ihrem Artikel »Cold and Lonely: Does Social Exclusion Literally Feel Cold?« in *Psychological Science*, Bd. 19, 2008, S. 838–842.

11 Über den Einfluss wackliger Sitzgelegenheiten auf die Partnerwahl berichtet Joanne V. Wood von der University of Waterloo zusammen mit ihren Studierenden David R. Kille und Amanda L. Forest: »Tall, Dark, and Stable: Embodiment Motivates Mate Selection Preferences«, in: *Psychological Science,* Bd. 24, 2013, S. 112–114.

12 In seinem faszinierenden Buch *Eavesdropping: An Intimate History*, New York, Oxford University Press, 2010, beschreibt John L. Locke die Geschichte der Mauer/Wand und ihre psychologischen Auswirkungen.

13 Mit »Internet der Dinge« wird ein Netzwerk miteinander verbundener elektronischer Geräte beschrieben, das den Umgang des Menschen mit der gebauten Umgebung optimiert und vereinfacht.

14 Joseph Paradiso machte diese provokante Aussage über die Zukunft responsiver Umgebungen in einem Interview mit Sarah Wesseler in dem Blog *ArchDaily.* Nachzulesen bei: http://www.archdaily.com/495549/when-buildings-react-an-interview-with-mit-media-lab-s-joseph-paradiso/.

15 Roger Ulrichs bahnbrechende Untersuchung des Einflusses der Natur auf die Rekonvaleszenz wurde zuerst in dem Artikel »View Through a Window May Influence Recovery From Surgery« veröffentlicht in: *Science*, Bd. 224, 1984, S. 420–421.

16 Mehr als Sie vielleicht je über Habitatselektion bei Waldsängern wissen wollten, finden Sie in einem Artikel des Biologen Jeffrey Parrish von der Brown University. Der Titel lautet »Effects of Needle Architecture on Warbler Habitat Selection in a Coastal Spruce Forest«, und er steht in der Zeitschrift *Ecology*, Bd. 76, 1995, S. 1813–1820.

17 Das *Urban Dictionary* ist ein Crowdsourcing-Wörterbuch des aktuellen Slangs und der Euphemismen. Siehe http://www.urbandictionary.com.

18 Eine Beschreibung der Habitatselektion unter Laborbedingungen für den manischen Manini findet man in dem Bericht des australischen Biologen Peter Sale aus Sidney. Der Titel lautet »Pertinent Stimuli for Habitat Selection by the Juvenile Manini, *Acanthurus Triostegus Sandvicensis*«, und er steht in der Zeitschrift *Ecology*, Bd. 50, 1969, S. 616–623.

19 Die faszinierenden Poledance-Tänze von Saumfingerechsen sind in einem Artikel von A. Ross Kiester, George C. Gorman und David Colon Arroyo beschrieben worden. Er heißt »Habitat Selection Behavior of Three Species of Anolis Lizards« und steht in der Zeitschrift *Ecology*, Bd. 56, 1975, S. 220–225.

20 Jay Appleton schlägt in seinem *The Experience of Landscape* große Bögen und hat – auch theoretisch überzeugend – eine ganze Generation von Landschaftsarchitekten beeinflusst. Das Buch ist erschienen bei Wiley, London, 1975.

21 Grant Hildebrand ist *die* Autorität zu Fragen von »prospect and refuge« in der Architektur Frank Lloyd Wrights. Sein Buch *The Wright Space: Pattern and Meaning in Frank Lloyd Wright's Houses,* Seattle, University of Washington Press, 1991, ist eine faszinierende, angenehme Lektüre.

22 Jan Wiener und Gerald Franz beschreiben Experimente in stinknormalen Galerien in der virtuellen Realität, in denen man darauf stieß, was für eine gewaltige Rolle das Prinzip des »prospect and refuge« spielte, wenn man vorhersagen wollte, wohin die Leute gehen würden. Siehe das Kapitel »Isovists As a Means to Predict Spatial Experience and Behavior« in den Konferenzprotokollen *Spatial Cognition*, hg. von C. Freksa, M. Knauff, B. Krieg-Brückner, B. Nebel und T. Barkowsky, Berlin, Springer, 2005, S. 42–57.

23 Die erste vollständige Beschreibung der Hypothese, dass Menschen savannenähnliche Umgebungen bevorzugen, findet man in dem interessanten Kapitel von Judith Heerwagen und Gordon Orians, »Humans, Habitats, und Aesthetics«, in Stephen

R. Kellert und Edward O. Wilson (Hg.), *The Biophilia Hypothesis*, Washington, D.C., Island Press, 1993, S. 138–172.

24 Die Experimente wurden beschrieben von John H. Falk und John D. Balling in dem Artikel »Evolutionary Influence on Human Landscape Preference« in *Environment and Behavior*, Bd. 42, 2010, S. 479–493.

25 Studien von Bewegungsmustern der Augen bei Teilnehmern, die Naturschauplätze anschauen, werden von Rita Berto und Kolleg/inn/en in einem Fachartikel beschrieben, der »Do Eye Movements Measured Across High and Low Fascination Photographs Differ? Addressing Kaplan's Fascination Hypothesis« heißt und erschienen ist im *Journal of Environmental Psychology*, Bd. 28, 2008, S. 185–191.

26 Dieses hervorragende Buch sollte Pflichtlektüre für jeden Umweltpsychologen sein. *The Experience of Nature: A Psychological Perspective*, Cambridge, Vereinigtes Königreich, Cambridge University Press, 1989.

27 Frances Kuo und William Sullivan beschreiben die spannende Beziehung zwischen städtischer Kriminalität und städtischen Grünanlagen in einem Artikel mit dem Titel »Environment and Crime in the Inner City: Does Vegetation Reduce Crime?« in *Environment and Behavior*, Bd. 33, 2001, S. 343–367.

28 Valtchanovs Erkenntnisse sind noch nicht in Fachzeitschriften veröffentlicht worden, doch eine Kurzfassung findet man in seiner Doktorarbeit unter: https://uwspace.uwaterloo.ca/bitstream/handle/10012/7938/Valtchanov_Deltcho.pdf?sequence=1

29 Mary Potter vom MIT hat ihr Leben lang daran gearbeitet, die psychologischen Mechanismen von schneller Bildwahrnehmung zu verstehen. Einer der ersten in diesem Bereich publizierten Artikel von ihr und ihrer Kollegin Ellen Levy heißt »Recognition Memory for a Rapid Sequence of Pictures« und ist zu finden im *Journal of Experimental Psychology*, Bd. 81, 1969, S. 10–15.

30 Irving Biederman und Edward Vessel haben einen wunderschönen Artikel fürs allgemeine Publikum geschrieben, »Per-

ceptual Pleasure and the Brain«, in dem sie ihre Arbeit zum PPA und zu den ästhetischen Präferenzen beschreiben. Erschienen im *American Scientist,* Bd. 94, 2006, S. 249–255.

31 Über meine Arbeit mit Deltcho Valtchanov zum Erholungsfaktor virtueller Umgebungen berichte ich in einem Artikel »Restorative Effects of Virtual Nature Settings« in der Zeitschrift *Cyberpsychology, Behavior, and Social Networking,* Bd. 13, 2010, S. 503–512.

32 Hunter Hoffman und Kollegen beschreiben den Einsatz virtueller Realität bei Zahnbehandlungen in dem Artikel »The Effectiveness of Virtual Reality for Dental Pain Control: A Case Study« in der Zeitschrift *Cyberpsychology and Behavior,* Bd. 4, 2001, S. 527–535.

33 Peter H. Kahn Jr. hat mehrere gute Bücher über das Verhältnis zwischen technologischer Entwicklung und abnehmendem Kontakt zur Natur geschrieben. Eines der besten ist das von mir genannte: *Technological Nature: Adaptation and the Future of Human Life,* Cambridge, MA, MIT Press, 2011.

34 Elizabeth Thomas berichtet über das Leben mit den Buschleuten in *Meine Freunde, die Buschmänner: Bei den Nomaden der Kalahari,* Berlin, Frankfurt/M, Wien, Ullstein, 1962.

35 Lewis Mumford, *Die Stadt. Geschichte und Ausblick,* Köln, Kiepenheuer & Witsch, 1963. Nachauflagen bei dtv in den Neunzigerjahren.

36 Jonathan Crary, *Suspensions of Perception: Attention, Spectacle, and Modern Culture,* Cambridge, MA, MIT Press, 2001.

37 Der kanadische Medientheoretiker Marshall McLuhan revolutionierte unser Verständnis des Einflusses der Medien tatsächlich. Sein bekanntestes Werk ist *Die magischen Kanäle.* Düsseldorf, Wien, New York, Moskau, ECON, 1968 bzw. 1992.

38 Dies sagte Beesley in einem Interview mit Fran Schechter für die Zeitschrift *NOW* 2010. Nachzulesen unter: https://nowtoronto.com/art-and-books/art-as-organism/

39 Philip Beesleys Lebenslauf findet man unter: http://philipbeesleyarchitect.com/about/14K24_PB_CV.pdf

40 Einen der frühesten und einflussreichsten Berichte zu schnel-

lem Erkennen einer Bildfolge kann man in Mary C. Potters bahnbrechendem Artikel von 1969 finden. Er heißt »Recognition Memory for a Rapid Sequence of Pictures« und ist veröffentlicht worden im *Journal of Experimental Psychology*, Bd. 81, 1969, S. 10–15.

41 Fritz Heiders und Marianne Simmels klassische Untersuchung wurde in dem Artikel »An Experimental Study of Apparent Behavior« beschrieben und im *American Journal of Psychology*, Bd. 57, 1944, S. 243–259 veröffentlicht. Der Film, von dem ich erzähle, ist online leicht zu finden, zum Beispiel unter https://www.youtube.com/watch?v=76p64j3H1Ng

42 Albert Michottes Arbeit zur Kausalität findet man in seinem wunderschönen Buch *The Perception of Causality*, Andover, MA, Methuen, 1962.

43 Die Geschichte von der zwanghaften Sammlerin und den nassen Plastikbehältern hörte ich 2012 von dem renommierten Psychologen David Tolin bei einem Workshop in Toronto. Sein Buch, verfasst mit Randy Frost und Gail Steketee, *Buried in Treasures*, London, Oxford University Press, 2007, gibt eine faszinierende Gesamtschau über das Messie-Syndrom.

44 Man findet viele wunderschöne Fotografien von malischen Lehmbauten, unter anderem einige traditionelle organische Wohnhäuser, auf der Website Atlas Obscura. Siehe: http://www.atlasobscura.com/articles/mud-masons-of-mali

45 Witold Rybczynskis faszinierendes Buch *Wohnen: Über den Verlust der Behaglichkeit,* München, Kindler, 1987, strotzt von lohnenden Erkenntnissen über die Architektur von Wohnhäusern und -räumen.

46 Peter Ward beschäftigt sich in seinem *A History of Domestic Space*, Vancouver, UBC Press, 1999, hauptsächlich mit der kanadischen Geschichte, aber viele seiner Erkenntnisse gelten zumindest auch für den nordamerikanischen Kontext.

47 Hermann Muthesius' wunderschönes Buch *Das englische Haus. Entwicklung, Bedingungen, Anlage, Aufbau, Einrichtung und Innenraum,* 3 Bände, wurde in Berlin 1904–1905 veröffentlicht. (Nachdruck der 2. Auflage: Berlin, Gebr. Mann, 1999) 2006

wurde es schließlich ins Englische übersetzt und in einer wunderschönen Schuber-Edition herausgegeben.

48 Sarah Susankas *Not So Big*-Buchreihe war sehr einflussreich insofern, als man nun weniger die schiere Größe eines Hauses als vielmehr die Funktionalität in Betracht zog.

49 Das Zitat steht auf S. 47 der deutschen Ausgabe von Gaston Bachelards einflussreichem Buch *Die Poetik des Raumes,* München, Hanser, 1975. (als Taschenbuch: Fischer, F/M 1997.)

50 Gabriel Radvanskys Erinnerungsexperimente kann man nachlesen in einem Artikel von ihm und seinen Kollegen Krawietz und Tamplin. Siehe »Walking Through Doorways Causes Forgetting: Further Explorations« in *The Quarterly Journal of Experimental Psychology,* Bd. 64, 2011, S. 1632–1645.

51 Minkowskas Arbeit mit Kinderzeichnungen wird in einem Artikel ihres Ehemanns Eugène Minkowski beschrieben. Der Titel lautet »Children's Drawings in the Work of F. Minkowska«, und er ist abgedruckt in den *Annals of Medical Psychology*, Bd. 110, 1952, S. 711–714.

52 Das Zitat steht in der korrigierten Sonderausgabe der Autobiografie Jungs, *Erinnerungen, Träume, Gedanken* (Patmos Verlag 2009) auf S. 247, am Anfang des Kapitels »Der Turm«.

53 Den vollständigen Bericht des Pew Research Center zur Mobilität in den Vereinigten Staaten finden Sie unter: http://www.pewsocialtrends.org/files/2011/04/American-Mobility-Report-updated-12-29-08.pdf

54 Oscar Newmans einflussreiches Buch *Defensible Space* wurde 1972 bei Macmillan in London verlegt. Viele der wichtigen Ideen aus dem Buch findet man in der Monografie *Creating Defensible Space* unter http://www.huduser.org/publications/pdf/def.pdf

55 Aisha Dasguptas Arbeit mit dem BMW-Guggenheim-Lab wird von Neha Tirani in der *New York Times* vom 2. Januar 2013 beschrieben: »In Mumbai, Privacy Is Hard to Come By«. Nachzulesen unter http://india.blogs.nytimes.com/2013/01/02/in-mumbai-privacy-is-hard-to-come-by/?_r=0

56 Nicholas Negroponte beschrieb seine Vision einer responsiven

Architektur zuerst in seinem Buch *The Architecture Machine: Toward a More Human Environment*, Cambridge, MA, MIT Press, 1973.

57 Ein Porträt von Dr. Daniel Vogel, einschließlich dieses Zitats, ist zu finden unter: https://uwaterloo.ca/stories/bringing-science-fiction-home

58 Der Essay von Walter Benjamin wurde zuerst 1936 in der *Zeitschrift für Sozialforschung*, Bd. 5, S. 40–68 veröffentlicht und findet sich aktuell in *Gesammelte Schriften*, Bd. 1, Frankfurt am Main, Suhrkamp, 1980, S. 473 ff.

59 Adam Sharr hat einen faszinierenden Aufsatz über den Einfluss von Heideggers Wohnhaus auf sein Werk geschrieben. *Heideggers Hütte*, Berlin, Brinkmann und Bose, 2010. Die Aussage seines Sohnes Hermann ist der BBC-Dokumentation *Human, All Too Human*, 1999, entnommen.

60 Jack Katz, *Seductions of Crime: Moral and Sensual Attractions in Doing Evil*, New York, Basic Book, 1990.

61 Man findet die *Chromo11*-Webseite unter: http://www.chromo11.com/

62 Brendan Walkers *The Taxonomy of Thrill* ist erschienen bei Aerial Publishing, London, 2005.

63 Rem Koolhaas, *Delirious New York: Ein retroaktives Manifest für Manhattan*, Aachen, arch+, 1999.

64 Ein kurzer Bericht vom Live Park in Seoul ist online in dem e-Zine *The Verge* (26. Januar 2012) zu finden. Siehe auch: http://www.theverge.com/2012/1/26/2736462/south-korea-live-park-kinect-rfid-interactive-attractions

65 Eine berühmte heftige Kritik am Disney-Imperium findet man in James Howard Kunstlers Polemik *The Geography of Nowhere: The Rise and Decline of America's Man-Made Landscape*, New York, Free Press, 1994.

66 In der *Daily Mail* vom 9. Dezember 2010 findet man online einen Artikel des Journalisten Tom Leonard über die dunklen Seiten von Celebration: »The Dark Heart of Disney's Dream Town: Celebration Has Wife-Swapping, Suicide, Vandals … and Now Even a Brutal Murder«. Siehe http://www.dailymail.co.uk/

news/article-1337026/Celebration-murder-suicide-wife-swapping-Disneys-dark-dream-town.html

67 Die Umfrage des National Endowment for the Arts zur öffentlichen Teilhabe an den Künsten findet man unter: http://arts.gov/publications/highlights-from-2012-sppa

68 Auf der Webseite zu Martin Tröndles eMotion-Projekt findet man eine Fülle von Informationen. Siehe: http://www.mapping-museum-experience.com/ Einige frühe Ergebnisse publizierte er mit seinen Koautoren Steven Greenwood, Volker Kirchberg und Wolfgang Tschacher in dem Artikel »An Integrative and Comprehensive Methodology for Studying Aesthetic Experience in the Field: Merging Movement Tracking, Physiology, and Psychological Data« in der Zeitschrift *Environment and Behavior,* Bd. 46, 2014, S. 102–135.

69 Dixon veröffentlichte einige der von mir beschriebenen Befunde zusammen mit seinen Kollegen Kevin Herrigan, Rajwant Sandhu, Karen Collins und Jonathan Fugelsang in dem Artikel »Losses Disguised as Wins in Modern Multi-Line Video Slot Machines« in der Zeitschrift *Addiction*, Bd. 105, Heft 10, 2010, S. 1819–1824.

70 Natasha Dow Schülls Buch *Addiction by Design: Machine Gambling in Las Vegas,* Princeton, Princeton University Press, 2012, ist ein wahrer Augenöffner und beschreibt die gewaltigen Veränderungen hinsichtlich der Rolle der Einarmigen Banditen in Kasinos.

71 Temple Grandin hat in einer Reihe von Fachartikeln sowie in einigen hervorragenden Büchern sowohl zu unserem Verständnis des Autismus als auch des Verhaltens von Tieren immens beigetragen. In ihrem ersten Buch beschreibt sie ihre außergewöhnliche Kindheit und Jugend sowie Erkenntnisse aus dem Tierverhalten. Es heißt *Durch die gläserne Tür: Lebensbericht einer Autistin*, unter Mitarb. von Margaret M. Scariano, München, dtv, 1994.

72 Siehe *Designing Casinos to Dominate the Competition: The Friedman International Standards of Casino Design*, Las Vegas, Institute for the Study of Gambling and Commercial Gaming, 2000.

73 Karen Finlays Gruppe an der University of Guelph in der Provinz Ontario hat den Einfluss des Kasinodesigns auf die Impulsivität des Spielers und das Verhalten der Geschlechter in dem Artikel »Casino Décor Effects on Gambling Emotions and Intentions« dargestellt. In: *Environment and Behavior*, Bd. 42, 2010, S. 524–545.

74 M. Jeffrey Hardwick hat Victor Gruens faszinierendes Leben in seinem Buch *Mall Maker: Victor Gruen, Architect of an American Dream*, Philadelphia, University of Pennsylvania Press, 2003, erzählt, während Malcolm Gladwell in einem Artikel im *New Yorker* über den Einfluss Gruens auf die amerikanische Architektur geschrieben hat. »Annals of Commerce: The Terrazzo Jungle – Fifty years ago, the mall was born. America would never be the same.« *New Yorker* vom 15. März 2004. Online unter: http://www.newyorker.com/magazine/2004/03/15/the-terrazzo-jungle

75 Die Rolle der Gefühle beim Spontankauf beschreiben David H. Silvera, Anne M. Lavack und Fredric Kropp 2008 in einem Artikel mit dem Titel »Impulse Buying: The Role of Affect, Social Influence, and Subjective Wellbeing«. Siehe *Journal of Consumer Marketing*, Bd. 25, Heft 1, 2008, S. 23–33.

76 Die neurochemischen Vorgänge bei Impulsivität von Ratten beschreiben Marcel van Gaalen, Reinout van Koten, Anton Schoffelmeer und Louk Vanderschuren in dem Aufsatz »Critical Involvement of Dopaminergic Neurotransmission in Impulsive Decision Making«. In: *Biological Psychiatry*, Bd. 60, Heft 1, 2006, S. 66–73.

77 Eine Fülle an Informationen zur derzeitigen Arbeit von Paul Ekman gibt es auf seiner Webseite: http://www.paulekman.com/ Das Produkt der russischen Synqera zum Auslesen der Gesichtsausdrücke zwecks besserer Vermarktung an Kassen wird auf der Firmenwebseite beschrieben: http://synqera.com/ Ein kurzer Aufsatz von Adam Popescu vom 2. Oktober 2013, in dem das Produkt beschrieben wird, ist auf der *Mashable*-Webseite zu finden. Siehe: http://mashable.com/2013/10/02/synqera/

78 Einzelheiten zu meinem Projekt beim BMW-Guggenheim-Labor findet man unter: http://www.bmwguggenheimlab.org/testing-testing-mumbai

79 Jan Gehl beschreibt mit seinen Kolleginnen Lotte Johansen Kaefer und Solveig Rejgstad einige ihrer Beobachtungen zur Wirkung von Gebäudefassaden in dem Artikel »Close Encounters with Buildings« in: *Urban Design International*, Bd. 11, 2006, S. 29–47.

80 Das Zitat von William James steht auf Seite 626 seiner *Principles of Psychology*, Bd. 1, New York, Henry Holt, 1890.

81 Daniel Berlyne beschrieb seine Theorie der »informationslüsternen« Neugier und Aufmerksamkeit in seinem wegweisenden Buch *Conflict, Arousal, and Curiosity*, New York, McGraw-Hill, 1960.

82 Ein leicht zugänglicher, allerdings sehr fachspezifischer Bericht über Langeweile ist zu finden in dem Artikel »The Unengaged Mind: Defining Boredom in Terms of Attention« von John Eastwood, Alexandra Frischen, Mark Fenske und Daniel Smilek. Erschienen in der Zeitschrift *Perspectives on Psychological Science*, Bd. 7, 2012, S. 482–495.

83 Colleen Merrifields und James Danckerts Arbeit zur Psychophysiologie der Langeweile wird in einem Fachartikel mit dem Titel »Characterising the Psychophysiological Signature of Boredom« dargestellt. Erschienen in der Zeitschrift *Experimental Brain Research*, Bd. 232, 2014, S. 481–491.

84 Annie Britton und Martin Shipley beschreiben die Auswirkungen von Langeweile auf die Sterblichkeit in dem Artikel »Bored to Death?« im *International Journal of Epidemiology*, Bd. 39, 2010, S. 370–71.

85 Der große kanadische Psychologe Donald O. Hebb war seiner Zeit um Jahrzehnte voraus, als er den Einfluss von Erfahrung auf Aufbau und Organisation des Gehirns beschrieb. Die erste Beschreibung seiner Erkenntnisse zu Ratten in einer informationsreichen Umgebung steht in dem Artikel »The Effects of Early Experience on Problem Solving at Maturity«, den er 1947 bei einer Konferenz der American Psychological Association

als Vortrag hielt und in der Zeitschrift *American Psychologist*, Bd. 2, 1947, S. 306–307, veröffentlichte. Sein Klassiker *The Organization of Behavior: A Neuropsychological Theory* ist zwar schon 1949 erschienen (New York, Wiley and Sons), aber immer noch Pflichtlektüre für Studenten der Neurowissenschaften – bemerkenswert in einem so schnelllebigen Fach. Mit Michael Renner beschrieb Mark Rosenzweig die Wirkung der Erfahrung auf Chemie und Anatomie des Gehirns in einem Buch, das den Titel trägt: *Enriched and Impoverished Environments: Effects on Brain and Behavior*, New York, Springer, 1987.

86 Stuart Grassian hat für das *Washington University Journal of Law and Policy*, Bd. 22, 2006 einen ausführlichen Bericht über die psychischen Auswirkungen von Isolationshaft geschrieben. Abzurufen unter: http://openscholarship.wustl.edu/law_journal_law_policy/vol22/iss1/24

87 Aisling Mulligan und Kollegen beschreiben den Einfluss der häuslichen Umgebung auf das Entstehen von ADHS in einem Aufsatz mit dem Titel »Home Environment: Association with Hyperactivity/Impulsivity in Children with ADHD and their Non-ADHD-Siblings« in der Zeitschrift *Care, Health and Development*, Bd. 39, 2013, S. 202–212.

88 Robert Venturi beschrieb mit seinen Kollegen Denise Scott Brown und Steven Izenour die Ikonografie des städtischen Ballungsraums in Las Vegas in dem kontroversen Buch *Lernen von Las Vegas: Zur Ikonographie und Architektursymbolik der Geschäftsstadt*, Wiesbaden, Vieweg und Teubner, 1979.

89 Sarah Goldhagen beklagt den vielfachen Mangel an architektonischer Bildung in einem Artikel mit dem Titel »Our Degraded Public Realm: Multiple Failures of Architecture Education« in dem Januarheft von 2003 der *Chronicle Review*, einsehbar (wie viele andere interessante Artikel) auf ihrer Webseite http://www.sarahwilliamsgoldhagen.com/articles/multiple_failures_of_architecture_education.pdf

90 Janette Sadik-Khan, von 2007 bis 2013 Verkehrsbeauftragte der Stadt New York, hat das Leben der Fußgänger in New York merklich verbessert. Die Bordsteinbeschriftungen sind Teil der

»LOOK«-Kampagne. Siehe http://www.nyc.gov/html/dot/html/pr2012/pr12_46.shtml

91 Die »generische Stadt« beschreiben Rem Koolhaas und Bruce Mau in ihrem Buch *S, M, L, XL*, New York, The Monacelli Press, 1997.

92 Das Interview wurde auf Englisch in *Spiegelonline* am 16. Dezember 2011 veröffentlicht. Siehe auch: http://www. spiegel. de/international/zeitgeist/interview-with-star-architect-rem-koolhaas-we-re-building-assembly-line-cities-and-buildings-a-803798.html Ursprünglich stand das Interview in der Spiegel-Ausgabe 51 vom 12. Dezember 2011.

93 Ein interessanter, gut zu lesender Bericht über den Brand im Cocoanut Grove findet sich in John Espositos Buch *Fire in the Grove: The Cocoanut Grove Tragedy and Its Aftermath*, Boston, Da Capo Press, 2005.

94 Einen guten Überblick über die Beziehung zwischen Sozialfaktoren in der Stadt und dem Vorkommen psychischer Krankheiten bietet der Fachartikel von Judith Allardyce und Jane Boydell. Er heißt »The Wider Social Environment and Schizophrenia« und steht in der Zeitschrift *Schizophrenia Bulletin*, Bd. 32, 2006, S. 592–598.

95 Mehrere Untersuchungen behaupten, es bestehe ein Zusammenhang zwischen dem Vorhandensein von Grünflächen in Städten und der Häufigkeit von Psychosen, Depressionen und Angst. Einige der relevanten Erkenntnisse werden in dem Artikel von Karen McKenzie, Aja Murray und Tom Booth betrachtet. Er heißt »Do Urban Environments Increase the Risk of Anxiety, Depression and Psychosis? An Epidemiological Study« und ist veröffentlicht worden im *Journal of Affective Disorders*, Bd. 150, 2013, S. 1019–1024.

96 Auch Florian Lederbogen veröffentlichte mit mehreren Mitarbeitern, darunter Andreas Meyer-Lindenberg, einen wegweisenden Artikel zu den Effekten von städtischen Stressfaktoren auf die Aktivierung der Amygdala. Siehe »City living and urban upbringing affect neural social stress processing in humans« in der Zeitschrift *Nature*, Bd. 474, 2011, S. 498–501. Eine lesens-

werte Zusammenfassung ihrer Erkenntnisse findet sich in dem Artikel von Allison Abbott. »Stress and the City: Urban Decay« in: *Nature*, Bd. 490, 2012, S. 162–164.

97 In dem Artikel von Allison Abbot in der *Nature*, auf den ich in der vorherigen Fußnote hingewiesen habe, steht auch eine kurze Zusammenfassung von Jim van Os' Arbeit zu seelischen Erkrankungen und Geotracking.

98 Meine Diskussion mit Ed Parsons ist erschienen in der Zeitschrift von Land Rover: *Onelife*, Nr. 28, 2014, S. 40–43. Siehe auch: http://www.landroverofficialmagazine.com/#!parsons-ellard

99 Der Fachartikel zur Beziehung zwischen dem Neuropeptid S und urbanem Stress stammt von Fabian Streit und einer großen Gruppe von Mitarbeitern und ist überschrieben »A Functional Variant in the Neuropeptide S Receptor 1 Gene Moderates the Influence of Urban Upbringing on Stress Processing in the Amygdala«. In *Stress*, Bd. 17, 2014, S. 352–361.

100 Oshin Vartanian beschreibt unsere Bevorzugung von Bögen und deren Implikationen für das Bauen in dem Aufsatz »Impact of Contour on Aesthetic Judgments and Approach-Avoidance Decisions in Architecture« in *Proceedings of the National Academy of Sciences*, Bd. 110, Beiheft 2, 2011, S. 10446–10453. Siehe auch: http://www.pnas.org/content/110/Supplement_2/10446.abstract

101 Die Experimente von Ursula Hess, Orna Gryc und Shlomo Hareli zur Wirkung von geometrischen Formen auf das soziale Urteil werden beschrieben in dem Aufsatz »How Shapes Influence Social Judgments« in *Social Cognition*, Bd. 31, 2013, S. 72–80.

102 Die Methode mit den fallen gelassenen Briefen hat Stanley Milgram erfunden (ja, der mit dem berüchtigten Experiment zur Wirkung von Autorität und blindem Gehorsam) und zum ersten Mal in dem Aufsatz »The Lost-Letter Technique: A Tool of Social Research« beschrieben. Nachzulesen in der Zeitschrift *Public Opinion Quarterly*, Bd. 29, 1965, S. 437–438.

103 Mit dem Artikel »Broken Windows: The Police and Neighborhood Safety« stellten James Wilson und George Kelling ihre

Theorie der Öffentlichkeit vor. Er ist erschienen in *The Atlantic Monthly* im März 1982. Sie bezogen sich auf die Arbeit von Philip Zimbardo, dessen Aufsatz überschrieben war mit »The Human Choice: Individuation, Reason, and Order Versus Deindividuation, Impulse, and Chaos« und veröffentlicht wurde im *Nebraska Symposium on Motivation,* Bd. 17, 1969, S. 237–307.

104 Der Eurobarometer-Bericht »Analysis of Public Attitudes to Insecurity, Fear of Crime and Crime Prevention« wurde in Auftrag gegeben von der Europäischen Kommission und ist zu finden unter: http://ec.europa.eu/public_opinion/archives/ebs/ebs_181_sum_en.pdf

105 Eine Übersicht über die Resultate einer Gallup-Umfrage von 2010 zur Angst vor Kriminalität in den Vereinigten Staaten mit dem Titel »Nearly 4 in 10 Americans Still Fear Walking Alone at Night« findet man unter: http://www.gallup.com/poll/144272/nearly-americans-fear-walking-alone-night.aspx

106 Robert Ornstein, *Die Evolution des Bewußtseins: Ursprünge und Perspektiven*, Freiburg/Br, VAK, 1996, S. 366.

107 Wie die Stadt Wien das Gender Mainstreaming beschreibt, ist zu finden unter: https://www.wien.gv.at/menschen/gender mainstreaming

Eine gute Diskussion der Wiener Politik von Clare Foran findet sich unter dem Titel »How to Design a City for Women« im Blog *Atlantic City Lab* unter: http://www.citylab.com/commute/2013/09/how-design-city-women/6739/

108 Dass der Anteil von unverheirateten Erwachsenen in den USA auf mehr als 50 Prozent gestiegen ist, steht in einer viel zitierten Umfrage des U.S. Bureau of Labor Statistics aus dem Jahr 2014. Das Martin Prosperity Institute veröffentlichte eine regionale Analyse des Trends in einem Artikel von Richard Florida am 15. September 2014 im Onlinemagazin *City Lab*. Der Titel lautet »Singles Now Make Up More Than Half the U.S. Adult Population. Here's Where They All Live.« Siehe: http://www.citylab.com/housing/2014/09/singles-now-make-up-more-than-half-the-us-adult-population-heres-where-they-all-live/380137/

109 Die Zahlen stammen vom britischen Office of National Statistics und sind zu finden unter: http://www.ons.gov.uk/ons/rel/census/2011-census-analysis/households-and-household-composition-in-england-and-wales-2001-2011/households-and-household-composition-in-england-and-wales-2001-11.html

110 Die Zahlen zu den Veränderungen in Gesprächsnetzwerken in den Vereinigten Staaten werden in einem Aufsatz von Miller McPherson, Lynn Smith-Lovin und Matthew Brashears diskutiert. Er trägt den Titel »Social Isolation in America: Changes in Core Discussion Networks Over Two Decades« und ist erschienen in der *American Sociological Review*, Bd. 71, 2006, S. 353–375.

111 Die Befunde zu Einsamkeit und sozialer Einbindung in Vancouver wurden mitgeteilt von der Vancouver Foundation in einer Studie von 2012 mit dem Titel *Connections and Engagement*. Einzusehen unter: https://www.vancouverfoundation.ca/initiatives/connections-and-engagement

112 Ein Diskussionspapier von Michael Flood, geschrieben für das Australia Institute, »Mapping Loneliness in Australia«, enthält eine Fülle an Informationen über soziale Netzwerke auf dem Kontinent. Siehe: http://www.tai.org.au/documents/downloads/DP76.pdf Ein Bericht mit dem Titel »All the Lonely People: Loneliness in Australia, 2001–2009« von David Baker (auch für das Australia Institute) folgte 2012. Siehe: http://www.tai. org.au/node/1866

113 Siehe John T. Cacioppo/William H. Patrick, *Einsamkeit: Woher sie kommt, was sie bewirkt, wie man ihr entrinnt*. Heidelberg, Akademischer Verlag Spektrum (Springer), 2011.

114 Keith Hampton schreibt in vielen seiner Forschungsberichte detailliert über die Beziehung zwischen den sozialen Netzwerken im Internet und Freundschaft. Ein guter Ausgangspunkt ist der Aufsatz »Core Networks, Social Isolation, and New Media« in *Information, Communication & Society*, Bd. 14, 2011, S. 130–155.

115 Kevin Bickart und Kollegen beschreiben die Beziehung zwischen dem Umfang der Amygdala und der Größe des sozialen

Netzwerks in einem Aufsatz mit dem Titel »Amygdala Volume and Social Network Size in Humans« in *Nature Neuroscience,* Bd. 14, 2011, S. 163–164.

116 Keith Hampton und Kollegen beschreiben den Einfluss von sozialen Netzwerken im Internet auf die Bildung von Freundschaften in dem Aufsatz »How New Media Affords Network Diversity: Direct and Mediated Access to Social Capital Through Participation in Local Social Settings« in der Zeitschrift *New Media & Society,* Bd. 13, 2011, S. 1031–1049.

117 Charles Montgomerys Buch *Happy City: Transforming Our Lives Through Urban Design* enthält eine Fülle von Informationen zur Psychologie der Stadtplanung. New York, Farrar, Straus and Giroux, 2013.

118 Der Anthropologe Robin I. M. Dunbar sprach zum ersten Mal von der scharfen Obergrenze bei der Größe von sozialen Gruppen in seinem Aufsatz über die Entwicklung des Neokortex beim Menschen. »Neocortex As a Constraint on Group Size in Primates« wurde veröffentlicht im *Journal of Human Evolution*, Bd. 22, 1992, S. 469–493. Seitdem erfreut sich die so genannte Dunbar-Zahl stets größerer Beliebtheit und wird in vielen unterschiedlichsten Kontexten verwendet.

119 Nachdem Facebook an den Einstellungen herumgepfuscht hat, wer welchen Nutzern Nachrichten zusenden darf, haben Christopher Hoadley und Kollegen die Ursachen der Proteste gegen diese Verletzung der Privatsphäre wissenschaftlich untersucht und darüber berichtet in dem Aufsatz »Privacy As Information Access and Illusory Control: The Case of the Facebook News Feed Privacy Outcry« in der Zeitschrift *Electronic Commerce Research and Applications*, Bd. 9, 2010, S. 50–60.

120 Die Aufnahme von William Anders' Begeisterung über den Erdaufgang findet man online als mp3-Datei unter: http://www-tc.pbs.org/wgbh/amex/moon/media/sf_audio_pop_01b.mp3

121 Das Zitat stammt aus MacLeishs Essay mit dem Titel »A Reflection: Riders on Earth Together, Brothers in Eternal Cold«. *The New York Times*, 25. Dezember 1968, Seite 1.

122 Frank White: *Der Overview-Effekt. Vorwort von Ulf Merbold. Wie die Erfahrung des Weltraums das menschliche Wahrnehmen, Denken und Handeln verändert. Die 1. interdisziplinäre Auswertung von 20 Jahren Weltraumfahrt,* München, Goldmann, 1993.

123 Der Kurzfilm *Overview* wurde 2012 von Steve Kennedy und dem Planetary Collective produziert.

124 Dacher Keltner und Jonathan Haidt gaben 2003 eine wissenschaftliche Analyse des Gefühls von Ehrfurcht in ihrem Aufsatz »Approaching Awe, a moral, spiritual, and aesthetic emotion« in der Zeitschrift *Cognition and Emotion,* Bd. 17, 2003, S. 297–314.

125 Konrad Lorenz, *Das sogenannte Böse. Zur Naturgeschichte der Aggression*, erschienen 1963, neu herausgegeben 1998, München, dtv.

126 Die Studie zum Verstehen von Dominanz-Beziehungen bei Kleinkindern wurde von Susan Careys Gruppe in einem Aufsatz mit dem Titel »Big and Mighty: Preverbal Infants Mentally Represent Social Dominance« in *Science*, Bd. 331, 2011, S. 477–480, veröffentlicht.

127 Yannick Joye und Jan Verpooten erklären in ihrem Aufsatz »An Exploration of the Functions of Religious Monumental Architecture from a Darwinian Perspective«, wie bedeutsam die religiösen Monumentalbauten in der Evolution waren. Siehe *Review of General Psychology*, Bd. 17, 2013, S. 53–68.

128 Zusammen mit Laura Kelley beschrieb John Endler die perspektivischen Illusionen, die der Laubenvogel kreiert, in einem Aufsatz mit dem Titel »Illusions Promote Mating Success in Great Bowerbirds« in *Science,* Bd 335, 2012, S. 335–338.

129 Gordon Gallup beschrieb seine grundlegenden Studien zu Selbst-Bewusstsein bei Primaten in »Self-Recognition in Primates: A Comparative Approach to the Bidirectional Properties of Consciousness« in *American Psychologist*, Bd. 32, 1977, S. 329–338.

130 Thomas Henry Huxley legte seine Ideen zum Epiphänomenalismus das erste Mal dar in dem Aufsatz »On the Hypothesis That Animals Are Automata« in der *Fortnightly Review*, Bd. 16, 1874, S. 555–580. Eine modernere Erläuterung seiner Ideen fin-

det man in einem Artikel von John Greenwood. »Whistles, Bells, and Cogs in Machines: Thomas Huxley and Epiphenomenalism« im *Journal of the History of the Behavioral Sciences*, Bd. 46, 2010, S. 276–299.

131 Nicholas Humphreys faszinierendes Buch *Soul Dust: The Magic of Consciousness* liefert reichlich Gedankenfutter zur biologischen Funktion von Selbst-Bewusstsein. Princeton, Princeton University Press, 2011.

132 Ernest Beckers Buch *Die Überwindung der Todesfurcht: Dynamik des Todes* ist umfassend, überaus kenntnisreich und tief verstörend. Letzte Auflage: München, Goldmann, 1991.

133 Die so genannte Terror-Management-Theorie wurde zum ersten Mal in dem Buch von R. F. Baumeister (Hg.), *Public Self and Private Self*, New York, Springer 1986, S. 189–212, beschrieben. Und zwar von Jeff Greenberg, Tom Pyszczynski und Sheldon Solomon in dem Kapitel »The Causes and Consequences of a Need for Self-Esteem: A Terror Management Theory«. Forschungen jüngeren Datums finden sich auf der Webseite der Gruppe. http://www.tmt.missouri.edu/

134 Die Experimente, von denen hier die Rede ist, findet man in dem Aufsatz von Greenberg und Kollegen »Evidence of a Terror Management Function of Cultural Icons: The Effects of Mortality Salience on the Inappropriate Use of Cherished Cultural Symbols« in der Zeitschrift *Personality and Social Psychology*, Bd. 21, 1995, S. 1221–1228.

135 Den Einfluss der Sterblichkeitssalienz auf George W. Bushs Popularität beschreiben Mark Landau und Kollegen in dem Aufsatz »Deliver Us from Evil: The Effects of Mortality Salience and Reminders of 9/11 on Support for President George W. Bush« in der Zeitschrift *Personality and Social Psychology*, Bd. 30, 2004, S. 1136–1150.

136 Siehe Fußnote 2 zu den von Melanie Rudd und Kolleginnen durchgeführten Experimenten zur Wahrnehmung von Zeit unter dem Einfluss von Ehrfurchtsgefühlen.

137 Valdesolos und Grahams Paper zur Beziehung zwischen Ehrfurcht und dem Glauben an eine übernatürliche Instanz, »Awe,

Uncertainty, and Agency Detection«, findet man in der Zeitschrift *Psychological Science,* Bd. 25, 2014, S. 170–178.

138 Eine kenntnisreiche, gute Einführung in Störungen des Körperbewusstseins und des Gefühls für die eigene Handlungsautonomie findet man in Michela Balconi (Hg.), *Neuropsychology of the Sense of Agency*, New York, Springer, 2010.

139 Eine gute Beschreibung der Gummihand-Illusion gibt es im Übrigen auch von Patrick Haggard und Marcello Costantini, »The Rubber Hand Illusion: Sensitivity and Reference Frame for Body Ownership« in *Consciousness and Cognition,* Bd. 16, 2007, S. 229–240.

140 Im dem Band von *Science*, in dem Ehrsson über seine Experimente berichtet (siehe Fußnote 6 in diesem Buch), beschreibt Blankes Gruppe ein komplexeres Experiment als Ehrssons. Und zwar in dem Aufsatz »Video Ergo Sum: Manipulating Bodily Self-Consciousness«. Er steht auf den Seiten 1096–1099.

141 Einen umfassenden Überblick der Außer-Körper-Erfahrung, einschließlich neurowissenschaftlicher Befunde gibt das Kapitel »Understanding the Out-Of-Body Experiences from a Neuro-Scientific Perspective« in Craig Murray (Hg.), *Psychological Scientific Perspectives on Out of Body and Near Death Experiences*, Hauppage, NY, Science Publishers, 2009, S. 73–88.

142 Siehe Fred Prevics faszinierendes Buch *The Dopaminergic Mind in Human Evolution and History,* Cambridge, Cambridge University Press, 2009.

143 Previc gibt einen Überblick über die Rolle der extrapersonalen Gehirnsysteme bei religiösem Tun in dem Aufsatz »The Role of the Extrapersonal Brain Systems in Religious Activity« in der Zeitschrift *Consciousness and Cognition,* Bd. 15, 2006, S. 500–539.

144 Der Aufsatz »Effect of Virtual Reality PTSD Treatment on Mood and Neurocognitive Outcomes«, in dem Robert McLay und Kollegen die Anwendung einer Virtual-Reality-Behandlung bei posttraumatischen Belastungsstörungen beschreiben, ist veröffentlicht worden in *Cyberpsychology, Behavior, and Social Networking*, Bd. 17, 2014, S. 439–446.

145 Die Tagebuchstudie mit der iPhone-App von Matthew Killings-

worth and Daniel Gilbert, »A Wandering Mind Is an Unhappy Mind«, wurde veröffentlicht in der Zeitschrift *Science,* Bd. 330, 2010, S. 932.

146 Mein Buch *You Are Here: Why We Can Find Our Way to the Moon, but Get Lost in the Mall* ist 2009 in New York bei Doubleday erschienen.

147 Nick Yee, Jeremy Bailenson und Kollegen haben ihre Analyse des nicht verbalen Verhaltens in *Second Life* in dem Aufsatz »The Unbearable Likeness of Being Digital: The Persistence of Nonverbal Social Norms in Online Virtual Environments« in der Zeitschrift *Cyberpsychology and Behavior*, Bd. 10, 2007, S. 115–121, veröffentlicht.

148 Siehe Edward T. Hall, *Die Sprache des Raumes*, Düsseldorf, Schwann, 1976.

149 Mel Slater und seine Kollegen beschreiben die Reaktion von Unbeteiligten in der virtuellen Realität in dem Artikel »Bystander Responses to a Violent Incident in an Immersive Virtual Environment« in der Zeitschrift *PLOS ONE,* Bd. 8, 2013. Siehe auch http://journals.plos.org/plosone/article?id=10.1371/journal.pone.0052766

150 Der Aufsatz meines Studenten Kevin Barton über seine Arbeit zur Orientierung in virtuellen Umgebungen »Seeing Beyond Your Visual Field: The Influence of Spatial Topology and Visual Field on Navigation Performance« steht in der Zeitschrift *Environment and Behavior*, Bd. 46, 2012, S. 507–529.

151 Unterhaltsam und informativ erzählt Taylor Clark die Geschichte von Palmer Luckey im *Smithsonian Magazine* vom November 2014. »How Palmer Luckey Created Oculus Rift«. Siehe http://www.smithsonianmag.com/innovation/how-palmer-luckey-created-oculus-rift-180953049/?no-ist

152 Viele erhellende Informationen zur Videospiele-Industrie findet man auf der Webseite des Entertainment Software Rating Board http://www.esrb.org/about/video-game-industry-statistics.jsp

153 Harold Rheingold gibt einen frühen, vergnüglichen Bericht über computergesteuerte Sexspielzeuge, die so genannten Tele-

dildonics, in: »Teledildonics, Reach Out and Touch Someone« in der Zeitschrift *Mondo 2000* aus dem Sommer 1990. Der Aufsatz, mit einem frechen Limerick als Einleitung, steht auch in Arthur Asa Berger (Hg.), *The Postmodern Presence: Readings on Postmodernism in American Culture and Society*, New York, Rowman Altamira, 1998.

154 Project Syria und das Erleben des virtuellen Aleppo wird auf der Webseite des Immersive Journalism beschrieben. Siehe: http://www.immersivejournalism.com/

155 Der Aufsatz von Rosenberg, Baughman und Bailenson zum virtuellen Superhelden-Effekt »Virtual Superheroes: Using Superpowers in Virtual Reality to Encourage Prosocial Behavior« ist erschienen in der Zeitschrift *PLOS ONE*, Bd. 8, 2013, S. 1–9.

156 George Strattons Beschreibung des Experiments mit der Brille, die alles umkehrt, findet man in seinem uralten Aufsatz »Some Preliminary Experiments on Vision Without Inversion of the Retinal Image« in der Zeitschrift *Psychological Review*, Bd. 3, 1896. In der Zusammenfassung jüngeren Datums von Charles Harris, »Perceptual Adaptation to Inverted, Reversed, and Displaced Vision«, werden die Forschungen von Stratton und vielen anderen zu den Konsequenzen für die Wahrnehmung durch umgekehrte und verdrehte Bilder beschrieben. Siehe *Psychological Review*, Bd. 72, 1965, S. 419–444.

157 William Warrens und Jonathan Ericsons Arbeit zu Wurmlöchern in der virtuellen Realität findet man in Kurzfassung unter dem Titel »Rips and Folds in Virtual Space: Ordinal Violations in Human Spatial Knowledge« im Archiv des Online-*Journal of Vision*, Bd. 9, 2009, Artikel 1143. Siehe http://www.journalofvision.org/content/9/8/1143.meeting_abstract

158 Der Aufsatz zur stillen Technologie »The Coming Age of Calm Technology« von Mark Weiser und John Seely Brown wurde ursprünglich veröffentlicht in der Zeitschrift *PowerGrid*, Bd. 1-01, 1996. Eine überarbeitete Fassung findet man auf Seely Browns Webseite: http://www.johnseelybrown.com/calmtech.pdf

159 Dan Hills Essay »The Street as Platform« ist zu finden in sei-

nem Blog *City of Sound* unter http://www.cityofsound.com/blog/2008/02/the-street-as-p.html

160 Wenn Sie an Infografiken Ihre Freude haben, schauen Sie sich mal im Consumer Barometer von Google um. https://www.consumerbarometer.com/en/ Auf Deutsch unter https://www.thinkwithgoogle.com/intl/de-de/infographic/das-consumer-barometer-insights-aus-deutschland/ Viele weitere interessante Statistiken gibt es bei der Nielsen Holdings unter http://www.nielsen.com/content/dam/corporate/us/en/reports-downloads/2013%20Reports/Mobile-Consumer-Report-2013.pdf

161 Zur Leistung eines iPhones im Vergleich mit der Rechnerleistung eines Raketenschiffs siehe »A Modern Smartphone or a Vintage Supercomputer: Which Is More Powerful?« unter http://www.phonearena.com/news/A-modern-smartphone-or-a-vintage-supercomputer-which-is-more-powerful_id57149

162 Einen fachwissenschaftlichen Bericht über die Rolle verschiedener Gehirnbereiche bei der Orientierung mit Hilfe von Landkarten findet man in dem Aufsatz von Tom Hartley, Eleanor Maguire, Hugo Spiers und Neil Burgess, »The Well-Worn Route and the Path Less Traveled: Distinct Neural Bases of Route Following and Wayfinding in Humans«, in der Zeitschrift *Neuron*, Bd. 37, 2003, S. 877–888.

163 John O'Keefes und Lynn Nadels *The Hippocampus as a Cognitive Map* wurde zuerst 1978 veröffentlicht (Oxford, UK, Clarendon Press). Es ist vergriffen, aber online zu lesen unter: http://www.cognitivemap.net/HCMpdf/HCMComplete.pdf. O'Keefe bekam den Nobelpreis für Physiologie oder Medizin 2014 zusammen mit Edvard und May-Britt Moser, die viele andere Details zum Spatial Mapping im Gehirn, dem räumlichen Kartieren, herausgefunden haben. Unter http://www.ntnu.edu/kavli/discovering-grid-cells erzählen sie die Geschichte selbst.

164 Eleanor Maguire und ihr Team beschreiben einige der faszinierenden Erkenntnisse zu den hippocampalen Strukturen und der räumlichen Orientierung bei Londoner Taxifahrern in dem Aufsatz »Navigation-Related Structural Change in the Hippo-

campi of Taxi Drivers« in der Zeitschrift *Proceedings of the National Academy of Sciences*, Bd. 97, 2000, S. 4398–4403.

165 Veronique Bohbots Gruppe beschreibt die sich über eine Lebenszeit verändernden Orientierungsweisen und die Konsequenzen für gesundes Altern in dem Aufsatz »Virtual navigation strategies from childhood to senescence: Evidence for changes across the life span« in *Frontiers in Aging Neuroscience*, Bd. 4, 2012, Artikel 28. Eine Darstellung ihrer früheren Befunde, die darauf hinweisen, dass der Gebrauch von GPS die Leistung des Hippocampus mindert, findet man auf der Phys.org-Webseite unter: http://phys.org/news/2010-11-reliance-gps-hippocampus-function-age.html

166 Albert Borgmanns wichtiges, brillantes Buch *Technology and the Character of Contemporary Life* verdient genaues Lesen. Chicago, University of Chicago Press, 1985.

167 Beschrieben hat Daniele Quercias Gruppe bei Yahoo ihre Arbeit in dem Aufsatz »The Shortest Path to Happiness: Recommending Beautiful, Quiet, and Happy Routes in the City« in den *Proceedings of the 25th ACM conference on Hypertext and Social Media.* New York, ACM Press, 2014, S. 116–125. Siehe http://dl.acm.org/citation.cfm?id=2631799

168 Wie erwähnt ist die MATR-App leider nicht mehr lieferbar. Einige Details aus dem Projekt sind aber einzusehen unter: http://www.spurse.org/what-weve-done/matr/

169 Bruce Sterlings provokantes Pamphlet *The Epic Struggle of the Internet of Things* ist 2014 in Moskau bei Strelka Press erschienen.

170 Die Geschichte mit dem Vorlegen von Fitbit-Beweisen in einem Körperverletzungsprozess wird von Kate Crawford in einem Artikel in der *Atlantic* vom 19. November 2014 erzählt. Siehe auch http://www.theatlantic.com/technology/archive/2014/11/when-fitbit-is-the-expert-witness/382936/

171 Adam Greenfields Buch *Against the Smart City*, New York, Do Projects, 2013, wurde als E-Book veröffentlicht.

172 Das virtuelle Stonehenge-Projekt des IDIA Lab ist zu finden unter: http://idialab.org/virtual-stonehenge/

Zur weiteren Lektüre empfohlen:

Hier ein paar meiner Lieblingsbücher zu den in diesem Buch angeschnittenen Themen. Obwohl sie es aus unerfindlichen Gründen nicht in die Fußnoten geschafft haben, verdienen sie ein sorgfältiges Studium.

De Botton, *Alain, Glück und Architektur: von der Kunst, daheim zu Hause zu sein*, Frankfurt, Fischer, 2008

Eberhard, John P., *Brain Landscape: The Coexistence of Neuroscience and Architecture*, Oxford, Oxford University Press, 2008

Hildebrand, Grant, *Origins of Architectural Pleasure*, Oakland, University of California Press, 1999

Marcus, Clare Cooper, *House as a Mirror of Self: Exploring the Deeper Meaning of Home*, Newbury Port, Red Wheel, 2002

Mallgrave, Harry F., *The Architect's Brain: Neuroscience, Creativity and Architecture*, Hoboken, Wiley & Sons, 2009

Pallasmaa, Juhani, *Die Augen der Haut: Architektur und die Sinne*, Los Angeles, Atara Press, 2013

Pollan, Michael, *A Place of My Own: The Education of an Amateur Builder*, New York, Random House, 1997

Rasmussen, Steen Eiler, *Architektur Erlebnis*, Stuttgart, Krämer, 1980

Sternberg, Esther M., *Heilende Räume: Die Wirkung äußerer Einflüsse auf das innere Wohlbefinden*, Amerang, Crotona, 2011

Zeisel, John, Inquiry By Design: *Environment/Behavior/Neuroscience in Architecture, Interiors, Landscape, and Planning*, New York, W.W. Norton, 2006

Register

H

I

K

L

M

R

S

V

W

Z